2023年度河北省高等学校科学研究项目"提升当代大学
新时代中国特色社会主义思想认同的路径研究"（编号SQ
河北水利电力学院校级教学改革项目"在批判历史虚无主
泽东思想和中国特色社会主义理论体系概论'问题链研究"（编号
2022JG11）和"深度学习理论视域下《习近平新时代中国特色社会
主义思想概论》'三度式'教学研究"（编号2023JG03）

基于深度学习理论的"三度式"教学模式研究

吴春艳 尹君龙 著

燕山大学出版社

·秦皇岛·

图书在版编目（CIP）数据

基于深度学习理论的"三度式"教学模式研究 / 吴春艳，尹君龙著. —秦皇岛：燕山大学出版社，2024.5

ISBN 978-7-5761-0560-5

Ⅰ.①基… Ⅱ.①吴…②尹… Ⅲ.①高等学校－课堂教学－教学模式－研究 Ⅳ.①G642.421

中国国家版本馆 CIP 数据核字（2024）第 027764 号

基于深度学习理论的"三度式"教学模式研究
JIYU SHENDU XUEXI LILUN DE "SANDUSHI" JIAOXUE MOSHI YANJIU

吴春艳 尹君龙 著

出 版 人：陈 玉	
责任编辑：孙志强	策划编辑：孙志强
责任印制：吴 波	封面设计：刘馨泽
出版发行：燕山大学出版社	电 话：0335-8387555
地 址：河北省秦皇岛市河北大街西段 438 号	邮政编码：066004
印 刷：涿州市般润文化传播有限公司	经 销：全国新华书店
开 本：710 mm×1000 mm 1/16	印 张：19.5
版 次：2024 年 5 月第 1 版	印 次：2024 年 5 月第 1 次印刷
书 号：ISBN 978-7-5761-0560-5	字 数：302 千字
定 价：79.00 元	

版权所有 侵权必究

如发生印刷、装订质量问题，读者可与出版社联系调换

联系电话：0335-8387718

序

我们身处在一个知识不断更新、信息迅速传播的时代,随着科技的发展,人们获取知识的方式也在不断地发生变化。在这个背景下,教育作为知识传播的重要途径,也面临着新的挑战和机遇。如何有效地传授和吸收知识,如何让学生适应这个快速变化的时代,已成为教育领域亟待解决的问题。针对这些问题,本书以深度学习理论为指导,提出了思政课"三度式"教学模式,为教育改革提供了一种新的思路和方法。

深度学习理论是当前教育领域的一个热门话题,它强调学生对知识的深度理解和应用能力,以及对学生高阶思维和创新能力的培养。本书作者常年深耕教学一线,不仅熟知教育理论,而且了解如何在实践中有效地运用这些理论。"三度式"教学模式是本书的核心内容,它以思政课堂温度、深度和活跃度三个关键要素为核心,旨在帮助学生更好地参与学习、合作和探究,从而深化学习研究。本书不仅提出了"三度式"教学模式,而且还详细地阐述了如何在实际教学中实施这一模式。通过剖析相关案例,本书为读者提供了一种新的、有效的学习方式。这种教学模式对我们的教育教学改革将产生一定的积极推动作用。

首先,这种教学模式将激发学生的内在动力,让他们对学习产生浓厚的兴趣,从而主动参与、探索未知领域。这种主动性不仅会让学生在学术上取得更大的进步,也会让他们在生活中的各种挑战面前更加自信和勇敢。通过深度学习,学生不再是被动接受知识的容器,而是更加积极地参与到学习中来,成为主动探索和发现的学习者。

其次,可以通过引导学生进行深度思考和自主学习来实现探究能力、创新能力和实践能力的提升。深度思考是实现探究能力和创新能力提升的关键，它促使学生自觉地设定学习目标，选择合适的学习方法和资源，深入理解知识的本质和背后的原理，从而形成自己的判断。这种学习方式注重学生的主动性和自主性，最终让学生成为学习的主人，即自主学习的实践者。

最后，这种教学模式可以显著促进教师的专业发展和教学能力的提升。在此模式下，教师需要不断学习和探索现代教学工具和技术的应用，以提供更加丰富、深入的教学内容，提升自己的教学水平和教学质量。另外，此模式也可以促进教师和学生之间的互动和交流，让教师更加深入地了解学生的学习情况和需求。通过与学生的互动和交流，可以更好地掌握学习进度和难点，及时调整教学策略和重点，帮助学生更好地理解和掌握知识。基于从学生那里获得的反馈和建议，进一步改进教学方法和提高教学质量，实现教学相长的良好局面。

本书以清新流畅的文风，深入浅出地解析了复杂的理论，使得读者能够轻松领略书中的内涵，并能够将其应用到自己的教学实践中。此外，本书还注重实践性和可操作性，为读者提供了实例和实用的操作指南，帮助读者在实践中不断探索教学改革的方式方法。本书第1、2、3、7章约15万字由吴春艳撰写，第4、5、6、8章约15万字由尹君龙撰写。

本书是2023年度河北省高等学校科学研究项目"提升当代大学生习近平新时代中国特色社会主义思想认同的路径研究"（编号SQ2023191）的阶段性研究成果，是河北水利电力学院校级教学改革项目"在批判历史虚无主义中'毛泽东思想和中国特色社会主义理论体系概论'问题链研究"（编号2022JG11）和"深度学习理论视域下《习近平新时代中国特色社会主义思想概论》'三度式'教学研究"（编号2023JG03）的阶段性成果。

前　言

随着人工智能技术的飞速发展，深度学习作为其中的核心技术之一，已经引起了广泛的关注和重视。深度学习在图像识别、语音识别、自然语言处理等领域取得了显著的成果，为人工智能的发展提供了强大的动力。然而，深度学习的理论体系和实践应用都涉及许多复杂的算法和技术，这给教学和学习带来了一定的难度。因此，如何在深度学习理论视域下，探索出一种有效的教学模式，是当前教育领域亟待解决的问题之一。

"三度式"教学模式是在深度学习理论视域下结合实际情况提出的一种新型教学模式。它以深度学习理论为基础，通过采用不同的教学方法和策略，构建有温度、有深度、有活跃度的思政课堂，以提高教学效果和学生学习兴趣。具体来说，"三度式"教学模式包括三个方面的内容：

一是有温度的思政课堂，饱含温情和关怀。它关注学生的内心世界、情感需求，尊重学生的个性差异，让每一个学生都能感受到温暖和关爱。

二是有深度的思政课堂，它具有真实性、互动性、多元性、创新性和全球化视野相统一的特征。这样的课堂能够让学生更好地理解和掌握思政理论，提高思想觉悟和综合素质，培养基本道德素质和社会责任感，激发民族自豪感和责任感，让学生更好地了解世界和国际社会，关注全球性问题和发展趋势。

三是有活跃度的思政课堂，是指在课堂上学生积极参与、师生互动氛围良好的课堂。一个有活跃度的思政课堂不仅能够激发学生的学习兴趣和积极性，提高教学效果，更能够培养学生的创新思维和批判性思维，增强学生的社会责任感和创新能力，使其成为社会主义建设者和接班人，这需要教师不断从教学理念、教学内容、教学方法、教学手段和教学评价等方面持续学习和提升。

深度学习理论视域下提升高校思政课实效性的"三度式"教学研究，旨在提高学生对思政课的学习兴趣和学习能力，增强思政课的实效性和学生思维的深度。该研究主要从以下三个方面展开：

一是整合思政教学资源，构建深度学习模式。以深度学习理论为基础，通过整合思政课教学资源，构建一个引导学生进行深度学习的课堂。这个模式包括：引导学生课前预习，课中研讨，课后实践，使学生对思政课的知识点进行深度理解和掌握，从而增强思政课的实效性。

二是聚焦学生主体地位，营造深度学习氛围。以深度学习理论为基础，通过聚焦学生的主体地位，营造一个适合学生进行深度学习的氛围。包括：建立师生互动的教学关系，设计符合学生需求的教学内容，运用多种教学方法，使学生能够主动参与思政课学习，从而提高学生的思维深度。

三是创新思政教学方法，打造"三度式"教学体系。以深度学习理论为基础，通过创新思政课教学方法，打造一个"三度式"教学体系。这个体系包括：构建思政课"知识传递－能力提升－价值塑造"的三维教学体系，通过多种教学方法的运用，使学生从知识、能力和价值观三个方面对思政课进行深度学习和理解，从而提高学生的综合素质。

四是构建思政课教学评价体系。本书从现实出发，以大学生思政课程的深层教学为切入点，以理论分析为依据，综合应用了经验选择法和德尔菲法，制定了相应的评价指标。

本书强调了学生在思政课学习中的主体地位，注重培养学生的思维能力和价值观念，通过构建深度学习模式和"三度式"教学体系等方法，旨在提高思政课的实效性和学生的综合素质。

目　　录

第 1 章　深度学习理论视域下思政课"三度式"教学概述 ……… 1
1.1 思政课"三度式"教学内涵 …………………………………… 1
1.2 深度学习概述 …………………………………………………… 4
1.3 基于深度学习理论的"三度式"教学概述 …………………… 21

第 2 章　高校思政课教学现状分析 …………………………… 44
2.1 高校思政课"三度式"教学调研设计 ………………………… 44
2.2 访谈文本分析与结论 …………………………………………… 49
2.3 实证研究分析与结论 …………………………………………… 61
2.4 思政课教学现状原因剖析 ……………………………………… 68

第 3 章　基于深度学习理论的高校思政课"三度式"教学基本原则、要求和思路 …………………………………………… 81
3.1 青年学生认知发展特征 ………………………………………… 81
3.2 基于深度学习理论的高校思政课"三度式"教学的基本原则 …… 89
3.3 基于深度学习理论的高校思政课"三度式"教学的基本要求 …… 96
3.4 基于深度学习理论的高校思政课"三度式"教学的基本思路 …… 112

第 4 章　基于深度学习理论的高校思政课"三度式"教学模式构成与资源开发 ………………………………………… 120
4.1 基于深度学习理论的高校思政课"三度式"教学构成与重构

策略 ·· 120
4.2 基于深度学习理论的高校思政课"三度式"教学资源的表征方法
与开发模式 ·· 128
4.3 基于深度学习理论的"三度式"教学资源开发策略 ················· 146

第5章 基于深度学习理论的高校思政课"三度式"教学过程的设计与应用 ·· 159
5.1 转变教学知识观，优化思政课教学设计 ································ 159
5.2 落实思政课深度学习内容的超越性 ······································ 164
5.3 加强高校思政课深度学习过程中的互动 ······························· 168
5.4 提升深度学习方法的丰实性 ·· 172

第6章 深度学习视域下高校思政课"三度式"教学的评价设计 ·· 203
6.1 深度学习视域下"三度式"教学评价体系构建的指导思想 ······ 203
6.2 深度学习视域下"三度式"教学评价体系需把握好的三对矛盾 ··· 207
6.3 深度学习视域下"三度式"教学评价制定依据 ······················· 210
6.4 深度学习视域下"三度式"教学评价体系的修订与完善 ·········· 215
6.5 深度学习视域下"三度式"教学评价标准权重确定 ················· 229
6.6 深度学习视域下"三度式"教学评价标准指标解释 ················· 232

第7章 深度学习理论视域下的高校思政课"三度式"教学实践案例——以H大学为例 ··· 247
7.1 H大学相关情况介绍 ·· 247
7.2 H大学思政课"三度式"教学改革介绍 ·································· 249

第8章 结论与展望 ··· 268
8.1 主要结论 ·· 268
8.2 研究展望 ·· 270

参考文献 ·· 274

后记 ··· 298

第1章 深度学习理论视域下思政课"三度式"教学概述

1.1 思政课"三度式"教学内涵

作为立德树人的关键课程,思想政治理论课要因事而化、因时而进、因势而新。习近平总书记在学校思政课教师座谈会上指出:"推动思想政治理论课改革创新,要不断增强思政课的思想性、理论性和亲和力、针对性。"[①] 因此,打造"有温度、有深度、有活跃度"的思政课堂是落实思政课教学改革、培养高素质人才的必然要求。高校思政课"三度式"教学内涵包括三个方面:

1.1.1 有温度的思政课堂

在传统的教学模式中,思政课堂往往注重知识点的传授和记忆,却忽略了情感和体验的重要性。这种教育模式下的思政课堂显得枯燥乏味,缺乏吸引力,难以引起学生的兴趣和共鸣。因此,有温度的思政课堂成为一种新的教学理念,旨在让思政教育更加贴近学生的情感需求,提高思政教育的实效性。

有温度的思政课堂,是饱含温情和关怀的课堂。它关注学生的内心世界,关注学生的情感需求,尊重学生的个性差异,让每一个学生都能感受到温暖和关爱。在这样的教育中,教师将自身的魅力、豁达的心态、诚挚的情感投射到学生心中,激发其进取的动机和力量,达到春风化雨、润物无声的效果。

---

① 冯刚,彭庆红,余双好,等. 新时代高校思想政治教育学原理[M]. 北京:人民出版社,2021:34.

这需要教师从传统的知识点传授模式中走出来，注重学生的情感需求，建立良好的师生关系，从而增强学生对社会主义制度、社会主义道路、中华优秀传统文化、马克思主义理论的认同感和接受度。

有温度的思政课堂是充满活力的课堂，具有激发学生学习兴趣和主动性的特点。在这种课堂中，教师不仅关注知识的传授，更注重教育方法、教育技巧和教育艺术的研究和实践，以更好地引导学生学习和成长。这种教学需要教师充满热情，不断提升自己的教育理念、教育方法、教育手段和教育能力，以真诚的态度和热情去感染和引导学生，让其能够感受到学习的乐趣和魅力。

1.1.2 有深度的思政课堂

有深度的思政课堂具有真实性、互动性、多元性、创新性和全球化视野相统一的特征。这样的课堂能够有效地促进学生对于思政理论的理解和掌握，提高思想觉悟和综合素质，培养基本道德素质和社会责任感，拓宽国际视野。

真实性是指思政课堂的教学内容应该紧密联系实际，反映社会现实和学生的实际情况。这意味着教学内容应该以具体的、真实的案例为基础，而不是虚构的或泛泛而谈的。通过真实的案例和实践，学生能够更好地理解思政理论，并学会将其应用到实际生活中。

互动性是指教师和学生之间通过不断地双向沟通、交流和配合，营造积极的课堂氛围。这要求学生参与到课堂中来，通过讨论、辩论等形式参与对思政内容的探讨和思考。这种互动是平等的、民主的，强调教师和学生之间的相互交流和互相促进。它允许学生发表不同的意见和观点，鼓励他们进行独立思考和探索。

多元性是指思政课堂应当具有丰富多样的教学案例、教学方法和教学手段。这些多元化的元素能够适应不同学生的需求和特点，提高课堂的吸引力和参与度。通过综合采用案例分析、讨论、演讲、社会实践等多种教学方法，以及多媒体教学、网络教学等多种教学手段，可以使思政课堂更加生动、有趣、贴近实际，激发学生的学习兴趣和积极性。

创新性是实现深度学习、提高教学质量和效果的关键。首先，师资力量融入新鲜血液是创新性的重要体现。思政课教学不再局限于单一的老师讲、学生听的模式，而是邀请更多的名师大家、专家学者、社会贤达等来为学生授课，让学生能够从不同角度、不同层面理解和掌握思政课的内容。例如，南开大学和天津师范大学等高校经常邀请非物质文化遗产传承人、劳动模范、红军老战士等人士进入课堂，对相关专题进行深度讲解，为学生提供更加丰富和多样化的教学资源。其次，引入新的教育技术手段是创新性的另一重要体现。新媒体互动平台可以用于开展在线主题讨论、投票、问卷调查、答疑解惑等，让学生在课堂外也能够参与思政课的教学互动，提升学习参与度和兴趣；虚拟现实技术可以用于模拟历史事件、社会现实场景等，让学生更加直观地了解和感受思政课中的理论知识，增加学生的感性认识和体验；网络教学平台可以用于发布和共享教学资料、教学视频等内容，让学生可以随时随地学习和复习思政课的知识点，提高学生的学习效果；在线课程则可以为学生提供更加丰富和多样化的教学资源，让学生可以根据自己的兴趣和需求选择适合自己的课程进行学习。

全球化视野是指从全球化的角度看待和思考思政课，使得思政课具有更长远的战略眼光和更宽广的国际视野。习近平总书记强调，要把思政课放在世界百年未有之大变局、党和国家事业发展全局中来看待，这体现了思政课与全球化的紧密联系。[①] 在当前全球经济深度衰退、国际贸易和投资低迷的背景下，全球性问题日益突出，气候变化、环境污染、能源资源安全、公共卫生危机等问题对人类社会产生深远影响。思政课需要引导广大学生树立人类命运共同体意识，关注全球性问题及其对世界各国的影响，并了解中国在国际舞台上的地位和作用，增强民族自豪感和爱国主义情感。思政课还需要引导广大学生具备创新意识和创业精神，关注世界科技发展趋势和中国创新型企业发展状况。这要求思政课要从全球化视角出发，培养学生的创新能力和国际视野，使他们能够更好地适应全球化时代的挑战，成为具有国际视野和创新能力的高素质人才。

1.1.3 有活跃度的思政课堂

有活跃度的思政课堂是指在课堂上学生积极参与、师生互动氛围良好的

---

① 习近平. 论党的宣传思想工作 [M]. 北京：中央文献出版社，2020：375.

课堂。一个有活跃度的思政课堂不仅能够激发学生的学习兴趣和积极性，提高教学效果，更能够培养学生的创新思维和批判性思维。

在教学理念方面，教师应该坚持以学生为中心、以问题为导向、以实践为手段、以能力为目标的教学理念，将思政课堂打造成为学生自主学习、自主探究、自主发展的平台。在教学过程中，教师应该尊重学生的主体性和差异性，注重激发学生的学习兴趣和积极性，提高教学效果。

在教学内容方面，教师应该根据学生的专业特点、兴趣爱好和认知水平，选择具有针对性和实效性的教学内容，将理论知识与实际问题相结合，引导学生深入思考和分析，增强学生对思政课内容的理解和认同。

在教学方法方面，教师应该采用讲授、讨论、案例分析、情景模拟等多种教学方法，让学生参与到课堂中来，增强课堂的互动性和启发性。例如，教师可以采用案例分析的方法，通过引入典型案例，引导学生深入思考和分析，增强课堂的启发性和实用性。同时，教师也可以采用小组讨论、角色扮演等方法，让学生参与到课堂中来，提高学生的学习效果和兴趣。

在教学手段方面，教师应该充分利用现代信息技术手段，如多媒体教学、网络教学等，增强课堂的吸引力和感染力。例如，教师可以利用 PPT、视频、音频等多种媒体资源，将抽象的理论知识变得生动形象，帮助学生更好地理解和掌握课程内容。同时，教师也可以利用在线学习平台、社交媒体等网络工具，增强师生之间的互动和交流，提高学生的学习效果和互动性。

在教学评价方面，教师应该注重过程评价和实践能力评价，将学生的课堂表现、作业情况、考试成绩等各方面进行综合评价。同时，教师也应该鼓励学生进行自我评价和相互评价，通过学生之间的交流和互动，提高学生对思政课内容的认同感和接受度。

1.2 深度学习概述

本节将重点对深度学习的理论基础、缘起与发展、特征、深度学习理论研究焦点等进行分析。

1.2.1 深度学习的理论基础

（1）深度学习理论的知识观基础

① 知识的性质

任何教学理论都需要首先明确其知识观，因为科学明晰的知识观是检验任何一个教学理论和教学模式的基本标准。这涉及知识的质量与结构、知识的内在价值的实现、学生了解知识的条件、知识的文化性质以及如何体现教与学的融合性质等问题。从根本上来说，教学理论需要回答这些问题，教学模型应该清楚地给出答案。深度学习以教育学立场的知识观为基础，强调引导学生对知识的完整理解和深刻学习。柏拉图认为知识是真实的、理性的，是一种被确证了的信念。而亚里士多德则认为知识是确证了的、真实的、被经验证实的一种信念。随着现代认知科学的发展，知识被定义为个体与外界互动过程中所形成的内在心理表征。[①] 很明显，在认识的性质方面，哲学的认识论所要解答的一个根本问题是：关于人类的认知和认知的方法等问题，它向人类提供了一种新的、更高的、更广阔的空间。哲学认识论是认识知识的最科学的世界观和方法论，但是在关于教育的认识问题上，哲学认识论的"知识性"缺少了对教育场特性的关注。所有进入人们发展过程中的知识，都应该给予"成长意义"。在这一过程中，对知识再生产的主体——学生来说，知识获取不完全是"真理问题"，而更是"幸福问题"。[②]

教育中最根本、最基础的目标是学会和掌握一些基本知识。然而，教育并不仅仅是知识的传授，其最终目标是立德树人，推动学生的成长与人格发展。就立德树人的教育目标而言，知识仍然扮演着重要的角色，它是专业知识转化为专业素养和专业技能的关键。"知识之后（beyond knowledge）"是指对符号知识的超越和追问，是对知识所隐含的思想、意义、思维方式的深层追问。知识的背后，隐藏着更深层次的价值。对于学生来说，符号知识的学习非常重要，但最终目的是将知识转化为核心素养。

思想政治理论课知识是在特定社会文化背景下产生的，具有意识形态属

---

① 赵稀方. 知识论导言：从"知识就是力量"谈起[J]. 河南社会科学，2004，12（3）：60-63.
② 郭元祥. 知识的教育学立场[J]. 教育研究与实验，2009（6）：1-6.

性、政治教育属性、社会价值观属性、人才培养属性，旨在培养学生的爱国主义、集体主义和社会主义精神，引导学生树立正确的世界观、人生观和价值观。学生通过学习马克思主义哲学、政治经济学、科学社会主义、政治法律、历史文化等方面的知识，获得正确的"三观"。因此，从教学层面来讲，深化思政课课程改革、提高思政课实效性，就要克服单纯以知识为导向的表面的、浅显的知识教学的局限，推动知识学习向提升学生核心素养转变，帮助学生"扣好人生的第一粒扣子"。

学习知识的过程是知识作为"精神种子"发育成为个体的思想、智慧和美德的过程，同时也是学生获取并理解世界的过程。正如古希腊哲学家苏格拉底所说，"知识即美德"，知识是一粒思想的种子、智慧的种子、美德的种子。知识不仅是关于"科学世界"的，更是关于"生活世界"的。它是人类对于客观事物本质属性的理解，包含了建立并处理社会关系的智慧。因此，学习知识不仅是为了获取知识和技能，更是为了促进个体的精神成长，形成自己理解世界的方式。

另外，知识学习的目的在于分享人类认识世界的文化和思想遗产，更在于通过公共知识的转化，建立个人知识。个人知识是个体通过认识世界、感受、思考、实践等途径获得的，具有个体性和主观性。与公共知识相比，个人知识的传播范围更小，但它的价值并不因此而降低。个人知识对于个体的发展和成长具有重要的意义，它可以促进个体的思考、创新和成长，提高个体的综合素质和能力水平。

知识学习的过程不是被动地接受前人的认识成果，而是一个自我反省、检视和回应的过程。通过关注自我内心世界和建立处世哲学、思维方式和方法论，知识得以在学生身上展开精神发育的过程。作为"精神种子"的知识在学生身上发育的过程，是通过师生对话与交往、理解和探究、体验和反思等手段实现的。因此，以学生为中心的课程和教学的根本价值已经从对知识的关注转移到了对知识精神发育的关注。

然而，当前很多高校的思政课教学改革仅仅停留在教学程序的简单翻转和教学时间的粗暴分配层面上，导致知识仅仅被当作符号进行表面学习、表层学习和表演学习的情况。在这种情况下，知识处理缺乏必要的深度是制约思政课教学目标完整达成和深度达成的一个重要因素。因此，知识是课堂教学的最基本的单位，如果离开了对知识的深度处理和深度理解，那么思政课堂教学改革的深化将难以实现。

②知识的结构

知识结构与认知过程密切相关，它们共同构成了人类认识客观世界的基石。认知过程是指个体获取、处理和运用信息的过程，而知识结构则是这些信息被组织和系统化的方式。在认知过程中，个体通过感知、注意、记忆、思维等心理过程获取信息，然后将其组织成为有意义的知识结构。一个多世纪以来，人们对"什么样的知识最有价值"进行了深度剖析，通过归类、比较，人们从知识分类学的角度分析得出"最有价值知识"的多种回答。在众多研究中，英国教育哲学家赫斯特（Hirst P. H.）超越知识表层类型划分，进入了知识的内在构成，他提出了7种理解世界的知识形式，包括：数学、自然科学、关于人的知识、文学与美术、道德、哲学和宗教。这一分类对后来的知识教授和教育教学产生了深刻影响。

从内在构成上看，知识具有符号表征、逻辑形式和意义系统三个不可分割的组成部分。一是知识符号既包括知识的认识对象的内容、属性、关系，也包括人们认识活动的思想、观念、概念，它们都是知识的符号表征形式。符号是知识的载体，是知识存在的必要条件。二是知识的逻辑形式是指知识内容之间的逻辑关系，即知识内容的组织方式，它反映了认识对象的本质联系，也反映了人们认识的客观规律。知识的逻辑形式主要包括推理和论证。知识的意义系统是指知识内容所蕴含的价值意义，它反映了知识内容与人的需要、生活意义的联系，也反映了知识对人的价值意义。三是知识的意义系统是知识不可或缺的重要组成部分，它赋予了知识以价值意义，使知识成为人的精神财富。知识学习过程中学生所要理解的不是符号知识本身，而是符号知识所概括的客观世界及其与人的发展之间的生成性关系。①

知识理解是教学的基础，需要超越单一的符号理解，深入符号所存在的内容和意义。它不仅仅是简单的符号记忆和复述，而且要理解知识符号所代表的内涵、概念、原理、规律等，把握知识的内在结构和意义。在知识理解

---

① 郭元祥. 知识的性质、结构与深度教学 [J]. 课程·教材·教法，2009（11）：17-23.

的过程中，学生需要具备较高的思维能力和认知策略，如归纳、演绎、分析、综合等。这些认知策略能够帮助学生对知识进行深入的分析和理解，把握知识的本质内涵和意义。同时，知识理解也需要超越单一的符号层面，深入对符号所存在的具体内容和意义的理解。学生需要将知识应用于具体情境中，解决实际问题，将知识转化为实际行动，将知识与具体的生活情境联系起来，理解知识的应用价值和意义，把握知识的实践性和社会性。

③知识学习的条件

从知识发生学角度看，知识理解的内在条件主要源于两个维度：一是知识成立的条件，二是知识依存的条件。知识成立的条件是指知识在逻辑上和认识论上得以成立的前提和基础。知识的符号表征、逻辑形式和意义系统都需要满足一定的条件才能成立。例如，数学知识的成立需要满足抽象性和形式化的条件，自然科学知识的成立需要满足实验验证和理论化的条件。理解知识成立的条件有助于我们更好地把握知识的本质和内涵。

知识依存的条件是指知识在历史、文化和社会背景下的存在和传播方式。每一种知识都有其特定的历史、文化和社会背景，它们构成了知识依存的条件。理解知识依存的条件有助于我们更好地理解知识的意义和价值，以及知识的局限性和适用范围。美国课程理论家谢夫勒在《知识的条件》一书中指出，知识具有信念条件（belief condition）、证据条件（evidence condition）和真理条件（truth condition）。信念条件与知识的可证明性有关。如果一个知识可以被证明是真实的，那么人们更容易相信它，并更容易接受和理解它，因此，教育者应该尽力帮助学生建立正确的信念，以便他们能够更好地理解和接受新的知识。辨析与比较是学生理解新知识必须经历的第一个逻辑思维过程和思维方式。具体而言，辨析是将新知识与相似、相对或相反的知识进行区分的过程。通过辨析，学生可以找到新旧知识之间的相似之处和不同之处，并确定新知识在知识体系中的位置和作用。比较则是将新知识与已知的知识进行比较，以找到它们之间的共同点和不同点。通过比较，学生可以更好地理解新知识的含义和应用，并将其与已知的知识联系起来从而加深对新知识的理解和记忆。

证据条件是指知识获取的外部条件，即用什么来证明知识的确认性和真理性判断。这是建立抽象的概念知识与现象之间的规律性联系的纽带，是学生理解抽象知识的支架。证据条件包含逻辑证据和事实证据。逻辑证据是通过逻辑推理的方式来证明一个结论或者观点。教学过程中教师可以通过提供实例、组织论证和推理、引导批判性思维等方式让学生学会如何识别和评估逻辑证据，帮助其更好地理解知识点。思政类课程新知识则需要通过引用权威观点、社会实践验证、历史验证、案例分析、事实陈述等方式来学习。

现阶段一些高校的思想政治理论课教材体系不能转换成教学体系，知识传授仅作表层处理，知识逻辑广度和深度有待提升，知识的信念条件和证据条件不充分，最终导致学生对知识理解浅尝辄止甚至断层。

（2）深度学习理论的学习观基础

学习并不是简单的行为变化，而是为了适应环境的需要而不断积累经验、改变行为的过程。然而，行为变化可能受到多种因素的影响，而不仅仅是学习。除了学习之外，本能和成熟等其他方面也会对行为产生影响。本能是一种生物遗传特征，使生物能够适应特定的环境。成熟则是指个体身体和心理的变化过程，受到时间和生长发育的影响。这些因素都可以影响个体行为。"学习是指学生因经验而引起的行为、能力和心理倾向的比较持久的变化，这些变化不是因成熟、疾病或药物引起的，而且也不一定表现出外显的行为。"[1]学生的变化过程和变化状态体现了学习的层次和深度。深度学习是一种主动的、身心沉浸的学习方式，强调学生在深刻理解学习内容的基础上，联系自己的生活经验，通过深度思维、深度加工和深度整合，实现知识的内化、迁移和应用。深度学习强调深层动机、深层体验、深层思维、深层内容和深层评价。

① 学习的深层动机

学习的深层动机是指源于学生内在的、自我驱动的动机，也就是学生的学习动力来自自身的兴趣、求知欲、好奇心和探究欲等内部因素。这种深层动机是一种高层次的认知驱动力，能够激发学生对知识进行深度探索和对技能的精湛掌握。具备深层动机的学生通常能够自我激励，自发地寻求知识和技能的提升，并可以在学习中获得满足感和成就感。教师通过创造具有挑战

---

[1] 施良方. 学习论[M]. 北京：人民教育出版社，2001.

性和趣味性的学习环境、提供具有吸引力的学习资源和反馈机制等方式，可以激发学生的深层动机，促进学生对知识的深度学习和技能的不断提升。

②学习的深层体验

罗杰斯认为，每个人都有自我实现的内在动力，体验学习就是要尊重学生的这种动力，让他们在情境中主动参与、探究和体验，从而形成自己的理解和判断。皮亚杰提出的认知发展理论认为，学习是一个不断建构的过程，需要学生在不同情境中获取经验，通过同化和顺应来达到平衡。在学习过程中，学生应全身心地沉浸在所学内容中，对所学内容有深刻的认识和感受，并能够将所学内容与自己的生活经验联系起来，实现知识的内化和迁移。

③学习的深层思维

深层思维（deep thinking）是经过深入思考、分析、比较、评估和整合的一种思考方式，通常涉及抽象的概念、复杂的情境和多个因素，需要运用多种思维技能和认知能力。约翰·杜威（John Dewey）认为，深层思维是一种探究和实验的过程，通过不断地尝试和反思来深入理解一个主题。他认为，深层思维是解决复杂问题的关键，需要人们具备批判性思维、创造性思维和系统思维等能力。彼得·圣吉（Peter Senge）在他的著作《第五项修炼》中指出，深层思维需要人们具备反思、探究、系统思考和创新等能力，能够帮助人们更好地理解和应对复杂的问题和挑战。深层思维的培养需要教育者提供给学生适当的学习机会和环境，包括挑战性的学习任务、积极的学习氛围、反馈机制和引导学生之间的合作和交流等。同时，教育者也应该鼓励学生进行自我反思和探究，激发他们的内在动机和好奇心，以促进他们主动学习和深度思考。

④学习的深层内容

深度学习强调学习内容的深度、完整性和跨学科性，需要学生掌握核心知识、概念和技能，同时能够将所学知识进行跨学科的联通和整合，不是仅仅停留在表面的记忆和运用，而是通过对知识的不断内化，达到对知识的真正理解和应用并与自身原有的认知相融合，进而产生新的理解看法，提升将知识应用于实际问题中的能力。

⑤学习的深层评价

深度学习要求学生进行自我评价和反思，不仅关注学习成果，更关注学习过程和学习体验。这种评价以理解、应用和创新为核心，注重评价学生的思维能力、问题解决能力和创新能力，从而更好地促进学生的发展，提高学习效果。深度学习评价一般包括理解测试、表现评估、反思评估和成果评估等多种评估方法。这些方法可以全面评估学生的学习状态和成效，为学生的自我调整和优化提供重要依据。通过深度学习评价，学生可以更好地了解自己的学习状况，发现自己的优势和不足，从而调整和优化自己的学习策略和方法，提高学习效果和创新能力。

1.2.2 深度学习的缘起与发展

（1）深度学习的缘起

深度学习的缘起可以追溯到 20 世纪六七十年代。当时，神经网络模型开始被提出并逐渐受到关注，因为它们能够模拟人脑的工作方式。然而，当时的计算机硬件和计算能力的限制，使得神经网络模型的训练非常困难，需要使用手动编码和调整的方式来训练网络。这使得神经网络的应用受到了很大的限制。

到了 20 世纪 80 年代，反向传播算法的提出为神经网络的训练提供了一种自动化的方法。该算法能够计算出每个神经元的误差，并据此调整每个神经元的权重和偏置，从而使得整个神经网络的输出更加接近于实际结果。反向传播算法的出现极大地推动了神经网络的发展和应用。但是，随着神经网络模型层数的增加，梯度消失和梯度爆炸等问题逐渐显现出来，这使得深层神经网络的学习效果并不理想。为了解决这些问题，人们开始研究各种正则化、初始化、激活函数等技巧，以及使用更高效的优化算法。

到了 21 世纪初，深度学习开始取得突破性进展。2006 年，Hinton 等人提出了深度信念网络（deep belief network），该模型利用无监督的贪心逐层训练算法，为深度神经网络的训练提出了一个可行的解决方案。此后，深度学习的概念逐渐被计算机科学、人工智能等领域所关注和普及，成为机器学习领域的一个热门研究方向。

深度学习致力于模拟人脑的深层次学习过程，通过构建深度神经网络模型来实现计算机对数据的复杂运算和优化。深度神经网络模型是一种包含多个隐藏层的神经网络模型，其强大的表示能力和高性能使其在许多领域取得了显著的优势。深度学习的算法思维涵盖了数据预处理、模型训练、特征提取和模型评估等多个方面。数据预处理是对原始数据进行清洗、处理和预处理，以便于模型进行训练和测试。模型训练是深度学习的核心步骤之一，通过选择合适的优化算法和损失函数，并调整模型的超参数以获得更好的性能。特征提取是指模型在训练过程中会自动学习到数据的特征和模式，从而实现数据的自动特征提取和降维。模型评估是对训练好的模型进行评估，以确定其性能和准确率。深度学习在图像识别、语音识别、自然语言处理等领域得到了广泛应用，并取得了许多令人瞩目的成果。例如，在图像识别领域，深度神经网络模型已经达到了人类水平的准确率。在语音识别领域，深度学习也取得了显著的进展。在自然语言处理领域，深度学习已被应用于机器翻译、文本分类、情感分析等多个任务。这些应用展示了深度学习的强大能力和广泛前景，为人工智能的发展带来了巨大的推动力。

（2）深度学习在教育中的兴起与发展

在大脑科学、人工智能和学习科学等领域取得的新成果确实为教育界的研究者带来了深刻的反思。随着计算机和人工智能技术的发展，人类对大脑的深度结构和抽象认知进行了深入研究，并在此基础上提出了基于神经网络的深度学习方法。这一发展引发了我们对知识学习进程和大脑活动进程的深入思考，例如，这一进程是否与大脑的运行机理有关？学生的学习是否存在浅层和深层两个层面的区别？从作为符号的公共知识到作为个人意义的个人知识是如何建立起来的？知识的学习过程到底是一种什么样的抽象认识过程？在信息化条件下，如何才能实现深度学习？因此，对深度学习和教学的研究越来越受到关注。

教育学领域特别是教育技术学领域的深度学习研究日益活跃起来。在深度学习研究中，人们开始探讨如何通过信息技术手段支持学生进行深层次的学习，以及如何通过深度学习的方式帮助学生实现有意义的学习。1956年布鲁姆在《教育目标分类学》中对认知领域目标的维度划分，可以看作是深度学习思想的早期探索之一。布鲁姆将认知领域目标分为六个层次：知道、领会、应用、分析、综合和评价，其中前三个层次为低阶思维，后三个层次为高阶思维。^①这种分类方法强调了学生在掌握知识的过程中需要经历不同层次的思维活动，包括对知识的记忆、理解、应用和批判性思考等。

1976年，美国学者马顿和萨尔约发表了《论学习的本质区别：结果和过程》（"On qualitative difference in learning : Outcome and process"）一文，提出了表层学习和深层学习的概念。他们认为，表层学习是指学生通过死记硬背、机械记忆等方式来掌握学习材料，而深层学习则是学生理解并运用所学知识，将其与已有知识结构相融合，从而形成更加深入和全面的理解，强调学生在掌握知识过程中需要经历不同层次的思维活动。^②

通过让学生阅读论文并对其掌握的知识进行测试，他们发现学生在阅读过程中使用了两种完全不同的学习策略。一种是尝试将论文中的事实表达牢牢地记在心里，然后猜测接下来的考试，并将其记忆，这就是所谓的表层学习。而另一种则是深入研究论文的主旨及理论意义，称之为深度学习。深度学习的学生以对知识的理解为目标，并将已经掌握的知识与具体教科书的内容展开批判，探索知识背后的逻辑含义，将已经存在的事实与所得到的结论之间形成一种关联。浅层学习与深度学习在许多方面存在着显著的不同，包括学习动机、投入程度、记忆风格、思维水平和迁移等方面。深度学习是一种积极主动、高度投入、具有理解和记忆能力的学习状态和学习过程。

20世纪末，拉姆斯登（Ramsden，1988）、英推施黛（Entwistle，1997）以及比格斯（Biggs，1999）等人发展了浅层学习和深度学习的相关理论。^③随着信息技术和人工智能的进步，进入21世纪，国外学者对信息技术赋能下深度学习在不同学科中的应用研究成果日益丰富，涵盖了辅助技术、教育人工智能、学生评估、个性化自适应学习、预测学生成绩以及智能教学系统等方面。比如菲鲁兹·内贾蒂（F. Nejati，2019）探讨了基于深度学习的人

---

① 安德森. 布卢姆教育目标分类学[M]. 蒋小平，张琴美，罗晶晶，译. 北京：外语教学与研究出版社，2009.

② Marton F，Saljo R.On qualitative difference in learning : Outcome and process [J].British Journal of Educational Psychology，1976，46（1）：4-11.

③ 安富海. 促进深度学习的课堂教学策略研究[J]. 课程·教材·教法，2014（11）：57-62.

工智能教育方面的内容；① 萨钦·帕尔（S. K. Pal）和尼古拉斯·鲁伏瓦（N. Rouvoy）对深度学习在学生表现自动评估中的应用进行了系统性的综述和讨论，介绍了该领域的主要研究进展、挑战和未来发展方向。同时，该论文还讨论了深度学习在不同类型的学生表现评估任务中的应用，包括写作、口语、听力、阅读等。②

国内对于深度学习的研究起步于 21 世纪初期。2005 年，上海师范大学数理信息学院教育技术系主任黎加厚教授发表的《促进学生深度学习》一文中，首次提出了深度学习的概念，认为深度学习是一种以高阶思维和反思为核心，通过整合信息和建立联系来理解和掌握知识的学习方式。它注重对批判性思维、问题解决能力和创造性思维的培养，强调学习的主动性和终身学习的重要性。这篇文章对深度学习的概念和特征进行了深入的探讨，为后续的研究和实践提供了重要的参考和指导。③ 该文是国内较早介绍并探讨深度学习的研究成果之一，此后，关于深度学习的探讨，特别是基于信息技术环境下深度学习的相关研究论文逐渐增加。

2006 年，华中师范大学教授郭元祥与台湾成大教育所主任李坤崇教授合作启动了"海峡两岸能力生根计划"。该计划以"以能力为本"的深层教学为基础，以价值观、知识观、学习观、过程观的重构为依据，致力于培养学生的专业能力。此计划突破了单纯强调教学过程、教学技巧、教学时数等浅层次学习方式，提高了教学效果的深度和广度，促进了教学的深入发展。自实施以来，该项目已取得一批重大科研成果，为进一步深化教育教学改革和推进教育现代化起到了积极作用。

自 2011 年以来，中国教育科学研究院院长兼教育部课程教材研究与发展中心主任田慧生研究员致力于深度学习项目的研究和推广。他带领的研究团队在深度学习的理论基础、教学策略、评价方法等多个领域进行了深入的研究。同时，他们与众多学校和教师合作，共同探索深度学习的实践方法和效

---

① F Nejati，M Taverni，R P W Duin.Teaching machines to learn：Deep learning-based educational artificial intelligence[J]. IEEE Transactions on Education，2019（11）.
② S K Pal，N Rouvoy. Deep learning for automated assessment of student performance：A urvey[J].IEEE Transactions on Learning Technologies，2019（3）.
③ 何玲，黎加厚. 促进学生深度学习[J]. 计算机教与学·现代教学，2005（5）：29-30.

果，并开发了大量深度学习的教学资源，包括教学案例、教学视频、教学工具等。这些研究和资源为推进深度学习在教育领域的应用提供了有力的支持。

1.2.3 深度学习的特征

深度学习的目标是培养学生的高阶思维能力，包括批判性思维、创造性思维和问题解决能力等，具有与浅层学习不一样的特点。

（1）联想与结构

深度学习的联想与结构是指在学习的过程中，个体经验和人类知识通过多角度的观察和体验建立联系，形成对知识和经验的整合与结构化。联想和结构相互补充，构成一个完整的教学框架，有助于培养学生的高阶思维能力和创新能力。

联想是指通过联想的方式回想已有的经验，唤醒记忆和体验，从而深入体会和理解所学内容。联想具有以下特点：丰富性，即可以从多个角度去思考和回想，使思考丰富多样；灵活性，即可以不受限制，自由地思考，使思维更加灵活；相关性，即将已有的经验和知识同新的学习内容联系起来，使学习内容更加相关和有意义；个性化，即每个人的联想都有其独特性和差异性。

深度学习中的结构是指通过教学活动将知识和经验进行整合与结构化，以帮助学生更好地掌握知识和技能。结构具有整体性、组织性、规律性和概括性的特点，能够将零散的知识点整合成一个整体，使学生更好地理解和掌握知识；将知识按照一定的逻辑和组织方式进行排列，使学生更好地记忆和回忆；使知识更加规律和系统化，有助于学生的长期记忆和掌握；概括出知识的核心和本质，使学生更好地理解和应用知识。在深度学习中，联想和结构是相互补充的。联想可以为结构提供生动有趣的教学素材和案例，使学生更好地理解和掌握知识；结构可以为联想提供逻辑和组织框架，使学生的思维更加系统化和深入化。通过联想和结构的相互作用，学生可以形成对知识和经验的整合与结构化，从而更好地掌握知识和技能，提高高阶思维能力和创新能力。

在实践中，一方面，教师可以创设真实、生动的情境，以激发学生的联想和思考，使学习内容更加生动有趣。例如，在思政课上，教师可以利用历史事件的视频、图片、文物等素材，引导学生联想和思考历史事件的原因、过程和影响，从而更好地理解和掌握历史知识。另一方面，教师可以设计具有实际意义的问题，引导学生运用已有经验和知识进行联想和思考去解决实际问题。在课堂上，教师可以呈现实际问题，引导学生联想已有的哲学、社会科学以及党建类知识，寻找解决方案。此外，教师还可以采用小组合作、讨论等方式，促进学生之间的合作和交流，扩展学生的思考视角和思路。

（2）活动与体验

深层学习强调学生的主动性和实践性，注重让学生在实践中获得知识和技能，并通过解决实际问题发展批判性思维、创造性思维和问题解决能力。具体而言，深层学习的活动与体验注重实践，让学生在实践中发现问题、解决问题，培养实际操作能力和动手能力。此外，深层学习也注重引导学生进行自主探究和合作学习，以培养学生的探究精神和创新能力。同时，深层学习还强调学生对自己的学习过程和学习成果进行反思和总结，以培养学生的批判性思维和反思能力。

（3）本质与变式

深层学习强调学习是对知识本质的把握，学生需要抓住教学内容的本质属性，并能够由本质推出若干变式，从而举一反三。

首先，深层学习强调学生对知识本质的把握，注重学生对知识的深度理解和应用。在深层学习中，学生需要对知识进行深度加工，理解知识的本质属性和内在联系，探究知识的意义和用途，从而培养对知识的深刻理解和迁移能力。这种深度加工不仅可以帮助学生更好地应对未来复杂多变的世界，同时也能够促进学生的认知发展和思维能力的提升。

其次，深层学习强调学生能够从知识的本质属性推导出新的应用场景、案例或解决方法等变式。在深层学习中，学生需要深入理解知识的本质属性，通过分析、归纳、推理等高级思维活动，推导出基于知识本质的变式。这些变式可以涉及不同的情境、案例或解决方法，但都必须是基于知识的本质属性进行推导。

通过推导变式，学生能够更好地理解和掌握知识的本质属性，并将其应用到新的情境中。这种举一反三、灵活应用的能力有助于学生适应未来的复杂多变的世界，因为面对新的问题和挑战时，学生能够基于已有的知识进行推理和分析，找到新的解决方法。例如，在数学学习中，深层学习不仅要求学生掌握数学公式和定理，还要求他们能够运用这些公式和定理解决不同的问题。学生需要通过对公式和定理的深入理解，推导出各种变式，如不同的应用场景、不同类型的题目和不同的解题方法。

最后，深层学习强调学生对知识本质的把握与由本质推出若干变式的结合。这种结合体现了深层学习的核心目标，即让学生通过理解知识的本质属性和内在联系，推导出新的应用场景、案例或解决方法等变式，从而更好地理解和应用知识。例如，在历史学习中，深层学习要求学生不仅掌握历史事件的时间、地点和人物等基本信息，还需要理解这些历史事件的原因、影响和意义等本质属性。通过对历史事件的理解，学生可以推导出不同历史时期的变式，如不同历史时期的社会制度、文化特征和人类发展的历史趋势等。这样，学生不仅能够掌握历史知识的基本信息，还能够理解历史发展的本质规律，为未来的历史学习和实际应用打下基础。

（4）迁移与应用

深层学习强调学习的目标是实现知识的迁移和应用，即学生需要能够将所学知识应用到新的情境中去，解决问题并创造新的价值。根据英国学者温纳的"知识转移"理论，人类的经验和知识来源于客观世界，是由外部事物引起主体相应的反映，知识总是向着理解问题、解决问题的方向发展。

首先，知识的迁移和应用是深层学习的核心目标之一。20 世纪 50 年代，美国心理学家安德森及其同事对知识迁移进行了系统的研究，发现学习的迁移不是天然而生的，而是通过后天的训练和有意识的迁移获得的。北京师范大学心理系教授刘儒德在 1996 年对学习迁移进行了系统研究，他提出学生需要充足的练习机会，以加深对知识和技能的掌握，从而提高学生的迁移能力。深层学习注重实践性，让学生在实践中掌握知识和技能，通过引导学生进行自主探究和合作学习，让学生发现和解决问题，从而培养学生的探究精神和创新能力。这种能力有利于学生自如地将所学知识应用于不同的情境中，解决问题并创造新的价值。

其次，深层学习可以促进跨学科知识的迁移和应用。在深层学习中，学生需要综合运用多个学科的知识和技能来解决问题或完成任务。这种跨学科的思维模式可以让学生在不同领域间自如地切换，拥有更广阔的视野和更强的能力，从而促进知识的迁移和应用。具体来说，学生在学习数学时，不仅需要掌握数学领域的知识，还可以将其应用到物理、经济、计算机等多个领域中去。例如，在解决物理问题时，学生需要用到数学知识来建立物理模型，并通过数学方法进行求解和验证。在经济领域，数学知识被广泛应用于统计分析、预测模型和决策分析等方面。在计算机科学中，数学知识的应用也十分广泛，如算法设计、数据结构和离散数学等。

最后，深层学习可以促进创新和应用。深层学习注重实践性，鼓励学生通过探究和思考来发现问题并解决问题，从而培养学生的创新思维和实践能力。这种能力可以让学生在实践中更好地应用所学知识，实现理论与实践的有机结合，从而促进知识的迁移和应用。比如，学生在进行科学实验时，可以通过探究和思考，发现新的科学现象和规律，为科学研究提供新的思路和方法。在实践中，学生可以通过对已有知识的深入理解和创新思考，找到更好的解决问题的方法和途径，从而推动实践创新的发展。

（5）价值与评价

价值与评价强调学习是与价值观相关的，学生需要关注学习的价值，并能够进行自我评价和反思，从而不断提高自己的学习水平。

首先，学习是与价值观相关的活动。人类的学习不是盲目无目的的，而是与价值观相关的。价值观是指一个人对事物的基本信念和判断标准，是人们行为的指南。在学习中，价值观会影响学生对学习内容的兴趣和选择，影响学生的学习态度和学习动机。一个具有积极价值观的学生会更愿意选择那些与自己价值观相符的学习内容，并更加努力地学习和掌握这些内容。因此，学生需要关注学习的价值，了解学习内容与自己的价值观之间的联系，从而更加有意义地进行学习。

其次，学生需要进行自我评价和反思，这是学习过程中重要的环节。通过自我评价和反思，学生可以更好地了解自己的学习成果和不足之处，从而更好地调整自己的学习方法和策略。在进行自我评价和反思的过程中，学生需要关注以下几个方面：

第一，评估学习成果。学生需要关注自己的学习成果，了解自己掌握了哪些知识和技能，哪些方面还需要进一步提高。学生可以通过考试、作业、课堂表现等方式来评估自己的学习成果，从而更好地了解自己的学习状况。

第二，识别不足之处。学生需要识别自己的不足之处，找出自己在哪些方面还需要进一步提高。学生可以通过比较自己和他人的表现、听取教师和同学的意见等方式来识别自己的不足之处，从而更好地了解自己的短板。

第三，制订改进计划。学生需要根据自己的不足之处，制订相应的改进计划，采取有效的学习方法和策略，从而更好地提高自己的学习水平。

第四，反思总结。学生需要及时反思总结自己的学习过程和成果，从而更好地总结经验教训，发现自己的不足之处，进一步改进自己的学习方法。

最后，价值和评价在学生的学习过程中相互关联、相互影响。价值是学生对学习活动的基础和前提，它决定了学生对学习意义和目的的认知，同时也影响了学生对学习成果的评价和反思。评价也是实现价值的重要条件和保障，通过评价，学生可以了解自己的学习状况和成果，进而调整学习方法和策略，更好地提高自己的学习水平。

在自我评价和反思的过程中，学生需要以学习的价值为基础和前提，深入了解学习的意义和目的，从而更好地调整自己的学习方法和策略。同时，也需要通过自我评价和反思来了解自己的学习状况和成果，从而更好地提高自己的学习水平。这种自我评价和反思的过程不仅有助于学生提高学习效率，还可以帮助学生更好地理解自己的学习需求和目标，为自己的未来发展打下坚实的基础。

1.2.4 深度学习理论研究焦点分析

目前，深度学习理论在教育领域的研究焦点主要集中在以下几个方面：

（1）深度学习模型的设计和优化

深度学习模型的设计和优化是深度学习理论的核心问题之一。在教育中，研究者们尝试使用各种深度学习模型和方法，例如深度神经网络、卷积神经网络、循环神经网络等，来提高学生的学习效率和成果。同时，研究者们也尝试使用各种优化算法和技术，例如自适应学习率算法等，来优化模型训练的过程。

（2）深度学习在个性化教育中的应用研究

个性化教育是当前教育领域的热点之一，深度学习理论被视为实现个性化教育的重要工具之一。在个性化教育应用中，深度学习模型可以利用学生的学习历史和成绩等信息，为学生提供个性化的学习路径和资源。介绍了深度学习在学生建模、教学路径规划、自适应教学、在线学习等个性化教育中的应用。[①] Zhu 等人合著的论文"Deep learning for personalized learning：Challenges and opportunities"中也探讨了深度学习在个性化教育中的应用，包括学生建模、教学内容和资源的推荐、教学路径和计划的规划、教学评估和反馈的制定等方面。Han J 等人的论文《深度学习在个性化教育中的应用》则详细介绍了深度学习在个性化教育中的具体应用，包括学生建模、教学内容和资源的推荐、教学路径和计划的规划、教学评估和反馈的制定等方面。

（3）深度学习在知识表示和知识发现中的应用研究

深度学习模型在知识表示和知识发现方面也具有广泛的应用。例如，利用深度学习模型对英语单词的语义进行表示和建模，可以帮助学生更好地理解单词的含义和用法，提高英语阅读和写作的能力。深度学习模型也可以通过对学科知识的分析和挖掘，帮助教师更好地理解学科知识的结构和本质，从而更好地进行教学设计和教学实施。利用深度学习模型对教学视频进行情感分析，有利于教师了解学生对教学视频的情感反应，从而更好地优化教学视频的设计和呈现方式。

（4）深度学习在教育数据挖掘中的应用研究

教育数据挖掘是当前教育领域的热点之一，深度学习理论被应用于教育数据挖掘中。深度学习模型通过对教育数据的分析和挖掘，能够发现数据背后的规律和模式，例如学生的学习成绩和学习行为等。同时，深度学习模型还可以通过对教育数据的预测和分类，帮助教师更好地理解学生的需求和特点，从而更好地进行教育和教学管理。Chen 等人撰写的论文"Application of deep learning in education data mining"讨论了深度学习在个性化教育中的应

[①] Zhu Z，Chen X，Zhou J，et al. Deep learning for personalized learning：Challenges and opportunities[J]. Journal of Computer Science and Technology，2019，34（6）：1225-1237.

用，分析了深度学习在教育领域中的应用案例，如基于神经网络的数据挖掘、个性化教育等，并指出了未来研究的方向和应用前景。①

（5）深度学习在教育评估中的应用研究

教育评估是教育领域的重要环节之一，在教育评估中，深度学习模型通过对学生的学习历史和成绩等信息进行评估和分析，帮助教师更好地理解学生的学习状态和进步情况。同时，深度学习模型还能通过对学生的学习行为和表现等信息进行评估和分析，帮助教师更好地了解教学质量和教学效果。如，Cheng 等人探讨了如何使用深度学习模型预测学生成绩，并提出了一个多层感知器（MLP）模型，该模型在高等教育数据集上取得了较好的预测效果。② Zhang 等人使用深度学习技术分析学生的情感状态和情绪变化，提出了一种长短时记忆网络（LSTM）模型，该模型可以有效地捕捉学生情感变化的规律和趋势。③ Cheng 等人分析了如何使用深度学习技术制定个性化教学策略，提出了一种递归神经网络（RNN）模型，该模型可以根据学生的学习情况和兴趣偏好为其量身定制教学策略。④

1.3 基于深度学习理论的"三度式"教学概述

基于深度学习理论的高校思政课"三度式"教学是指一种采用深度学习理论的教学模式，旨在提高高校思政课的教学效果。本节主要从高校思政课的教学定位，深度学习理论对提升高校思政课堂实效性的优势，高校思政课运用深度学习理论的可行性，深度学习理论视域下的高校思政课"三度式"教学特征、理论基础等几个方面进行介绍。

---

① Chen M，Liang L. Application of deep learning in education data mining[J]. Journal of Computer Applications，2020，40（7）：2086-2090.
② Cheng T，Li Z，Li Y，et al. Predicting students' grades using a deep learning model：Application in higher education[J]. Journal of Educational Data Mining，2019，21（1）：43-60.
③ Zhang Q，Li Z，Li Y，et al. Emotional analysis of students using deep learning：A case study in higher education[J]. Journal of Educational Data Mining，2019，21（3）：99-118.
④ Cheng T，Li Z，Li Y，et al. Personalized teaching strategies using deep learning：A case study in higher education[J]. Journal of Educational Data Mining，2019，21（4）：129-147.

1.3.1 高校思政课的教学定位

高校思政课的教学以立德树人为根本任务,以培养合格的社会主义建设者和接班人为目标,以全面提高学生的综合素质为重点,以改革创新为动力,以服务学生成长成才为出发点和落脚点。

(1)思政课是高校思政工作的主渠道和主阵地,是培养合格的社会主义建设者和接班人的重要渠道

高校思政课应注重理论联系实际,将理论知识与实践相结合,既关注学生对理论知识的理解和掌握,又注重培养学生的实践能力和创新精神。为此,高校相关部门要积极探索新的教学模式和教学方法,例如采用案例教学、小组讨论、角色扮演等方式,使学生更好地理解和运用知识。同时,还应注重培养学生的创新意识和创新能力,鼓励学生积极探索新的思路和方法,为社会发展和进步作出贡献。此外,还要注重与其他课程和领域的交叉融合,形成综合性的教育体系。思政课应该与专业课程、通识教育等相互配合,共同促进学生综合素质的提高。可以与心理健康教育、创新创业教育等相互融合,形成综合性的教育模式,帮助学生更好地适应社会发展和时代变化。

(2)高校思政课是高校思想政治教育的重要组成部分,是培养学生正确的世界观、人生观、价值观的重要途径

这意味着高校思政课不仅要注重知识传授,更要注重价值引领,培养学生的思想道德素质,引导学生树立正确的价值观和世界观。它包括以下四个方面:

①知识传授。高校思政课的知识传授应该具有系统性、科学性和实践性。系统性是指教学内容要全面、系统,涵盖马克思主义基本原理、中国特色社会主义理论、思想政治教育等多个方面;科学性是指教学内容要有科学依据,能够经得起实践检验;实践性是指教学内容要与实践相结合,能够指导学生的实际生活和实践。

②价值引领。高校思政课的价值引领应该具有导向性、针对性和感染力。导向性是指教学内容要引导学生树立正确的价值观和世界观;针对性是指教学内容要根据学生的实际情况和需求进行设计,能够引起学生的共鸣;感染

力是指教学内容要具有情感色彩，能够打动学生的心灵。

③思想道德素质培养。高校思政课的思想道德素质培养应该具有实践性、针对性和创新性。一是教学内容要与实践相结合，能够指导学生实际生活和实践；二是教学内容要根据学生的实际情况和需求进行设计，能够引起学生的共鸣；三是教学内容要具有新颖性、前瞻性，能够激发学生的创新思维。

④树立正确的价值观和世界观。高校思政课作为培养学生思想道德和政治素养的重要途径，承担着引导学生树立正确的价值观和世界观的使命。正确的价值观和世界观是塑造一个健康、全面发展的人的基石，也是学生未来成长和发展的关键因素。正确价值观和世界观的树立离不开教学过程中的情景教学和实践体验等多种方式。教师的言传身教、榜样示范可以引导学生树立正确的价值观和世界观。通过实践体验，学生可以亲身体验到正确的价值观和世界观在实际生活中的应用效果，从而加深对它们的理解和认同。

（3）思政课是高校工作的重要方面，旨在全面提高学生的综合素质，培养他们的思想道德素质、价值观念、人文素养和社会责任感

高校思政课注重学生个性发展，关注学生的心理健康，以及解决实际问题。这要求教师不仅注重理论教学，还要重视实践教学，培养学生的实践能力和创新精神。同时，高校思政课应注重课堂教学与网络教学的结合，充分发挥两者的优势，针对学生的思想实际和成长需要，更好地满足多样化需求，促进学生的全面发展。

1.3.2 深度学习理论对提升高校思政课堂实效性的优势

（1）深度学习理论有利于优化思政课堂教学

郭华认为："在教师的指导下，深度学习是一个意义建构的过程，学生围绕既定的主题积极参与。在学习过程中，学生掌握本学科的核心知识，了解学习过程，掌握本学科的本质和思维方法，形成积极的内在学习动机、高级的社会情感、积极的态度和正确的价值观，成为具有独立性、批判性、创造性的优秀学生和未来社会历史实践的主人。"[①] 在他看来这种方式有助于学生掌握学科的核心知识，了解学习过程，掌握学科的本质和思维方法，形成积

---

① 郭华.深度学习及其意义[J].课程·教材·教法，2016，39（11）：25-32.

极的学习态度和正确的价值观，从而成为具有独立性、批判性、创造性的优秀学生，以及未来社会历史实践的主人。上海师范大学教授黎加厚指出："深度学习是学生基于理解，批判性地学习新的知识和事实，将其融入原有的认知结构中，将众多思想联系起来，将已有的知识转移到新的情境中，作出决策，解决问题。"① 深度学习的目的是将众多思想联系起来，将已有的知识转移到新的情境中，从而作出决策并解决问题。这种学习方式需要学生具备一定的批判性思维能力，能够分辨和筛选新的知识和事实，并将其与原有的知识联系起来，形成更加完整和深入的理解，这与思政课理论联系实际的要求是相符合的。

深度学习需要学生具备一定的主动性和探究精神，积极参与学习过程，通过思考、分析、归纳和总结等方式来深入理解和掌握知识。在思政课堂教学中，深度学习理论的应用可以帮助教师更好地理解和应用深度学习的方法和策略，从而更好地引导学生进行深入思考和实践。深度学习理论的应用也可以帮助学生更好地掌握思政课程的核心知识，了解学习过程，掌握思政课程的本质和思维方法，形成积极的学习态度和正确的价值观，从而成为具有独立性、批判性、创造性的优秀学生，以及未来社会历史实践的主人。

（2）高阶思维有利于增强思政课的价值引领

高阶思维是指一种超越传统思维模式的认知行为，通常指超越记忆或复述信息的更高水平的认知能力，如分析、创造、批判性思维、问题解决、推理和归纳等。这种思维需要更多的思维操作，如分析、合成、评估和推论等。高阶思维被认为是更为复杂和有挑战性的思维活动，但因为涉及对信息的更深入的理解和应用，它也是更为有用和有价值的。布卢姆的教育目标分类学中，高阶思维和分析、综合、评价三个层次密切相关。分析是指将一个整体分解为多个部分，并理解各部分之间的关系；综合是指将多个部分或要素组合成一个整体，并理解各部分或要素之间的联系；评价是指对一个事物或观点的价值、优劣进行评价和判断。这些思维操作都需要对信息进行更深入的理解和应用，属于高阶思维范畴。

低阶思维与记忆、理解和应用三个层次密切相关。记忆是指通过重复或

---

① 何玲，黎加厚. 促进学生深度学习 [J]. 现代教学，2005（5）：29-30.

联想来保持信息；理解是指对信息进行解释和表达，并能够将其应用于解决问题；应用则是将所学知识运用于实际问题中，并能够解决相关问题。这些思维操作都相对简单，属于低阶思维范畴。

在国内，江西师范大学教授钟志贤详细阐述了高阶思维的能力要求和特征。首先，他认为高阶思维是一种以高层次认知水平为主的综合性能力，这超越了简单地记忆和复述信息的能力，它包括解决问题的能力、元认知能力和评价能力等多种能力的综合。这种综合能力需要更深入的理解和应用。其次，钟志贤教授强调了高阶思维的特征，即批判性的态度。这意味着需要对所面对的信息进行审慎的思考和评估，而不是盲目接受。学生需要具备自我调节和自我反思的能力，以适应不断变化的学习环境和任务，在掌握信息的基础上进行逻辑推理和分析，以得出合理的结论。[1]虽然在不同的角度下，人们对于高阶思维的理解存在着差异，但是从其实质上来说，高阶思维并不是一个简单的思维过程，它是一系列认知元素共同作用的复杂思维过程，它是一种在面临一个复杂问题情景的时候，通过调动和重组已有的知识和经验，利用学科思维方法，来创新地解决问题的一种系统思维方式。因此，指向高阶思维发展的问题也应具有以下几个特征。

①复杂性

高阶思维要求调动各种不同的认知要素，不仅需要调动已有的知识，还需要将新的、旧的知识联系起来，重新组合，以创新的方式得到解决方案。因此，在进行问题的设计时，必须保证问题的复杂性，所展现出来的结构应该是低构的，即对象是公开的，所能提供的资讯是不完整的，而且在思考方法方面，也需要学生摆脱过去的想法的束缚。高阶思维不能按照固定的步骤和规则进行，而是需要灵活运用各种概念、方法和技能，根据具体情况进行分析和判断。高阶思维需要解决开放性问题，即没有唯一正确答案的问题，需要寻找多种解决方案。例如，"新发展阶段和新时代是什么关系，它跟社会主义初级阶段是什么关系？""新发展理念要求创新，作为一个理科生，你在创新上觉得能做什么贡献？"这两个问题都可以从多个角度切入探讨，引导

---

[1] 马淑风，杨向东.促进高阶思维发展的合作推理式学习[J].教育发展研究，2021，41(24)：64-73.

学生在形成自身理解的同时，不断开拓思维的宽度与深度。

②深度性

高阶思维的深度性指的是问题需要具备足够的复杂性和挑战性，要求学生深入思考和探究，挖掘问题的本质和核心，从而培养他们的批判性思维、创新思维和解决问题的能力。推动高阶思维发展的问题不仅需要具备复杂的结构，而且需要具有深入的内涵，明确指向学科的实质，即学科的核心概念、思维方法和价值意义。这样的问题能够将原本支离破碎的知识重新组合，形成一个完整的知识体系。此外，这些问题直接指向学科本质，具有一定的挑战性，因为它们所蕴含的学科思维与价值要求学生对原有知识进行持续的探索，并不断赋予原有知识新的诠释。在这个过程中，学生的知识和眼界不断更新和扩大，逐渐培养出高层次的思维。

③情境性

高阶思维的情境性是指高阶思维是在具体的情境中发生的，即通过问题情境的创设来促进学生的高阶思维能力的发展。情境的营造能为人的思维活动提供一个发展的空间。在这个领域中，学生能够利用情境来获取信息，定义问题，并通过分析、关联、归类和归纳，来克服知识的惯性，从而对原来的知识结构进行调整和完善，创造出新的知识，促进思维的发展。根据思政课的特点，教师们可以选择在现实生活中的真实情景，把理论知识和现实生活结合起来，也可以选择历史情景，让学生们置身于那个时代的历史背景中。可以说，真实情境的创设，将理论学习与现实生活紧密相连，为学生提供了认识和理解"四史"的空间，有助于学生认识历史与现实的关系。情境的创设就是要通过多种手段，如参观历史遗址、观看历史纪录片、聆听历史故事、阅读史料书籍等方式，为学生营造一个与真实的历史相匹配、相一致的情境。只有当学生置身于这样的情境时，才能产生身临其境之感，才会激发他们学习的兴趣和探究欲望，从而积极主动地投入到学习活动中去。这样的情境创设有助于学生认识和理解"四史"，认识历史与现实的关系，促进他们的高阶思维能力发展。

④探究性

高阶思维的探究性是指高阶思维需要学生通过不断探究来解决问题并获

取新的知识和技能。探究性是高阶思维的一个重要特征，因为高阶思维通常需要解决现实生活中的实际问题，而不是简单地记忆或复述知识点。与传统问题相比较，指向高阶思维的问题在问题结构上具有劣构的特征（任务信息部分缺失，思维方式多样，任务方案多种且开放）；在问题涉及知识方面，具有深层学科思维及学科内在价值；在思维水平上，概念、原理可以被深层建构与迁移；在问题情境上，来源广泛，涉及学习、生活、社会、学术等；在涉及学生兴趣方面，关注学生兴趣点和认知特点。

比如，可以针对学生固有的刻板印象来创造认知冲突，也可以选择当下的热点话题、时事新闻等，在引起学生注意的同时，还可以将之前所学的知识应用到真实情境之中，使知识情境化、生活化。在对高阶思维内涵进行分析和归纳的基础上，指向高阶思维发展的问题也表现出了复杂性、深度性、情境性和探索性等特性。虽然这四大属性都有不同的侧重点，但是最终测试的都是学生对知识的领悟和应用，以及他们思维的深度和广度。

（3）知识迁移运用促进思政课教学知行合一

知识迁移是指一种学习对另一种学习的影响，是通过不同的学习任务、场景和内容，将已经掌握的知识和技能应用到新的情境和问题解决中。知识迁移运用对于思政课教学来说，可以帮助学生更好地理解和掌握思政知识和价值观念，提高自己的实际操作能力和创新精神，实现理论与实践的结合，达到知与行的统一。

①理论联系实际是思政课教学的基本要求

思政课是高校学生必修的课程，是培养学生思想政治素质和道德观念的重要途径。思政课教学不仅要传授学生知识和理论，更要引导学生将所学知识应用到实际生活中，实现理论与实践的结合。如果思政课教学只停留在理论知识的传授上，难以达到培养学生思想政治素质和道德观念的目的，理论知识的学习往往只是纸上谈兵，难以真正深入人心。如果学生能够将所学知识应用到实际生活中，他们就能够更好地理解和掌握这些道德规范和价值观念，形成正确的世界观、人生观、价值观。例如，学生在学习"思想道德修养与法律基础"这门课程时，可以通过了解实际案例，分析其中的人物行为、思想动态、社会背景等，从而更好地理解和掌握道德规范和价值观念。因此，理论联系实际是思政课教学的基本要求，也是实现思政课教学知行合一的基本前提。

②知识迁移运用是思政课教学的重要方法

在思政课教学中，学生通过学习知识和理论，再将其应用到实际生活中，实现知识迁移运用。这种教学方法有助于学生更好地理解和掌握所学知识和理论，提高其实际操作能力和解决问题的能力。同时，这也是实现思政课教学知行合一的重要途径，体现了理论与实践相结合的教育原则。通过这种教学方法，学生不仅能够掌握知识，还能够将所学知识应用于实际生活中，做到学以致用，从而更好地实现思政课的教学目标。

第一，知识迁移运用在思政课教学中具有重要的作用，它能够帮助学生更好地理解和掌握思政知识和价值观念。思政课教学不仅在于传授知识，更在于培养学生的思想政治素质和道德观念。如果学生只是机械地记忆知识点，难以真正让这些道德规范和价值观念深入人心。相反，通过知识迁移运用，学生可以将所学知识应用于实际生活中，更好地理解和掌握这些道德规范和价值观念。这种教学方法有助于学生形成对思政知识的深刻理解和正确认识，提高他们的思想政治素质和道德水平，实现思政课的教学目标。

第二，知识迁移运用可以提高学生的实际操作能力和创新精神。思政课教学不仅要让学生掌握理论知识，更要让学生具备实际操作能力。通过知识迁移运用，学生可以将所学知识应用到实践中。同时，在应用所学知识的过程中，学生也可能会产生新的想法和创意，从而培养自己的创新精神和实践能力。

1.3.3 高校思政课运用深度学习理论的可行性

当前思政课实践教学存在一些问题，如知识碎片化和表层化现象、忽视实践教学、教学设施不足等等。这些问题可以通过深度学习理论来解决。在思政课中运用深度学习理论，可以帮助学生更好地理解课程内容，提高他们的学习效果，实现立德树人的根本目标。

（1）高校思政课知识碎片化和表层化现象亟须深度学习理论的赋能

高校思政课知识碎片化和表层化是当前思政课教学中存在的一个重要问

题。这个问题主要表现为，学生在学习思政课时，只是机械地记忆知识点，而没有深入理解和掌握这些知识的内涵和应用。

在思政课学习中，机械记忆的现象较为普遍。学生在面对大量需要记忆的知识点时，如概念、定义、理论、政策等，由于这些知识点相对抽象且难以理解，他们往往只能通过反复背诵和记忆来掌握。然而，这种机械记忆的方式并不能帮助学生真正理解知识点的内涵和应用，更无法达到思政课的教学目的，即培养学生正确的世界观、人生观和价值观。

如果学生在学习思政课时仅仅采用机械记忆的方式，不仅会影响对学生思想政治素质和道德观念的培养，而且可能会引发学生对思政课学习的厌倦和抵触情绪，从而降低学生的学习积极性和效果。因此，为了避免机械记忆所带来的问题，教师应引导学生采用知识迁移运用的学习方法，即将所学知识点与实际生活情境相结合，通过情景模拟、案例分析、角色扮演等教学方法，帮助学生将理论知识应用于实际问题，从而加深对知识点的理解和掌握。另一方面，思政课知识点之间缺乏系统性和连贯性，表现在教学内容的设计和安排上。在许多高校的思政课教学中，知识点之间往往是分散的、孤立的，缺乏有机的联系和系统的构建。知识点之间的内在联系和逻辑关系没有被充分体现出来，导致学生难以形成清晰的知识结构和完整的知识体系。同时，思政课教学内容的广度和深度也存在一定的问题。教学内容过于宽泛，导致学生难以把握重点和难点；教学内容过于浅显，则无法满足学生的求知欲和实际需求。同时，部分学生的基础知识薄弱，对于一些知识点难以理解和掌握，导致学习困难。因此，高校思政课知识碎片化和表层化现象亟须深度学习理论的赋能。

第一，深度学习理论强调知识的层次结构和关联性，认为知识是一个具有层次结构的知识图谱，各个知识点之间存在着内在的关联性和逻辑关系。通过将知识点进行分层和关联，可以帮助学生更加深入地了解知识的结构和关系，从而能够更加深入地理解和掌握知识。这种层次结构和关联性的把握，有助于学生形成清晰的知识框架和完整的知识体系，提高他们的学习效果和理解能力。

第二，深度学习理论强调知识的应用和实践，认为知识不是一个抽象的概念，而是需要应用到实践中去解决问题。通过将知识与实际应用场景相结合，可以帮助学生更加深入地了解知识的实际应用和价值，从而能够更加深入地理解和掌握知识，提高其认知水平和综合素质。例如，在在线教育中，可以通过分析学生的学习记录和反馈，自动诊断学生的学习难点和问题，并推荐相应的解决方案和学习资源，从而帮助学生更好地掌握和理解知识。

第三，深度学习理论强调学生的自主学习和探究式学习。学生不是一个被动的知识接受者，而是一个主动的参与者。教育应该根据每个学生的特点和需求进行个性化定制，教师应分析学生的学习行为和兴趣，了解学生的学习特点和需求，从而为学生提供个性化的教育服务。例如，在推荐系统中，深度学习模型可以根据学生的历史学习记录和行为，自动为学生推荐符合其学习特点和需求的学习资料和课程，从而提高学生的学习效果和积极性。

(2)深度学习理论和"三度式"思政课堂共同致力于立德树人目标的实现

①深度学习理论是实现立德树人目标的重要途径之一

立德树人是深度学习理论的目标之一。深度学习理论旨在培养具有国际视野、创新精神、实践能力、社会责任感和人文素养的未来人才，而这些素养和品质正是立德树人所追求的目标。深度学习理论强调将学生的学习与实际生活联系起来，通过解决实际问题来培养学生的创新精神、实践能力和社会责任感等核心素养。

深度学习理论是落实立德树人根本任务的重要方式之一。深度学习理论是注重学生的全面发展，强调学生情感、意志、价值观的全面参与，全身心投入、全方位体验的学习活动，这与立德树人的要求是一致的。深度学习理论注重培养学生的道德品质和人文素养，从而更好地落实立德树人的根本任务。

深度学习理论是弘扬科学精神、提升学生核心素养的必然追求。在当今信息爆炸的时代，培养学生的信息素养、批判性思维等能力尤为重要。深度学习理论强调学生对实际问题的解决能力，注重培养学生的创新精神和实践能力，从而更好地弘扬科学精神、提升学生核心素养。

②"三度式"思政课堂的旨归是实现立德树人

"三度式"思政课通过有温度、有深度、有活跃度课堂的打造对学生进行思想政治教育，帮助学生更好地理解、接受和践行社会主义核心价值观，培养学生的思想道德素质和人文素养，从而更好地实现立德树人的根本目标。"三度式"思政课堂注重学生的全面发展和综合素质提升。课堂中，学生不仅要学习知识，还要培养能力和提升素质。通过培养创新思维和实践能力，提高学生的观察能力、分析能力和解决问题的能力，塑造学生良好的思想道德素质和综合素养。另外，在"三度式"思政课堂中，结合社会生活实践进行教学，教师带领学生参与到社会实践中去，亲身体验思政课堂中所学知识的实际应用。这种结合社会生活实践的教学方式可以激发学生的学习兴趣和积极性，促进其全面发展，进一步实现立德树人的目标。

1.3.4 深度学习理论视域下的高校思政课"三度式"教学特征

(1) 教学目标制订上注重系统性

当前，学者们针对思政课教学目标的研究可以分为四大类：第一类是关注道德素质和法律意识培养，代表学者如陈秉公、孙也力、赵志勇等。这一派学者认为，思想政治课应该以培养学生的道德素质和法律意识为主要目标，帮助学生树立正确的价值观、人生观和法治观念。他们认为，道德和法律是社会稳定和发展的基础，通过思想政治课的教育，可以引导学生遵守法律法规，自觉履行社会职责和义务。第二类是思想政治素质和综合素养提高派。这一派的学者认为，思想政治课应该以提高学生的思想政治素质和综合素养为主要目标，培养学生的创新精神和实践能力，代表学者如朱小曼、王岩、赵晓霞等。他们认为，思想政治素质是学生在社会发展和竞争中的重要素质，通过思想政治课的教育，可以提高学生的综合素质和能力，为学生未来的发展打下坚实的基础。第三类是社会责任感和国际意识增强派，代表学者如韩震、杨河、马宝娟等。这一派的学者认为，思想政治课应该以增强学生的社会责任感和国际意识为主要目标，培养学生的全球视野和跨文化交流能力。他们认为，学生应该具备关注社会问题、参与社会实践和承担社会职责的意识和能力，通过思想政治课的教育，可以引导学生关注社会现实，增强社会责任感和国际意识。第四类是政治观念和意识形态引导派，代表学者如郑敬高、胡涵锦、孙其昂等。这一派的学者认为，思想政治课应该以引导学生树立正确的政治观念和意识形态为主要目标，支持国家和社会的稳定和发展。

他们认为，政治观念和意识形态是社会意识和思想的核心，通过思想政治课的教育，可以引导学生正确理解国家和社会的政治制度和发展道路，支持国家和社会的稳定和发展。以上四个派别学者的观点在某种程度上来说是各有侧重的，或以知识，或以价值观念为核心进行设计和实施，但均存在对学习过程性注重不足等问题。

深度学习是注重对符号知识超越的学习，不仅仅是以掌握或获得某一方面的单一目标，更加注重的是学生对于学习背后的意义追求。在思政课深度学习过程中，为实现相应教学目标，需要对学生学习过程有所重视，而非仅注重知识目标的实现。具体而言，思政课深度学习是对单纯的知识结果导向的浅层教学的摒弃，强调在学生进行学习的过程中，注重参与体验和获得情感上的满足，寻求自我发展与自我认知，提升高层次思维和自主学习能力的培养。

（2）教学内容输出上注重学生获得感

习近平总书记强调，要理直气壮开好思政课，不断满足学生的成长发展需求和期待。在党的十九大报告和2018年、2019年《政府工作报告》中，多次强调要增强人民群众获得感、幸福感、安全感。学习中的获得感是指在学习过程中产生的满足感、愉悦感或成就感，被视为一种对学习进步和发展的反映，同时也反映了学生对于学习的积极态度和自我价值感。它通常是由学习成果的获得所带来的，可以是学到了新知识、掌握了新技能、解决了难题等。

思政课获得感的基本内涵包括五个方面，这五个方面相互联系，相互依赖，相互贯通，共同表现出了思政课获得感的整体内涵。一是理论知识的获取，指的是学生对思想政治课程中所涉及的基本概念、基本理论等相关知识的记忆、理解、应用等，并能进行一些基本的记忆、理解、测验、交流等。二是情感体验，通过情感体验，使学生参与思政课本身，理解思政课所传授的理念和情感，产生情感愉悦和满足感，使他们对思政课有了更深的热爱，在课堂上，他们的抬头率和点赞率都将有显著的提升。三是理念价值的获取，即在学习过程中，学生对理想信念、价值观念、原则标准等产生价值的认同与共鸣。四是技能和能力的获取，培养学生透过现象看到本质的洞察力、判断力和反省力，以便让学生更好地适应大学生活，更好地处理人际关系，更好地融入社会生活，保持健康的心理状态。五是行为顺从的获取，即在思想政治课程中，学生将知识转化为自身的思想品质、生活习惯、行为自觉，更加积极地追求更高的生命价值等。

①教学内容要坚持政治性

思政课是培养学生世界观、人生观和价值观的重要课程，具有强烈的政治性。在教学过程中，教师应坚持以马克思主义基本理论为基础，通过传授知识和引导思想，帮助学生树立真正的马克思主义科学信仰。为了增强学生的亲近感和理解力，教师可以从学生获得感的需求侧出发，对教学内容进行理论升华、解读和转化。

在思政课的教学中，教师应当注重理论形成的背景、过程和现实价值等方面的研究阐释。通过对深邃理论的来龙去脉进行讲解，让学生真正理解马克思主义理论"是什么""为什么""怎么办"等系列理论和现实问题，帮助学生树立正确的思想观念。同时，教师应当用积极的情感引导学生、感化学生，让他们在理解深邃理论的真谛后产生感情共鸣，真切地感知到理论的力量。

在思政课教学中，教师不仅要充分发挥经典著作的作用，还应更加注重"接地气"。这意味着教师在教学中要适时插入马克思主义经典著作的论述、观点和内容，讲解伟大领袖人物的相关内容，让学生明白思政课是有着鲜活的灵魂和人物支撑的，绝不是空泛的教条。此外，教师还应注重拉近与学生的语言、情感和生活距离，让学生感受到思政课的强大魅力。通过这些措施，教师可以帮助学生及时走出思想认识误区，让他们深刻认识到思政课对他们本人、对周边的人、对社会发展等方面的影响之深、之广、之强大。这种关注经典著作与关注现实生活相结合的教学方式，可以增强学生对思政课的理解和接受。

②教学内容要体现时代性

思政课的教学内容要因时而异，因事而异，并及时跟进。一是要贯彻党中央的新思想和新主张。思政课教师要紧密结合党的重大理论创新，对党代会、中央经济工作会议、中央和地方政府工作报告等重要讲话、会议、文件的精神进行全面研究，掌握其中的精神实质，并将其融入自己的课程之中，使学生们能够对身边发生的重大事件、重要讲话、重大政治活动有更多的认识，从而缩短思政课与社会的联系。二是要有正确的方向，勇于面对问题。在教学内容的设置中，既要有正面思想的灌输，又要有思想启发。在支持素材方面，不仅要选取典型模范先进人物、感人事迹等，还要选取发生在大学生身边的人和事，以提高说服力、感染力，尤其是要给予学生一种亲近感。在表现形式上，要参考心理学表现形式，通过思维与心理上的导向，实现灵魂与灵魂的共鸣。针对社会问题、负面新闻以及被歪曲的事实，教师要运用马克思主义观点和方法，客观、辩证地分析和处理，从而提高学生的辨别能力。三是要适度地打破对课本章节的限定。思政课老师要与社会发展实际、学校和学生的实际情况相联系，有目的地对思想政治课程的呈现顺序、呈现方式等进行优化。例如，可适当突破教材原有章节的局限，以专题形式集成化呈现，将专题涉及的所有章节相关内容关联到一起，构成一个较为完善的专题框架体系，更有利于学生理解、思考、体悟，让学生从全新的思维角度看待教材内容及内部关联性。

③教学内容要注重科学性

思政课教学不是单纯的理论灌输、政策宣传和口号宣传，要以精心的、科学的方式来进行，以防止与学生脱节、与现实脱节，以及供需双方的错位和不平衡，从而保证教师和学生之间的"同频共振"和目标一致。

首先，要抓住学生的特点。大学生在学习、人际交往、就业等多个层面上都表现出思维敏捷，对新鲜事物的接受程度高，但辨别力相对较差。思政课教师应全面了解所教导班级学生的总体特征和精神期待，注重以学生为本，根据学生的特点展开思政课教学内容的设计。

其次，要充分重视学生的合理期望。要清晰地认识学生对思想政治课程的期望，防止自言自语，挫伤学生的学习积极性。尤其要指导学生不要用获取物质利益的思维去看待思政课，要注重主流和方向，重点去感受思政课所传达的思想观念、价值理念等精神层面的供给。

最后，要从根本上解决学生的实际需求和心理需求。准确掌握学生的心理需求、精神需求、现实需求和发展需求，并将学生普遍关注和关心的重大理论问题、实践问题、社会问题等融入课堂中，对问题进行科学的设计，充分地激发学生进行自我满足的积极性和主动性。同时，通过谈话、微信沟通、网络平台交流等方式，持续关注学生的思想动向，并对他们进行指导，从而获得他们的信任，提升他们对思政课的兴趣和自信。

(3) 教学组织注重实效性

教学组织是教师为了有效实现教学目标而进行的规划、设计和组织教学活动的过程。这个过程需要借助多种教学方法、模式、情境和课堂文化等元素，以便营造积极的学习氛围和提高学生的学习效果。教师需要根据教学内容和学生实际情况，选择合适的教学方法和模式，创设相应的教学情境，打造积极的课堂文化。在思政课的深度学习组织设计中，选择合适的教学方法模式对于实现教学任务和目的至关重要。多样化、实用的教学方法模式能够使学生更好地理解和掌握学习内容，同时也有助于促进学生积极参与课堂活动，提高自主学习和合作学习的能力。教师的教学方法和模式选择不仅直接影响学生的学习效果，还会对学生的价值观构建产生深远影响。教师所采用的教学方法、模式往往反映其教育理念和价值观念。如果教师选择开放、探究、问题解决等教学方法模式，能够引导学生主动思考、勇于探索，有助于培养学生的创新精神和批判性思维；相反，如果教师过度依赖传统的讲授教学方法模式，则难以激发学生的主动性和创造性，不利于学生价值观的构建。因此，在思政课的深度学习组织设计中，教师应根据具体的教学目标和学生的实际情况，灵活选择和运用多种教学方法模式，以实现教学效果的最大化，同时促进学生的价值观构建和全面发展。

创造丰富、实际的教学情境可以促进师生之间的良好交往和互动。当教师创设生动、具体的教学情境时，学生更容易产生共鸣和参与感，从而积极与教师进行互动和交流。这种互动和交流能够促进师生之间的相互理解和尊重，建立良好的人际关系，有助于学生更好地适应社会生活，实现教育目标。从目前我国思政课教学的实际情况来看，大部分教师以授课为主，教室里的气氛往往会变得很沉闷，好像学生变成了一台"机器"，只能被动地接受知识。

从思政教师的实施方法来观察，思政课深度学习重视发掘知识背后的价值，具体包含了在学习过程中的平等对话、学生主体之间的交流互动等内容，只有如此，学生才能体会到知识背后所蕴含的民主、合作、平等等价值。"深层化"是一种强调教师与学生之间"平等""对话""交流"的课堂活动，其具体表现为：教师与学生之间的"互动"、学生与学生之间的"互动"。当然，在进行教学的时候，要注意以学生的需求为指导，比如，针对学生对于社会问题的困惑，老师与学生进行互动对话，这样既可以帮助学生解决疑惑，又可以融洽师生之间的关系。除了教师和学生之间的互动之外，思政课深度学习还将重点放在了学生主体之间的互动上，让他们在学习过程中与其他同学进行互动，学会合作、共享等，这样不但完成了知识内化还能得到个体成长，从而体会到与同学进行交流和互助学习的意义和价值。

在深度学习组织中，可以利用丰富的现实课堂文化来促进教学目标的实现。课堂文化直接反映和映射了人的生活世界，教师和学生作为生活的主体和实践活动的主体，在课堂文化这一生活世界中进行平等的对话和交流。通过课堂，师生通过相互引领、感知、实践和生成自己的知识。在这一知识传递和建构的过程中，学生可以在教师的指导下，充分发挥主观能动性，表现出对知识的探索兴趣和好奇心，体验课堂乐趣，从而自主构建内心的知识，获得智力和身体的发展。

（4）教学评价注重综合性

评价是人类的一种用以把握世界意义或价值目的的认识活动。[①] 中共中央、国务院印发的《深化新时代教育评价改革总体方案》（以下简称《方案》）指出："教育评价事关教育发展方向，有什么样的评价指挥棒，就有什么样的办学导向。"当前思政课评价中存在一系列难以回避的问题：

第一，当前思政课评价的目的偏重于总结性评价。根据课程评价的目的，课程评价可以分为总结性评价和生成性评价。总结性评价主要关注于对思政课建设的质量和效果进行评价，其目的是衡量思政课建设的程度和水准，用于对不同学校思政课整体建设或各门思政课程建设状况进行比较。与此相对，生成性评价更侧重于对思政课建设的动态跟踪，其主要目的是推动思政课建设的发展。最终，将总结性评价转化为生成性评价，并将其转化为评价结果。

在思政课评价的历史上，总结性评价一直备受关注。它主要关注学生的学习成绩、学习进度、教学质量与水平、教学有效性以及课程建设等方面。然而，关于如何利用评价来促进思政课的建设，发挥教师的积极性、主动性和创造性，将评价作为一个生成性的要素，却并未引起足够的重视。

第二，思政课教学评价的主体性问题，就是要解决"谁来评"这个问题。

---

① 杨军，闫建华. 我国体育评价的起源与发展 [J]. 体育学刊，2017，24（1）52-57.

不同的评价主体对思政课进行评价的目的和侧重点存在差异。这导致了人们对思政课教学评价存在着不同的认识与理解。在思政课评价的发展过程中，学生评价和对学生的评价成了课程评价的主要内容。另外，思政课程是社会主义国家开设的一类课程，体现了社会主义的价值观和理念，是国家设立的体现社会主义大学本质特征的课程。因此教育主管部门和教学管理部门对课程建设状况的评价也得到了重视。与之相应地，如何充分发挥思政课教师在课程评价中的作用，将其转化为推动课程建设的积极因素，从而形成多元主体评价机制，还需要进一步探讨和完善。

第三，思政课评价的方法相对简单。思政课教学中的评估方式，关系到怎样评估这门学科。传统的思政课评价，大多采用的是定性的方法。但是，在改革开放之后，随着思想政治教育科学化的崛起，以及品德测评的普遍应用，定量的评价方法在思政课的评价中渐渐受到了关注。但是，对于思政课评价这种多维、复杂的现象，采用定量的方式来进行评价，仍然有很多的局限性。在此之前，一种以"自然"为基础的"质"的评估方式被逐步引入"思想政治课程评估"之中。质性评估可以从动态发展的角度对思政课进行评估并推动其发展，但是它也存在着主观上的偏向以及对整体评估的不利影响，所以，将定量评价与定性评价相融合的多元评估方式逐渐形成了一种趋势。到今天，思政课评价领域还相对缺少使用严格意义上的定量与定性相结合的科学评价方法。

为解决以上问题，思政课深度学习学生评价应强化生成性评价的观念，将评价作为促进课程增值的过程。首先，在评价目的上，将思政课评价视为课程建设过程的一部分，将评价结果视为推进思政课建设的积极因素。其次，在评价内容上，将课程评价贯穿于课程建设的各个要素和各个环节，形成全过程的课程评价。此外，在评价结果上，将课程评价视为一个不断形成和发展的过程，不仅从眼前和短期的角度评价思政课教学效果，而且从长远和发展的视角看待课程建设。最后，在评价主体上，将课程评价视为一种内在的评价过程，更加重视同行专家和教师自身在课程评价中的作用。

另外，思政课深度学习学生评价要将定性评价与定量评价相结合，对学生整体素质在过程性、生成性评价的基础上进行综合评价。定性评价是一种判断事物性质的手段，尽管其中也包含了一些客观的因素，但是在很大程度上还是主观性的。为此，一些学者认为，质的研究是哲学社会科学中较为广泛的一种研究方式，"几乎一切非量化的事物，例如哲学思辨、个人观点、政策宣传与解释，都可以被归入质的范畴，甚至包括量化研究前对问题的定义，后对数据的分析"，"质乃量之本，量乃质之精"。相对于定性评价，定量评价是以事实材料和客观发展为基础，采用系统、严谨和全面的收集数据的方法，对事物进行评价，从而克服了评价过程中的主观性和随意性，提高了评价过程的科学性和合理性。定量评估与定性评估各有其优点，但又有其局限性。在评估方法的选取上，将定量评估和定性评估相结合，构成一个多维评估体系，是比较合理的。考虑到思政课评估的复杂多样，以及思政课评估所涉及的信息与材料的丰富与模糊等特点，将定量评估与定性评估相结合，是思政课评估方式改革与发展的基本趋势。

1.3.5 深度学习理论视域下的高校思政课"三度式"教学的理论基础

（1）马克思主义人的本质理论

马克思、恩格斯对"人的本质"这一问题进行了系统的解答，并在此基础上提出了自己的见解。马克思主义认为，人的本质是一切社会关系的总和，是在社会实践中形成的，并且随着社会的发展而不断变化。这一理论揭示了人的社会性和实践性，强调了人在社会中的地位和作用，对于教育的发展具有重要的指导意义。

首先，人作为具有思维能力的主体，对于"主体"和"客体"的理解在思想政治理论教育中具有至关重要的意义。这两个概念在很多方面都有显著的差异，但又无法完全分割。教师既是教育的主体，也是教育的对象。教师作为被教育者，必须通过深入的研究，把握社会发展的需求，以更好地发挥自身的领导作用。同时，在教学过程中，他们还需要从受教育者那里获取知识，只有在特定领域，才会有被教育者引导的需求，而被教育者必须具备更积极的思想、更先进的技术，或是在某一领域比教育者更优秀。受教育者同样是一个客体，但同时又是一个主体。在接受教育者的影响时，受教育者是客体，但要使教育影响产生效果，受教育者需要积极地接受、内化。在这个过程中，受教育者又成为自我教育的主体。这就要求教师和受教育者共同承担"两个主体"和"两个客体"的角色。"人是思维的主体"的观念给我们带来了一种新的思考方式,即"主体间性"。由于人的类本质特征,人并不是被动地接受外界给予的思想,而是在与实际情况相结合的基础上,有选择性地吸收和转化外界的思想。

在教育中,如果不能充分发挥学生的主体性,就不可能取得良好的教学效果。要发挥学生的主体作用,首先需要与他们进行良好的互动,这包括了解学生对这门课程的认知、他们的学习风格、他们需要的帮助和支持、他们不愿意学习的原因以及他们在思想上的困惑等等。思想政治理论课教师需要不断更新自己的思维方式、拓宽视野,以便在自己的教学过程中跟上时代步伐、因材施教、有针对性地进行教学。这是提高学生主动学习的重要因素。

其次,马克思在《关于费尔巴哈的提纲》中指出:"人的本质不是单个人所固有的抽象物,在其现实性上,它是一切社会关系的总和。"[①] 这句话表明,人的本质是在其社会关系中形成的,而不是单独个体所固有的。因此,人的相互依存性是人的本质特征之一,个人只有在与他人进行分工、合作和交往中才能维持生命的存在。

由于人的相互依存性,思想政治教育应该以立德树人为根本任务。人的思想品德需要符合社会要求。个人的能力是有限的,只有在分工、合作和交往中才能实现自己的存在与发展。因此,大学生要胸怀两个大局,坚持用习近平新时代中国特色社会主义思想武装自己的头脑,增强"四个意识",坚定"四个自信",做到"两个维护",以实现中华民族伟大复兴为己任,成为社会主义事业的合格建设者和接班人。在教学内容设计上,思想政治教育必须要以问题为导向。思想政治理论课要吸引学生的注意力,在教学内容的设计上紧跟时代步伐,充分利用好"大思政课堂"。以问题为导向的教学活动是因材施教的重要表现,这样才能真正戳中学生思想上困惑之处,在解决学生实际需要的过程中,让学生体会开设思想政治理论课的重要意义。

（2）教育学的情境学习理论

情境学习理论认为,学生的认知行为不仅是个体的认知行为,而且是一种社会性的实践行为,需要借助差异性资源来调节。在学习过程中,学生与

---

① 马克思恩格斯全集（第1卷）[M]. 北京：人民出版社,1995：55.

学习情境的互动、学生与学生之间的互动都会影响知识的意义和学生的自我意识与角色。因此，创造学习情境的目的是将学生的身份和角色意识、完整的生活经验以及认知性任务恢复到真实、融合的状态，从而解决传统学校学习中存在的去自我、去情境的问题。

学习动机的研究是学习理论中一个基础性的领域。自20世纪60年代以来，国际上对成人学习动机的系统研究已经开展了数十年。这些研究为我们留下了丰富的研究成果，并且使我们越来越明确地认识到：成人的学习动机源于现实情境。

学习应该以学生的实际需求和兴趣为基础，并将其与实际生活经验相结合。通过将学习情境与现实生活情境相融合，我们可以更好地理解和应用所学的知识和技能。哈贝马斯认为，只有当学生之间采取理解对方的态度来进行充分的对话和交流时，个体"局部时空中的知识"才能得到不断的扩展。

当人们将这一思想与学习过程联系起来展开进一步思考与设计时，便自然地提出了"合法的边缘性参与的实践共同体"这一概念。这一概念强调在学习过程中，学生之间应采取理解对方的态度进行充分的对话和交流，以扩展个体知识和技能。在学习过程中，合法的边缘性参与的实践共同体的构建可以促进学生的学习和发展，同时也可以提高学生的学习动机和学习效果。

当前，情境学习理论已被广泛运用于思想政治教育领域，在思政课教学过程和教学方法之中也有所体现，并发展为"包容行为主义、认知主义、建构主义等各种观点的整合性框架"。情境概念逐步由原来单纯强调客观物质环境向认知、意识、动力等主观理念因素转变，并且被普遍地应用到了教育教学设计当中。从当前对"教学情境"问题的研究情况来看，对于"教学情境"的定义，学术界还没有达成一致。沈壮海提出，作为教育与教学的因素，"环境"是一个整体，它是一个为进行教育活动所提供的物质环境，并在整个活动中起着重要的作用。[①] 李辉指出，理想状态是指受教育者为了达到某一特定的教育目的，按照事先设定好的方式所创造的一种"理想状态"。[②] 董杰认为："思想政治教育情境作为一种特殊的、微观的、内在的、自我意识的学习情

---

① 沈壮海. 思想政治教育有效性研究[M]. 武汉：武汉大学出版社，2001：106.
② 李辉. 现代思想政治教育环境研究[M]. 广州：广东人民出版社，2005：21-22.

景，它可以被教师和学生都利用起来，并且可以被调整和改进，从而在某种意义上有助于实现思想政治教育的教学目的。"[①] 通过对以上几个方面的分析，我们可以得出，高校思想政治教育环境具有如下特点：它是一个主客体相互作用的有机整体；它是一种使教育者与被教育者都能与之相结合，能使其发挥积极影响的物质和精神的两种因素的有机结合；它是以已有的思想政治教育环境为基础，既生成了又超出了已有的环境，对思政课具有提高其教育教学效能的功能。

（3）教育学的建构主义学习理论

建构主义学习理论认为，对于认识的对象，人们持有不同的观点，这种认识是由个体的意愿所决定的。由于每个人的人生经历各不相同，因此在看待事物时会产生很大的差异。基于建构主义学习理论，学习应当是学生以自身原有经历为基础，去构建新的学习经历的过程。学习并非被动地接受知识，而是一个积极的构建过程，教师在此过程中仅扮演辅助和指导的角色。换言之，建构主义既重视学生的主体地位，也强调教师的辅导和指导作用，确保学生在学习中能够充分发挥其主动性。作为认知和学习的主体，学生应当被充分调动在学习中的主动性。

在建构主义理论的环境下，教师需要转变思想，从传统的以教师为中心的教学模式转向以学生为中心的教学模式，应该积极主动地与学生展开互动，建立平等、和谐、民主的师生关系，这将有助于学生更好地理解和掌握知识。在建构主义理论中，知识不是通过教师传授得到的，而是学生在一定的情境和社会文化背景下，借助其他人（包括教师和学习伙伴）的帮助，利用必要的学习资料，通过意义建构的方式而获得的。因此，教师需要以学生为中心，为学生提供必要的支持和指导，帮助学生进行知识的建构。

为了提高教学质量，教师应该从学生的视角出发，设计教学流程，并不断审视和调整教学流程中的每一个环节，以确保其综合性和有效性。这种动态的审视和调整可以调动学生的积极性，让他们能够主动地参与到学习中，从而提升教育品质。教师应充分尊重并信任每个学生，对他们的差异和创造

[①] 董杰. 思想政治教育情境的概念界定与内涵分析 [J]. 学校党建与思想教育，2009（12）：17-20.

力进行保护，让他们能够在现实的学习过程中，学会探索与自己具体情况相适应的学习方式，进而提高学习效率。有关学者们提出，在建构主义的环境下，教育应该具有以下一些基本特点：第一，在整个教育过程中，应该以学生为中心，而不是其他。第二，以实际生活中的知识为主，不能仅仅停留在单纯的理论性。第三，在注重对学生自己的亲身经历进行挖掘的基础上，进行思考与实践问题的解决。第四，教师在课堂上鼓励学生们作出自己的贡献。第五，教师引导学生进行交流，并且能够刺激他们的语言思考。

（4）布卢姆教育目标分类相关研究

本杰明·布卢姆（Benjamin Bloom，1913年2月21日—1999年9月13日）是美国当代著名的心理学家、教育家，芝加哥大学教育系教育学教授，曾担任美国教育研究协会会长，是国际教育评价协会评价和课程专家。他把教育目标分为认知、情感和操作三个领域。在认识目标上，他将学生认知水平从低到高分为六个层次类别：知识、理解、应用、分析、评价、创新，并对教育实践中把90%的时间用于最低层次的"知识"目标提出了警告。（见表1-1）

表1-1 布卢姆认知教育目标分类理论认知水平层次分类

层次	描述
知识	掌握基本的概念、术语和事实等知识
理解	将所学的知识转化为自己的理解，能够解释、描述和归纳所学内容
应用	将所学的知识应用于实际情境中，能够解决实际问题并运用所学知识
分析	将所学的知识分解为不同的组成部分，并能分析其特点和关系
评价	对自己的学习进行评价和反思，能够根据一定的标准对所学内容进行评价
创新	结合所学的知识进行创新和创造，能够提出新的想法和方法

情感领域的教学目标根据价值内化的程度而分为接受、反应、评价、组织和个性化等五个等级。

接受，就是对特定的现象和刺激的自觉意识。它包含了三个层面：对相关刺激的感知、积极接受和选择性注意。这是一个较低层次的价值内化。如：积极参与课堂活动，对课堂教学有一定的认识，等等。

反应，学生积极地投入学习中，获得了成功。该层次的学生不但关注到一种现象，还会对其作出相应的回应（例如，主动地阅读超出限定范围的文本）和回应性满足（例如，愉悦地阅读），其目的和老师们常说的"兴趣"一样，侧重于对特定的行为的选择和满足（例如，做好老师布置的任务、参与小组讨论、愉快地读书等）。

评价，是将特定的事物、现象或行为，与某种价值观相关，并对所学习的东西表现出积极的看法或态度。它包含了三个层面：认同一定的价值观（例如，愿意提高与群体沟通能力）；偏好某些价值观（例如喜欢学习的东西）；致力于某一价值准则（例如承担起作为一个有效力的集体角色的责任）。这种程度的学习，其结果就是把所学的东西的价值确定变为一种稳固的追求，就像我们常说的"态度"与"欣赏"一样。

组织，即把多种不同的价值标准结合起来，消除其相互间的矛盾与冲突，从而形成一套具有内在一致性的价值系统。它包括两个层面：一是将学习到的知识从意义上抽象出来，使其成为一个人对类似知识的共识；构建价值体系，就是将所学到的价值观进行整合，进行系统化。生活哲学方面的教育目标就是这个层次。

个性化，是指一个人在经过前面四个阶段的学习后，所获得的知识和理念，已经变成了他自己的价值取向，并与他的性格相融合。该概念包括两个层面：概念化心向，指在相同的情况下表现出的一般心向；性格化，即内心和行动的一致性和恒久性。

布卢姆的目的分类法主要体现在两个方面：第一，它是可量化和可度量的。他提出了目标的可测性，为后续的评估提供了一个更为真实、客观的基础，从而使得评估的出发点、目标具有客观性和规范化。第二，目标具有层次性。目标是由简到繁逐步增加，后一种类型的目标只能基于已完成的前面一种类型的目标，从而形成目标的层次结构。1986年，华东师范大学邀请布鲁姆到中国讲学，从此，教育目标的分类学思想开始在中国扎根，它把教育目标和中国的素质教育有机地结合起来，形成了一套"目标教学"的理论体系，并被广泛地应用到中小学的每一门课程中，作为评价学生学习和教师教学的依据。

第 2 章　高校思政课教学现状分析

自改革开放以来，思政课已经进行了多轮改革。然而，由于思想政治课程的发展与现实存在诸多不相称、不协调、不匹配的问题，无法满足国家、学生、社会和其他利益相关方的需求，因此对思想政治课程进行全面评价、分析与研究，也是对其进行全面深入研究的结果。

本研究采用深度学习的视角，旨在开展思政课教学现状调查研究与质量评价。通过诊断当前高校思政课教学的基本情况、主要问题、矛盾及其成因，研究分析思政课教学实效性的影响因素，为后续制定和推进思政课教学改革奠定基础。

本研究遵循"以学生为中心""以学生需求为导向""以提高思政课教学质量为目标"的基本原则、导向和思路。采用问卷法和访谈法对思政课教学现状进行诊断，以找出问题和瓶颈，并为解决这些问题提出相应的解决方案。

2.1 高校思政课"三度式"教学调研设计

2.1.1 调研目标

思政课教学实效性受到多个因素的影响，包括师生价值认知与目标、教学方法与内容、教学互动与组织、学习投入与支持、学习成效与评价以及学生人口统计学因素，如性别、年级、专业和家庭经济情况等。本次调研主要围绕两个层次展开：

第一，了解思政课"三度式"教学现状。通过深度访谈和问卷调查，探究思政课教学的"温度""深度""活跃度",调查学生对思政课"三度"的感受、态度和思考,了解学生对思政课教学的评价和反馈,同时也要发现教学中存在的问题和不足。第二,分析思政课深度学习质量的影响因素。从教师和学生两个不同角度出发,分析思政课教学质量的影响因素,厘清造成思政课教学实效性不足的主要因素,探索其成因,并为后续开展教育研究提供依据。

通过以上两个目标的实现,可以更好地了解思政课教学的现状和问题,为提高思政课的教学质量和实效性提供参考。

2.1.2 调研形式

本书采用了定性与定量相结合的研究方法,对调查结果进行了评估。为了设计出比较科学合理的调查问卷,本研究在大规模调查之前总共开展了两轮深度访谈。第二轮深度访谈按照第一轮访谈的结果确定了问卷的框架、内容形式及调研对象,为后期数据分析奠定了基础。

(1)深度访谈

本研究团队先后分两批对思政课专任教师30人、学生50人进行了访谈,前期访谈为制定调查问卷提供了定量研究和定性研究的依据和基础。

(2)问卷调查设计

本调查问卷采用李克特五点量表,从课程温度、课程深度、课程活跃度等三个维度设置题目,从1到5分别代表被访问者的满意程度。为研究思政课教学的实际情况,本团队将课程温度通过学生价值认同与目标达成进行测量;将课程深度通过教学内容与教学方法、教学互动与教学组织两个方面进行测量;将课程活跃度通过学习投入与外部支持、学习实效与结果评价两个方面进行测量。

第一,课程温度。在本书中这一维度通过学生价值认同与目标达成的角度进行测量。价值认同与目标达成的问题的设计既包括学生对思政课程整体的感受,也包括学生对每门思政课的认知,以及学习思政课为其答疑解惑、思想行为等方面产生的影响和触动。(见表2-1、表2-2)

表 2-1　思政课课堂温度——学生问卷

题项
我觉得思政课能够解决我对现实生活的困惑
思政课增强了我的理想信念和法律意识
思政课让我更加了解中国近现代史的史实
思政课更加坚定了我信仰马克思主义的信心
思政课加深了我对中国特色社会主义理论与实践的理解
思政课加深了我对习近平新时代中国特色社会主义思想的认识

表 2-2　思政课课堂温度——教师问卷

题项
教学内容以教材为主，但不墨守，注重对教材的合理超越
教学目标的确定能够与课程标准、教学知识、学情结合综合考虑
能够结合教学内容选用、设计教学模式
能够测查学生基础，以此选择、设计教学内容
能够根据学生不同基础，讲解内容、要点和设计相应教学方法
能够根据教学需要，侧重安排提问、探究、辩论、答疑时间

第二，课程深度。本书将课程内容深度通过教学内容与教学方法、教学互动与教学组织两个方面进行测量。

①教学内容与教学方法

思政课作为一门具有强烈政治色彩的课程，其教学内容需要紧密贴合时代背景和国家意志。同时，为了提高教学效果，教师可以运用多种不同的教学方法。具体而言，启发式互动式教学法注重学生的主体性；研究式专题式教学法以问题为导向；比较式教学法着重于训练学生的思维方式与能力；而新媒体新技术教学则突出时代性。

这些不同的教学理念、教学内容和教育技术的有机结合，可以形成多种新的教学方法。其中，讲授法、案例教学法、情景教学法以及翻转课堂教学法是目前思政课中具有代表性的几种教学方法。通过灵活运用这些方法，教师可以更好地激发学生的学习兴趣，提高他们的参与度和理解程度，从而达到思政课教学的目标。

②教学互动与教学组织

教学互动是指在教学中教师与学生的互动方式。在组织实施的过程中，需要对教学管理进行强化,提高师生互动的频率,关注和把握学生的反应,解答学生的疑问,并对教学进度和方式进行调整。教学组织形式是根据一定的教学思想、教学内容和教学目的来组织安排教学活动的方式,一般包括个别教学模式、大班教学模式、中班教学模式、小组研讨模式等不同的教学组织形式。思政课教师要有较高的管理和组织能力,较强的团队合作精神,才能将课堂有效组织起来,实现教学目标。(见表2-3、表2-4)

表2-3 思政课课堂深度调查问卷——学生问卷

维度	题项
教学内容与教学方法	思政课教师在教学中会采用案例教学、情境教学、翻转课堂教学等方法
	思政课教师会采用线上线下混合方式教学
	思政课教师会针对学生的困惑抽丝剥茧地解答
	思政课教师在教学中注重学生的主体地位,重视学生活动
	思政课教师备课充分
	思政课教师没有照本宣科,能够把教材体系变成教学体系
教学互动与教学组织	思政课教师比较关注学生知识接受状态
	思政课教师会及时解答学生的疑问与困惑
	思政课教师与学生在线上线下互动频繁
	思政课教师能有效管理课堂,组织教学
	思政课教师能调动学生积极性参与教学
	思政课教师团队合作较好
	思政课教师比较有人格吸引力,充满正能量
	在课后,思政课教师会有留白让学生解答

表2-4 思政课课堂深度调查问卷——教师问卷

题项
灌输社会主流意识形态,教会学生如何学习
增加与课程相关的自我研究内容
教学内容的关注点具有启发性、时代性、科学性和丰富性
教学资源通过专题网站或印发重点资料等方式呈现
善于引导学生发现解决社会、生活等方面的问题,实现师生间有意义的交流
对马克思主义学科知识很熟悉
思政教师对时事政治知识、教育专业知识、科学与人文社科知识很了解,并总能更新
非常重视教学目标对学生思想、情感、价值观的形成

第三,课程活跃度。有活跃度的思政课堂是从学习投入与外部支持、学

习实效与结果评价两个维度进行测量。

①学习投入与外部支持

学习投入是指个人对学习活动的关注、参与和投入程度,是学生的内在动力和学习兴趣的体现,是学生对学校、对学习需求的支持满意度情况。学习投入与外部支持是考查学生学习积极性的重要指标,是体现学生学习状态的重要参考。

②学习实效与结果评价

学习实效的好坏是高校思政课教学质量的根本体现,大学生应该成为衡量教学效果的主体,是反映高等教育质量的关键指标。学习实效与结果评价既包括评价形式(如考试成绩),也包括评价内容(如表现、知识点等)。(见表2-5、2-6)

表2-5 有活跃度的思政课堂——学生问卷

维度	题项
学习投入与外部支持	上课时我会专心致志地记笔记、听讲
	在思政课学习中,我喜欢用理论知识解释现实中的困惑
	思政课学习让我觉得很有价值和意义
	思政课教师经常利用微信、QQ、雨课堂等媒体与学生互动
	思政课学习氛围浓厚
	经常有领导或教师进教室听课
学习实效与结果评价	思政课采用试卷考查的方式比较合理
	我比较在乎思政课成绩
	思政课老师会褒扬表现优秀的学生
	思政课成绩评价比较科学
	我积极参加思政实践课
	我积极参加马克思主义学院举办的各种活动

表2-6 有活跃度的思政课堂——教师问卷

题项
教学活动的内容通过观看视频、师生问答、共同讨论和PPT课件等形式呈现
教学活动中会加入自由发言、分组辩论、参观体验等方式
学习过程中除了判断与描述,更多地运用鼓励、解释、说明进行反馈
能够用卡片、图片、实物、数字教学资源,创设教学情境
能够结合传统或地方文化、社会现象等融入教学内容
能够与学生共同创建班级"精神""吉祥物"等,营造课堂文化
能够根据教学内容,注重设计以探究、合作为主的方法完成教学

2.2 访谈文本分析与结论

针对思政课教学现状，本书从学生和教师两个角度进行分析。一个是站在学生的视角，探索学生在思政课上的学习感受，尝试着从学生方面，检验学生在思政课上的教学效果。另一个视角是站在思政课教师角度，对思政课的现状和问题进行理性的描述和分析，找出问题成因，并从某种意义上，考虑到利益相关方对实际问题的解决。在本节中主要对思政课教师和学生访谈进行定性阐释与分析。

2.2.1 访谈样本的选择

本次访谈调查采用目标抽样，对受访对象进行了一些设定：一是不限制受访者的学历、性别、地域、年龄等基本个人特征，尽可能不受这些个人因素的影响，提高访谈文本的可靠性；二是采访与思政课有着密切联系的相关人员，即思政课的老师和学生，从教育者和受教育者双方来考查。三是采访的安排完全按照受访者的要求，以方便被采访者的形式进行。通过上述选择先后分两批，对30位教师和50位学生进行了访谈。

本研究针对上述两类人群设计了不同问卷，针对思政课教师主要访谈其对思政课的教学体会、质量判断、教学设计、教学互动、教学方法、教学评价、学生管理等方面的见解。针对学生主要访谈其对学习思政课的感受、思考、投入度及意见建议等。

2.2.2 访谈问题梳理

（1）对思政课重要性的认知

在对各受访对象的采访中，我们有一个共同的感觉，就是大家对思政课的价值与作用都抱有肯定和认可的态度，这在专任思政课教师与同行参与思政课教学的热情中以及对教改的持续推动中都可以清晰地感觉到。

比如有一位受采访的马克思主义学院的院长谈道："马克思主义是中国特色社会主义的理论基础，因此，大学必须大力宣传马克思主义，培养有中国特色的社会主义的建设者和接班人。这门学科不仅具有理论意义，更具有现实意义，因为它关系到整个意识形态工作的全局，关系到中国特色社会主义的继承者，关系到我们中国的伟大梦想。首先，大学要承担起宣传马克思主义的任务。马克思主义是中国特色社会主义的理论基础，也是中国共产党领导下的重要思想武器。大学作为培养人才的重要场所，必须承担起宣传马克思主义的责任，让更多的人了解和掌握马克思主义的基本原理和思想精髓，为建设中国特色社会主义提供坚实的理论基础。其次，大学要培养有中国特色的社会主义的建设者和接班人。中国特色社会主义是当代中国发展的必由之路，也是实现中华民族伟大复兴的必由之路。大学必须承担起培养有中国特色的社会主义的建设者和接班人的使命，让他们具备坚定的理想信念、扎实的理论基础、良好的道德品质和卓越的领导才能，为中国特色社会主义事业提供强有力的人才支撑。"

另一位受访的马克思主义基本原理教研室主任从多年教学的角度对学生进行了分析："现阶段，高校学生面临着各种思想和文化的影响。随着全球化和信息化的不断发展，各种思想和文化不断涌入校园，对高校学生的价值观和思想观念产生了深刻的影响。同时，高校学生也面临着就业压力、学业压力、人际关系等方面的困扰，需要得到有效的指导和帮助。高校教育不仅要注重知识的传授，更要注重培养学生的综合素质和能力，包括思维能力、创新能力、团队合作能力、领导能力等。这些素质和能力对于学生的未来发展至关重要，需要得到全面的培养和锻炼。"他还说："学校和马克思主义学院都有督导和专门的领导听课，这表明学校对于思政课的重视程度前所未有，领导听课也已经成为一种重视思政课学习的方式。同时，学生对于思政课的投入也变得很大，这表明学生在思政课中的参与度和积极性得到了提高。"

"00 后"大学生对于思政课的认知有自己的看法和想法。在采访中很多学生表达了自己对思政课的认识。学生普遍认为思政课对于自己的成长和发展具有重要意义。他们认为，通过思政课可以了解马克思主义、中国特色社会主义理论体系等重要思想，增强国家意识，培养爱国主义情感和社会责任感。通过思政课，可以接触到老师对当前实事热点问题的分析和解读，从而加深对问题的理解，并在此过程中解决自己的困惑，帮助自己更好地了解社会现实，提高分析和解决问题的能力，从而更好地适应社会发展的需要。

有的学生认为:"我对社会问题比较关注,认为思政课应该更多地涉及当前社会的问题,如贫富差距、环境污染、民主法治等,让自己对这些问题有更深入的了解和思考。当前思政课的教学方式有些单调、死板,希望能够进行改革和创新,增加互动性、实践性的教学内容,让我们更加自由地表达观点和思想,增强思政课的吸引力和实效性。希望思政课能够更加贴近现实社会,帮助我们更好地了解和解决社会问题。通过讨论和思考这些问题,我们可以更好地理解社会现象背后的本质和规律,从而更好地应对未来的挑战。"

有的学生提出"我可以通过网络获取到更多、更及时和全面的资讯,并且这些资讯的传播速度通常比老师讲授更快。很多时候老师讲的都是事件定性以后的结果,而不是在事件发展中的判断"。

从学生的访谈中可以看出,学生普遍认可思政课的价值,认为能够从思政课学习中收获有关知识和信息,解决一些困惑和问题。但是,思政课教学也存在一些问题,如及时性、引领性供给不足,未能充分匹配学生的学习需求。因此,要想赢得学生的认可,供给需求的匹配和协同必不可少。也就是说,学校和老师应该根据学生的学习需求,提供相应的思政课教学内容和方式,以满足学生的需求,同时注重供给和需求的匹配和协同,以更好地实现思政课的教学目标。

(2) 课程教学内容

对于思政课教学内容,教师们表达了自己诸多意见。有的教师认为:"思想政治课程是培养学生价值观、道德观和法治观的重要途径之一。然而,在实际情况中,思想政治课程的教学内容往往受到质疑和挑战。有些人认为,思想政治课程的教学内容过于单一、呆板,缺乏吸引力和说服力;有些人则认为,思想政治课程的教学内容过于复杂、抽象,难以被学生理解和接受。因此,我们需要重新审视和反思思想政治课程的教学内容,以更好地适应时代发展和学生需求。思想政治课程的教学目标不仅仅是传授知识,更重要的是培养学生的价值观、道德观和法治观。因此,在教学内容的设计上,应该注重价值导向、情感激发和行为引导等方面。例如,可以通过案例分析、情景模拟等方式,让学生更好地理解和体验道德困境、价值冲突和法治精神等。另外,现代学生具有独立思考、多元化价值观念等特点,因此,在教学内容的设计上,应该注重引发学生的思考和探索。例如,可以通过问题导向、探究式学习等方式,让学生积极参与课堂讨论和思考,促进学生的自我反思和价值认同。"

有的教师说道:"现代思想政治课程的教学目标不仅仅是传授知识,更重要的是培养学生的价值观、道德观和法治观,体现教学的高度与温度。因此,在教学内容的设计上,应该注重价值导向、情感激发和行为引导等方面。同时,教师作为思政课教学的关键因素之一,应该注重自身的言传身教。在传授专业知识、专业技能的同时,教师也应该注重学生的人格养成和道德教育。例如,可以通过榜样示范、情感沟通等方式,让学生更好地理解和接受道德规范和价值观念等。现在仅靠教材已经不足以上好思政课,需要教师加以提炼、分析才能教授给学生。同时,为了更好地实现思政课的教学目标,教师还需要具备深厚的理论基础,关注学生的实际需求和思想困惑。如果教学不能与学生的需求对接,学生容易分心,教学质量会受到影响。因此,教师需要注重教学与实际需求的对接,充分调动学生的学习积极性,避免'低头族''瞌睡族'的出现。"

除了五门固定的思政课外,不少思政课教师也谈到了课程思政问题,认为"课程思政就是把思想政治教育的内容与课程教学相结合,使学生一边学习一边接受思想政治教育。只有这样,才能使大学生的思想政治素质得到提高,才能使其更好地适应社会发展的要求。目前,许多高校正在进行课程思政的探索,以期将思政课的内容与其他学科相结合,实现教学的目的"。

有的教师则表达了对思政课混合式教学的担忧:"教学效果不佳,线上教学和线下教学的教学方式和教学内容不同,学生在混合教学中需要适应不同的教学方式,容易感到困惑和疲惫,导致学生参与度不高,课堂活跃度有待提升。在混合教学中,学生需要同时参与线上和线下教学,可能会因为时间和精力的限制而无法充分参与,从而影响学习效果。另外,线上线下混合教学需要教师同时管理线上和线下的教学内容和学生学习情况,管理难度较大。"

从访问文本关键词出现频次来看,有关"课程内容""教学内容""课程思政"等出现频次较高,屡屡被提及。他们深刻地感受到了思政课内容处理的难度。当前思政课线上线下混合教学存在不少问题,需要教师们加强对教学设计和方法的优化、加强管理和监督、提高技术支持水平、加强课程内容的研究和设计等方面的工作,以提高教学质量、学生的参与度和学习效果。教师们相信,如果能在教学中多加思索和钻研,就能设计出高水准的教学内容。

(3) *教学方法*

教学方法的改革是一个不断尝试和调整的过程。虽然很多教师进行了大量的尝试,但效果并不如预期的那么理想。因为教学方法改革涉及多个方面的因素,包括教学内容、教学目标、学生需求、文化背景等。因此,教学方法的改革需要综合考虑这些因素,不断进行调整和改进。对于教学改革的话题,有的教师深有感受:"在过去,我们尝试过很多非灌输式的教学活动,比如新闻播报、时事新闻、辩论、讨论、微宣讲,以及学生来说、老师来点评等等。但往往到最后就是'教师疲倦,学生厌倦'的情形了。还有一个原因,就是有些东西和学生们的需要背道而驰,让他们觉得很遥远,不感兴趣。"

有的受访者提出:"运用最新的技术手段来提升思政课教学方式方法的建议是值得考虑的。随着科技的不断发展,教育方式也在不断变革和创新。运用新技术手段可以让学生更好地融入课堂、参与教学,提高教学效果。例如,翻转课堂和慕课等现代化教育手段可以拓展学生的学习渠道,提供更加灵活的学习方式,让学生在线上平台上进行自主学习和互动交流。但是,运用新技术手段也需要考虑到学生的实际情况和需求。不同学生的学习习惯和特点可能不同,需要教师根据实际情况进行选择和调整。同时,新技术手段也需要与教学内容和教学目标相结合,才能真正提高教学效果。"

对于教学方法,有的老师提出:"教学方法应该是多样化的,没有一种固定的教学模式适用于所有课程和教师。不同的教师和不同的课程应该根据实际情况和需求选择和调整教学方法。例如,将分课堂和实践课结合在一起,或者推荐学生去慕课等新的教学模式和方式,都是可以尝试的。另外,一些传统的教学方法也有其适用对象和内容,不是陈旧传统就必然会被淘汰。因此,教师需要根据实际情况和需求来选择和调整教学方法,以提高学生的参与度和学习效果。"

教师们普遍认可思政课教学方法的有效运用对于思政课教学质量至关重要,并在日常教学中尝试过各种新的教学方法。但是,新方法的使用效果会受到多方面的影响，如学生的接受度、教学方法与教学内容和对象的匹配度等。因此，越来越多的教师们意识到灵活运用方法的重要性，即将方法与内容、对象等要素匹配运用。同时，教师们也指出了新方法使用过程中可能会遇到的问题，如新鲜感会降低，一味靠创新方法显然不具有可持续性。因此，教学方法的改革需要不断尝试和调整，既要注重创新，也要注重与传统教学方法的衔接和融合。只有将教学方法与内容、对象等要素匹配运用，才能真正提高思政课的教学质量。

（4）教学互动

教学互动是教学方法中的一个重要方面，但在实际教学中，很多教师并没有给予足够的重视。因此，本书认为有必要将教学互动放在更加突出的位置，以强调其在教学方法中的重要性。教学互动是指在教学过程中，教师与学生之间的交流和互动过程。通过教学互动，教师可以更好地了解学生的需求和问题，调整自己的教学方法和策略，激发学生的学习兴趣和积极性，提高学生的学习效果。思政课教学互动确实有其自身的特殊性，因为教学内容涉及学生的思想观念和价值观等方面，而这些方面往往与学生自身的经历和背景有关。因此，思政课教学互动需要更加注重与学生的思想和情感交流，以便更好地了解学生的需求和问题，从而更好地调整自己的教学方法和策略。受访者提到教学互动可以贯彻各个教学阶段，包括课堂讨论、学生发言等方面。这些互动形式可以激发学生的学习兴趣和积极性，同时也可以促进教师与学生之间的交流和了解。

在当前的通信技术迅猛发展的时代背景下，思政课教师们积极引入新技术辅助教学，如使用微信公众平台和微信群等工具，以便更好地与学生进行互动和交流。通过微信公众号和微信群等工具，教师可以及时发布教学通知、分享学习资料和回复学生问题，使教学互动更加便捷和高效。比如一位受访的教师谈道："我们在每一门课程上，都建了一个微信，每一位老师都会在一个微信群里，和同学们保持联系。在这一个学期的课程中，这个公众号还是很活跃的，老师能在后台回答一些问题，还能把学习资料发出去。"

除了课堂上的教学互动，还有一些受访教师非常重视第二课堂的师生互动，他们在课余时间花的时间非常非常多，他们会和这学生进行互动。比如一位受访教师说:"我从入职开始,到现在,建立了二三十个群,每个群里面有几百个学生,所以会有很多问题。因此,思政课老师们在课余时间里,也会做一些工作,比如给学生进行心理辅导、为学生找工作、为学生谈恋爱当参谋。思政课教师,就是个多面手,什么都要会。此外,还可以利用群的组织来强化教学组织,利用学生的力量来提升教学效率。这是以思政课的特殊性为基础的,因为要改变学生的思想,不能仅仅局限于课堂中的教学活动。"

当前思政课师生互动的现状确实存在一些问题,包括课上问题的设置、课堂氛围的营造等方面。只有当教师具备足够的教学水平和能力时,才能够更好地与学生进行互动和交流。

关于教学组织问题受访者认为:"有些思政课教师可能教学水平和管理水平不高,无法有效地组织课堂、调动学生参与积极性,导致教学效果不尽如人意。思政课的教学资源相对不足,如教材、教具、场地等,这也制约了教学组织形式的创新和质量提升。"

思政课教学互动的现状之所以难以实现有活跃度的课堂,一个重要的原因就是教师对思政课内容的处理不够巧妙,难以设计出有趣的教学互动。因此,思政课教师应该在教学互动方面加强学习和实践,提高自己的教学互动能力,并积极探索和尝试新的信息技术手段,以更好地满足学生的需求和提高教学质量。

(5)课程评价与成效评价

关于思政课课程评价,本书对教育者和受教育者两种人群进行了访谈。

一方面,课程评价是对思政课教师进行评价。有的教师介绍了自己学校的好经验:"除了教务处组织的学生网络评课和评教之外,还应该定期召开学生思政课座谈会。参加座谈会的是来自学校不同专业的学生。学生们以每个学期所开设的思想政治理论课为基础,对教师和课程的整体情况进行述评,教研室主任会仔细地聆听并记录学生们的发言。会议结束后,要对大家反映比较多的问题进行深入研究、梳理并寻求解决办法。"有的教师提到,"我们学校思政课校领导是必须要听课的,这是惯例。校领导在听课中会关注教师的教学方法、教学内容、课堂氛围等方面,以及对时事热点和重大事件的解读和评论,了解教师对思政课教学任务的完成情况和学生对思政课内容的掌握情况","听课结束后,校领导经常与教师进行交流和反馈,帮助教师发现自己的不足之处,并采取有效的措施进行改进"。

有的受访教师提到了同行评价,认为同行评价在思政课教学评价中具有一定的优点,但也存在着一些挑战和困难。有的教师肯定了同行评价的优点,认为:"同行评价能够更好地理解和评估思政课教师的教学水平和教学质量。同行评价还可以帮助思政课教师更好地认识和理解自己的专业领域和教学对象,从而提高自己的教学能力和水平。此外,同行评价还可以为思政课教师提供相互学习和交流的机会,促进教师之间的合作和共同进步。"

有的受访教师则对同行评价持悲观态度,认为:"同行评价需要教师之间相互听课、观摩和交流,这可能会对教师的日常工作和生活造成一定的干扰和压力。另外,同行评价需要教师具备一定的专业水平和评价能力,否则可能会存在评价不准确、不公正等问题,可能会受到一些利益因素的影响,如个人情感、人际关系等,从而导致评价结果的不客观和不公正。"该受访者认为关于教师的教学状况不适合同行评价,每个教师的教学风格都不一样,教学评价也难以用定量的数据来衡量。

另一方面,教师需要更加关注学生的表现和成果,并采取有效的方法来评价学生的学习成果,书面考试不能取消,甚至要加强。有的教师指出:"现在的思政课考核方法大多数都是考试。传统的考试方式可能难以有效考查学生对价值观和思想的理解和掌握,这是因为传统的考试方式通常更注重对知识点的记忆和掌握,而忽略了对学生的思维能力、价值观念等方面的考查,导致考评结果存在一定的局限性。为了解决这个问题,可以采取一些措施,如增加主观性试题的比重,如论述题、案例分析题等,考查学生的思考能力和价值观念。此外,还可以采用小组讨论、课堂演讲等互动形式,通过学生的表现和发言情况来考查其理解和掌握情况。这些措施可以有效地补充传统的考试方式,从而更全面地考查学生的综合素质和价值观。"也有些教师认为学生学习评价用得好会有很大作用,可以激发学生的学习热情,但是现有的评价模式比较死板,教师运用起来也有困难,导致评价效果没有充分发挥。

另外,也有教师表示可以实行双向选择:"双向选择可以让学生和教师都有更多的选择权,同时也可以促进教学质量的提高。具体来说,双向选择可以先由学生根据教师的授课方式、学科特点、个人魅力等因素进行选课，选课之后，教师也可以根据学生的表现和反馈来进一步优化自己的授课方式和内容，提高教学质量。这种双向选择的方式可以在一定程度上避免学生不适应教师授课方式、教师对学生需求不了解等问题，从而更好地实现教学相长。当然，在双向选择的实施过程中，也需要注意一些细节问题，比如，如何保证学生和教师之间的信息对称、如何避免选择过程中的不公平现象等，这些问题需要得到有效的解决才能让双向选择真正发挥出其应有的作用。"

访谈文本的关键词显示，在目前的思政课中，课程评价是一个可以利用得很好的切入点，如果运用得当，思政课的教学质量将得到很大的提高。在对思政课教学进行评价时，应从多个角度进行评价，包括教师、学生等。现在各个高校对如何进行评价也尝试了诸多探索，对于同行评价很多教师都有自己的看法，甚至有的存在异议。对于学生评价，教师们则一致表示赞同，目前过程性评价和形成性评价相结合是高校评价的主要方式。学生的学业评估，不应该被忽略或轻视，即使学生们有很多的抱怨，也不应该被贬低。这不仅是对学生的学习负责，也是提高思政课教学质量的一种重要手段。

（6）教学条件与支持

深度学习理论视域下思政课"三度式"课堂的打造需要相应的教师、设施、硬件设备、规章、制度、文化、精神等软硬两个方面的支持。在硬件方面，思政课堂需要具备相应的场地、设备和教学资源，例如多媒体教室、投影仪、音响设备、教材、参考书籍等等。在软件方面，思政课堂需要具备高水平、专业化的师资队伍，教师需要具备良好的思想政治素质和专业技能，能够有效地组织和引导学生进行课堂讨论、案例分析等教学活动。此外，还需要建立科学合理的教学评价考核体系，明确思政课堂的教学目标和教学效果，保障思政教育的质量和水平。只有软硬两个方面的支持都得到充分保障，思政课堂才能够取得良好的教学效果。

在访谈中受访者呼声最高的是"集体备课""教学改革""发挥教研室的作用"。有的教师提到集体备课是提高教学质量、发挥集体智慧的有效途径，但"集体备课需要所有参与者的积极性和参与度，如果有人不积极或者敷衍了事，就会影响整个集体的效果。如果有些人没有提前准备好材料，或者没有认真听取其他人的意见和建议，那么集体备课的效果就会大打折扣"，"集体备课的内容比较单一，只是就某一节课的教学内容进行讨论，缺乏对思政教育整体性的考虑，会导致集体备课的效果不佳。缺乏对整体思政教育的考虑，可能会使得教学内容和教学方法存在缺陷和不足，影响学生的学习效果"。

有的教师谈到要提高教学实效，推动思政课课程改革必须要发挥教研室的作用："在思政课教学改革中，教研室作为学校教学业务组织的基本单位，发挥着重要作用。教研室可以组织教师集体备课、听课、评课，开展教学研究和教学改革等，提高教师的业务水平和教学质量。通过加强教研室建设，可以推进思政课教学改革，优化课堂教学，提高教学质量，促进学校的整体发展。但是有的教研室在组织集体备课、听课、评课等活动中，只是形式上的应付，没有实际的效果。"

对于硬件方面，受访者谈道："当前多媒体设备已经比较完善，但是智慧学习平台的配备仍然存在较大的差异。学习通、雨课堂等智慧学习平台作为近年来推广普及的新型学习工具，可以为教学提供更多的便利和灵活性。但是平台使用的成本等因素，使得智慧学习平台的配备仍然不够普遍，直接影响了混合式教学、过程性评价的实施。"

2.2.3 访谈结果分析

通过对访谈的文本进行梳理发现，文本对思政课深度学习中存在的对思政课重要性的认知、课程内容、课程评价与成效评价、教学条件与支持等方面均有提及。但是由于篇幅有限，本书在整理、呈现等方面还存在待提升空间，但总体符合研究目标。本书对受访师生的观点进行了阐释，访谈内容与问答话语基本上围绕预先设定的维度展开。透析访谈中存在的问题，其原因大致分析如下：

第一，教师供给侧和学生需求侧失衡是导致"深度学习"难以实现的重要原因。学生的学习需求与教学供给之间的关系会对学生的学习态度、效果和投入产生影响。如果教学供给能够与学习需求匹配，学生就能够更好地理解和掌握所学知识，从而提高学习效果和投入。反之，如果教学供给与学生的学习需求不匹配，学生可能会感到困惑和无助，从而进入怠学状态。学生对于思政课学习的理解、定位和要求是思政课教学设计和实施的重要依据。如果思政课教学设计与学生的学习需求不匹配，学生就可能不会积极参与课堂学习，从而出现怠学现象。为了上好思政课，教师需要付出很多精力去设计实施，了解学生学习需求，根据学生的学习特点和兴趣爱好采用多样化的教学方法和形式，包括课堂讲解、案例分析、小组讨论、实践操作等。访谈结果充分证明，需求供给匹配协同对于思政课学习十分重要。如果思政课的供需失衡，学生就可能进入怠学状态从而影响学习效果和投入。因此，在思政课教学和学习中应该关注供需匹配协同，从多个方面入手，提高学生的学习效果和投入。

第二，课堂教学创新不足是导致教学互动较少、课堂活跃度不高的主要原因。一些教师认为课上问题的设置不合理、课堂氛围比较死板是学生不愿参与或者无力参与课堂的关键。如果问题难度过高，学生可能会感到难以理解；如果问题难度过低，学生可能会感到无聊；如果问题与学生实际生活或兴趣相关度不高，学生会感到缺乏动力去思考和解决从而影响学习效果。学生们希望思政课提出的问题是具有实际意义、贴近生活的并且可以层层深入引发思考和讨论的，像社会上的热点事件、热点话题，可以让学生从不同的角度去思考和讨论；生活中的道德困境、价值选择等问题，可以让学生从自己的经验出发去思考和讨论。另外，学生们盼望在一个积极、活泼、开放的氛围中上思政课，同学之间可以互相交流、分享经验和思想从而更好地理解和掌握所学知识。

第三，教学方法运用僵化是导致教学方法难以实现深度学习的原因之一。教师们对教学方法的创新运用给予了高度的关注，普遍认为新技术和新方法可以很好地推动思政课教学的发展。同时，很多教师也认识到传统的教学方法仍然具有很大的吸引力，因此应当在新旧教学方法之间搭建一座应用的桥梁，使其更具灵活性和有效性。此外，学生们也非常关心如何运用教学方法，特别是对于网络时代的大学生而言，新技术和新方法是最能让他们投入到学习中去的重要手段。另外，一些传统的教学方法只要适当创新并灵活运用，仍然具有很大的应用空间并能够得到学生的认同。因此，教师应当在创新和传统之间找到平衡点，灵活运用不同的教学方法以适应不同学生的学习需求，提高思政课教学的深度与质量。

第四，评价方式和评价方法有待提升是制约思政课深度学习效果的又一原因。教师们普遍赞同在提高思政课教学质量的过程中，课程评价是一个非常重要的因素，需要对教学评价进行优化，激发思政课教学双主体的积极性。一方面，需要优化对教师教学评价的标准和体系，突出客观性和正向导向，以提升教师的价值观；另一方面，也需要优化对学生学业成绩的评价方式，发挥学生的主体作用，并对学生的学习效果进行有效的指导和激励，以提高学生的成绩。当前，思政课教学评价模式存在一些问题，如评价标准不清晰、评价方式单一、缺乏有效性等，这些问题不仅影响了教学评价的效率，也削弱了教学评价的激励作用。因此，应该对思政课教学评价进行改革和完善，尊重学生的主体地位和主体诉求，激发学生的学习动力，提升学生的学习效果。具体而言，学校和教师需要共同努力，明确评价标准、完善评价体系、丰富评价形式，注重发挥学生的主体作用，并加强对学生学习效果的有效指导和激励。

第五，支持条件不足是教学保障乏力的主要原因。访谈中教师们都曾提到教学条件（智慧课堂、虚拟实验室）等方面的建设问题。由于投入不足、缺少相关的教学设施和设备，使得教学效果受到了一定的影响，教师难以呈现生动形象的课件和组织实践课程。另外，思政课教师的关注点是教学投入和科研支持，这是保证思政课教学质量的关键因素之一。只有具备了足够的教学投入和科研支持，才能够满足学生的学习需求和教师的发展需求，从而持续保证思政课教学质量。缺乏足够的投入和支持，仅仅依靠教师们的精神力量是不足以支撑思政课教学发展的。

综合以上采访的内容及角度，可以得出如下几点结论：一是思政课的价值和意义得到了各学校的高度认可，但部分学校的教学条件保障仍不完善；二是思政课的内容加工困难，对内容与方法的协同性、需求与供给的协同性等都有较高的要求，这就要求教师进行细致的研究；三是思政课教师队伍的建设十分重要，它直接决定了思政课教学的质量和水平，但它的建设难度很大，存在着诸多的制约因素；四是创新教学方法能够极大地激发学生的学习积极性和主动性，但实践的效果却不尽如人意，特别是新旧方法的灵活运用还不够充分；五是目前的教学活动状况较差，主要是由于教师自身承受的压力较大，缺乏组织形式的创新与团队协作；六是课程评估在价值与效果上还存在着一定偏差，主要表现在主体参与不够积极，效果表现力不够。结合以上分析，思政课教学中"现象级"问题产生的原因是多方面的，因此，我们要针对这一原因采取相应的对策。为了更好地为学生服务，促进教师发展，学校应增加对思政课教学的投入和科研的支持。在此基础上，教师要努力提高自己的教学水平，增强自己的研究能力，为学生提供更多的信息。只有多方共同努力，思想政治课程的教学质量才能够得到较好的保证。

2.3 实证研究分析与结论

2.3.1 样本选择

本部分通过问卷调查对思政课"三度式"教学进行调研，对河北部分高校的思政课教学情况进行分析，为思政课教学改革提供数据支撑。

本次调查问卷调研了河北省十所高校，总计发放问卷 600 份，回收 523 份，其中有效问卷为 503 份，无效问卷 20 份，问卷有效率为 83.83%。本问卷综合等级量表和李克特五点量表在文献综述、访谈研究和工作实践的基础上研究设计而成。本研究采取现场问卷调查、网络问卷调查两种方式进行，通过 SPSS 28.0 和 EXCEL 软件进行数据分析。

2.3.2 调查对象的统计学特征

本部分主要对调查问卷的题项、内容、百分比等特征进行统计。

（1）性别的统计分析

根据表 2-7 显示，被试大学生的性别比例总体均衡，女生占 51.9%，男生占 48.1%，这个数据与高校在校生比例一致，体现了问卷的代表性。

表 2-7 性别的统计分析

项目	内容	百分比/%
性别	男	48.1
	女	51.9

（2）专业的统计分析

表 2-8 显示，被测学生的专业大类涵盖比较多，以文史哲、理工、经管法三大类学生居多，分别占 16%、45% 和 23.4%。艺术体育、农林医、其他大类分别占 8.6%、6.6% 和 0.4%。

表 2-8　不同专业的统计分析

项目	内容	人数	百分比 / %
专业	文史哲	80	16
	理工	227	45
	经管法	118	23.4
	艺术体育	43	8.6
	农林医	33	6.6
	其他	2	0.4

（3）个人学习成绩的统计分析

根据表 2-9 中的数据显示，学习成绩一般及以上的占多数，占比为 92.3%。其中优秀占比为 14%，良好占比为 39.3%，一般占比为 39%。总体来说，优秀的学生和较差的学生占比均较少，学生的成绩表现呈正态分布。不同学习成绩的学生深度学习情况需要进一步分析。

表 2-9　个人学习成绩的统计分析

项目	内容	人数	百分比 / %
个人学习成绩	优秀	70	14
	良好	198	39.3
	一般	196	39
	较差	39	7.7

（4）调查问卷及信效度分析

本书从研究基于深度学习理论的高校思政课"三度式"教学模式出发，从课程温度、课程深度、课程活跃度等三个维度设计了《高校思想政治理论课教学诊断问卷》，经过相关专家讨论把关，保证了问卷内容、问卷结构的科学性、合理性。同时运用 SPSS 28.0 统计软件对问卷的信度和效度进行检验。

根据探索性因子分析的结果，该测量量表的 KMO 样本充足度为 0.902，表明效度较"良好"，卡方值为 10 576.985，$P=0.000$，P 值 <0.01，表明变量间具有显著相关性，巴特利特（Bartlett）球度检测具有显著意义，认为此测

量量表适合做因子分析。（见表 2-10）

表 2-10　KMO 和 Bartlett 检测

取样足够度的 Kaiser-Meyer-Olin 度量		0.902
Bartlett 球度检验	近似卡方	10 576.985
	Sig.	0.000

Cronbach's α 系数法用于检测数据的信度是否达标，一般来说，当 α 值大于 0.6 时，表示数据可靠性较高。根据表 2-11 的结果，各特征因子的信度值均大于 0.6，表明各特征因子内部一致性较高，信度较高。

表 2-11　信度分析摘要表

分量表题	项数	Cronbach's α 系数
T_1	6	0.903
T_2	14	0.867
T_3	12	0.906

（注：T_1、T_2、T_3 分别代表课堂温度、课堂内容深度和课堂活跃度三个维度）

（5）有温度的思政课堂描述性统计分析

根据有温度的思政课堂——学生问卷设计，课堂温度通过价值认知与目标这一内容进行测量。从表 2-12 中可以看出，所有选项的回答处于合理区间，最小值为 1，最大值为 5，均值在 3.05～4.05 之间。

表 2-12　有温度的思政课堂——学生问卷分析表

题项	最小值	最大值	平均值
我觉得思政课能够解决我对现实生活的困惑	1	5	3.05
思政课增强了我的理想信念和法律意识	1	5	4.05
思政课让我更加了解中国近现代史的史实	1	5	3.46
思政课更加坚定了我信仰马克思主义的信心	1	5	3.92
思政课加深了我对中国特色社会主义理论与实践的理解	1	5	3.16
思政课加深了我对习近平新时代中国特色社会主义思想的认识	1	5	4.01

一方面，思政课在实现学生价值认知与目标塑造上起了积极作用。调查显示"思政课增强了我的理想信念和法律意识"这一题项平均值为 4.05、"思政课更加坚定了我信仰马克思主义的信心"这一题项平均值为 3.92、"思政课加深了我对习近平新时代中国特色社会主义思想的认识"这一题项平均值

为 4.01。说明学生对"思想道德修养与法律基础"课（增强了道德和法律意识）、"习近平新时代中国特色社会主义思想概论"课（加深对习近平新时代中国特色社会主义思想的理解）这两门课感受较好。

另一方面，思政课堂教学有待提升。调查数据显示学生对"中国近现代史纲要"课、"毛泽东思想和中国特色社会主义理论体系概论"课（加深对新时代中国特色社会主义思想的理解）总体感知度较低。由于这两门课理论内容比较多，如何在纷繁的史实中抽丝剥茧，透过系统的知识讲解从现象透视本质，是有深度的思政课堂需要做的重要事情。在实际教学中，虽然这两门课程的教师对教学内容的取舍、组织进行了一定探索，但这一比例是非常低的。此外，思政课教师比较重视教学内容的启发性、时代性、科学性，但较少关注教学内容的丰富性、现实性、组织和难易，这可能也是导致了思政课教学的感染力和魅力不足的主要因素之。

根据表 2-13 有温度的思政课堂——教师问卷分析表可以看出，在教学内容选择和设计上，教师们选择的教学内容以教材为主，同时注重对教材的合理超越；可以根据教学需要，侧重安排提问、探究、辩论、答疑时间。但是在教学目标的确定和分层分类教学与考核中仍然需要持续提升。

表 2-13 有温度的思政课堂——教师问卷分析表

题项	最小值	最大值	平均值
教学内容以教材为主，但不墨守，注重对教材的合理超越	1	5	4.15
教学目标的确定能够与课程标准、教学知识、学情结合综合考虑	1	5	3.25
能够结合教学内容选用、设计教学模式	1	5	3.49
能够测查学生基础，以此选择、设计教学内容	1	5	3.92
能够根据学生不同基础，讲解内容、要点和设计相应教学方法	1	5	3.16
能够根据教学需要，侧重安排提问、探究、辩论、答疑时间	1	5	4.41

（6）有深度的思政课堂描述性统计分析

根据问卷设计，课堂高度将通过教学内容与教学方法、教学互动与教学组织两个维度进行测量。

表 2-14 显示教学内容与教学方法的测量处在合理范围，最小值为 1，最大值为 5，均值处于 2.92～4.24 之间。调研中，学生对"思政课教师备课充分""思政课教师没有照本宣科，能够把教材体系变成教学体系""在课后，

思政课教师会有留白让学生解答"是比较认可的。"思政课教师会采用线上线下混合教学""思政课教师在教学中注重学生的主体地位,重视学生活动"方面评分较低,说明在思政课堂上传统教学方法占主导地位,教学改革仍然任重道远。案例教学、情境教学、翻转课堂教学等方面有待进一步探索。

表2-14　有深度的思政课堂描述性统计分析——学生问卷分析表

题项	最小值	最大值	平均值
思政课教师在教学中会采用案例教学、情境教学、翻转课堂教学等方法	1	5	3.25
思政课教师会采用线上线下混合方式教学	1	5	3.01
思政课教师会针对学生的困惑抽丝剥茧地解答	1	5	3.46
思政课教师在教学中注重学生的主体地位,重视学生活动	1	5	2.92
思政课教师备课充分	1	5	4.01
思政课教师没有照本宣科,能够把教材体系变成教学体系	1	5	4.03
思政课教师比较关注学生知识接受状态	1	5	3.05
思政课教师会及时解答学生的疑问与困惑	1	5	4.05
思政课教师与学生在线上线下互动频繁	1	5	3.36
思政课教师能有效管理课堂,组织教学	1	5	3.82
思政课教师团队合作较好	1	5	3.12
思政课教师比较有人格吸引力,充满正能量	1	5	3.67
在课后,思政课教师会有留白让学生解答	1	5	4.24

学情分析是关系到"以生为本"思想观念的贯彻执行,对学情的把握是决定教学方案的出发点。但是,调查结果显示教师对于学习状况的认识程度较低,对学习状况的分析较差;与对学生的兴趣与需求、个性特征、优势和问题的了解相比,人们对学生人数与专业、基础的了解更多一些("思政课教师会针对学生的困惑抽丝剥茧地解答"平均值为3.46)。这表明,思政课教师的学情分析表层化、简单化,从而降低了思政课教学的针对性。

另外,教师与学生互动较好("思政课教师会及时解答学生的疑问与困惑"评分为4.05)、课堂管理比较有效("思政课教师能有效管理课堂,组织教学"评分为3.82)。但是课堂上,教师对学生状态关注不足("思政课教师比较关注学生知识接受状态"评分为3.05,"思政课教师与学生在线上线下互动频繁"评分为3.36)。

根据表2-15的统计数据,当前思政课青年教师进行教学资源呈现的方式显得相对单一，他们的教育信息技术水平亟待提升。只有真实、直接地展示教学资源，才能有效引导学生对真理进行正确的认识和实践。然而，目前思政课教师主要通过 PPT 课件和视频动画的方式展示教学资源，虽然这种方式在某种程度上取代了传统的板书教学，但在使用专题网站和印发重点材料方面还做得不够，导致教学资源的呈现方式相对单一。这种情况不仅削弱了教学资源的真实性和生动性，也影响了教师对道理的透彻讲解，更不利于培养学生的辩证思维能力。

表2-15　有深度的思政课堂描述性统计分析——**教师问卷分析表**

题项	最小值	最大值	平均值
灌输社会主流意识形态，教会学生如何学习	1	5	4.25
增加与课程相关的自我研究内容	1	5	3.01
教学内容的关注点具有启发性、时代性、科学性和丰富性	1	5	3.37
教学资源通过专题网站或印发重点资料等方式呈现	1	5	2.82
善于引导学生发现解决社会、生活等方面的问题，实现师生间有意义的交流	1	5	4.11
对马克思主义学科知识很熟悉	1	5	3.98
思政教师对时事政治知识、教育专业知识、科学与人文社科知识很了解，并总能更新	1	5	3.65
非常重视教学目标对学生思想、情感、价值观的形成	1	5	3.43

（7）有活跃度的思政课堂描述性统计分析

根据问卷设计，课堂活跃度将通过学习实效与结果评价、学习投入与外部支持两个维度进行测量。

从表2-16来看，学生学习投入较好（"思政课学习氛围浓厚"平均值为3.52），学习的积极性较高（"上课时我会专心致志地记笔记、听讲"平均值为3.45）。但是在理论联系实际上有所欠缺（"在思政课学习中，我喜欢用理论知识解释现实中的困惑"平均值为3.02），教师与学生之间的互动有待加强（"思政课教师经常利用微信、QQ、雨课堂等媒体与学生互动"平均值为3.22）。学生与思政教师互动比较良好（"我比较乐于回答课堂上的问题"平均值为4.31，"我积极参加思政实践课"平均值为3.82）。但是对于思政课最后成绩评定方式有待于进一步探讨和提升（"思政课采用试卷测量的方式比较合理"这一选项平均值为3.13）。

表 2-16　有活跃度的思政课堂描述性统计分析——学生问卷分析表

题项	最小值	最大值	平均值
上课时我会专心致志地记笔记、听讲	1	5	3.45
在思政课学习中，我喜欢用理论知识解释现实中的困惑	1	5	3.02
思政课学习让我觉得很有价值和意义	1	5	3.42
思政课教师经常利用微信、QQ、雨课堂等媒体与学生互动	1	5	3.22
思政课学习氛围浓厚	1	5	3.52
经常有领导或教师进教室听课	1	5	4.24
思政课采用试卷测量的方式比较合理	1	5	3.13
我比较在乎思政课成绩	1	5	4.05
思政课老师会褒扬学生	1	5	3.36
我积极参加思政实践课	1	5	3.82
我积极参加马克思主义学院的各种活动	1	5	3.12
我比较乐于回答课堂上的问题	1	5	4.31

通过对表 2-17 进行深入探究，我们可以发现，在思政课程中，虽然 PPT 课件和视频动画等手段在一定程度上取代了传统的板书教学方式，但专题网站的使用和重点材料的印发仍显不足。这不仅反映了思政课青年教师在教育信息技术方面的提升空间，也揭示了教学资源呈现方式的相对单一性，进而降低了教学资源的真实感和教师讲解内容的透彻性，更不利于对学生进行辩证思维能力的培育。从教学互动的角度来看，大多数思政课教师将教学互动的目标定位于促使学生阅读课堂内容、活跃课堂气氛、引导学生发现问题以及激发学生思考。这表明思政课教师对教学互动的目标具有正确的理解。然而，在教学实践中，实现师生之间的意义交流仍需加强。这是因为，思政课堂是师生之间分享彼此感受、体悟、经验和知识的精神领域，也是交流彼此情感、体验与观念的平台。只有通过这种方式，学生对真理的认识和体验才会不断深化。

表 2-17　有活跃度的思政课堂描述性统计分析——教师问卷分析表

题项	最小值	最大值	平均值
教学活动的内容通过观看视频、师生问答、共同讨论和 PPT 课件等形式呈现	1	5	4.45
教学活动中会加入自由发言、分组辩论、参观体验等方式	1	5	3.82
学习过程中除了判断与描述，更多地运用鼓励、解释、说明进行反馈	1	5	3.42
能够用卡片、图片、实物、数字教学资源，创设教学情境	1	5	4.02

(续表)

题项	最小值	最大值	平均值
能够结合传统或地方文化、社会现象等融入教学内容	1	5	3.82
能够与学生共同创建级"精神""吉祥物"等，营造课堂文化	1	5	3.24
能够根据教学内容，注重设计以探究、合作为主的方法完成教学	1	5	4.13

2.4 思政课教学现状原因剖析

现阶段，高校应立足现状，不断探索提升思政课教学质量的方式方法，并对其所面对的挑战做好充分的准备，对其可能或者已发生的教学变化进行诊断。在访谈中，很多教师认为教学主体、教学对象、课堂教学和社会环境的变化都是可能影响思政课教学的重要因素。学习主体的变化意味着教学对象的需求、目标和价值导向正在发生变化，这可能会影响他们对教学内容、方法、互动、评价和条件等方面的要求。课堂教学的变化则指出了一些教学设计、内容组织、方法运用和评价反馈等领域的问题。时代环境的变化则是指思政课教学所处的环境发生了重大变化，这可能会对教学质量、教学内容和教学方法等产生影响。特别是在当前，在对思想政治教育提出高质量发展要求、全球化进程加快、信息技术快速发展、多元价值频繁碰撞等因素的影响下，思想政治课程将面临更多、更大的挑战。

2.4.1 教学主体剖析

从上文调查不难发现，当前高校思政课教学发展虽有喜人之处，但仍不能盲目乐观，有待持续加强。

（1）教学主体职业认知存在偏差

2016年，习近平总书记在全国高校思想政治工作会议上强调指出："大学老师要以教育者为先，做好先进思想文化的传播者，做党执政的坚定拥护者，做好引导和引导学生的工作。"[①] 思政课作为大学中的重要课程，旨在向大学生传播马克思主义理论，以及对其进行社会主义核心价值观教育。思政

---

① 习近平. 习近平谈治国理政（第二卷）[M]. 北京：外文出版社，2017：379.

课教师肩负着立德树人的重大职责，因此应保持清醒的认识。一些年轻的思政课教师由于对中国发展历程及新时代中国特色社会主义的认识不足，不能充分体会到马克思主义的强大威力，进而缺乏作为思政课教师的自信和骄傲。尽管这些教师的学历和学位较高，但由于对思政课的性质、地位和作用认识不足，往往导致他们对思政课的性质、地位和作用知之甚少。另外，一些年轻思政课教师基于自身对社会的认识，在网络上散播未经证实、片面和不正确的观点，缺乏作为一名思政课教师应具备的社会责任和历史使命。这些不当行为导致思政课堂缺乏温度、深度和活跃度。因此，广大思政课青年教师应增强对中国发展历程及新时代中国特色社会主义的认识，充分体现马克思主义的强大威力；同时应明确自己的社会责任和历史使命。通过这些努力，思政课堂才能真正具有温度、深度和活跃度。

（2）自主教学发展有待提升

思政课青年教师作为思政课教学发展的关键力量，其自主教学发展意识对于提高思政课教学质量和效果具有重要作用。只有具备强烈的自主教学发展意识，思政课青年教师才能自觉进行教学研究和实践，不断探索和创新教学方法和手段，提高自身教学能力和水平，实现"三度式"教学。但是在调查中显示，思政课教材体系向教学体系转换还需要持续推进。探究其原因，主要是对大学教师的评价引导不到位。虽然自从全国高校思想政治工作会议召开之后，思政课的教书育人作用和地位在全国范围和各大学范围内都得到了进一步的提高，但是，对大学教师的考核依然是以研究成果为主要内容的。虽然大学在理论上和口头上对思政课教学给予了高度的重视和支持，但是在现实中，大学中所能获得的最高荣誉都是与研究成果相联系的，而与教学表现没有太大的关系，因此大多数的教学表现都不尽如人意。因此，对思政课青年教师的聘任、考核和奖励的制度和标准，让他们觉得在教学中的投入和收益并不相称，而在研究中，能够获得更多的利益。

（3）教师教学理论素养参差不齐

思政课是一个由多目标、多层次、多要素构成的复杂的体系与活动过程，要想为学生们提供优质丰富的内容，就需要有扎实的理论基础。但是，思政课教师的专业知识主要集中于某个领域，因此，传授渊博的马克思主义理论对于教学来说是一种很大的考验。有很大一部分教师在本科和硕士阶段是其他专业，缺少与之对应的扎实的专业基础理论的教育和培训，他们的马克思主义理论素质相对较低，不擅长使用马克思主义的立场、观点和方法，去观察、分析、解决社会现实和学生的思想问题，也不能够对课程的教学内容进行科学的解释和正确的诠释。最近几年，进入工作岗位的思政课青年教师，基本上都是从综合类型的高校毕业的，他们在就读的过程中，尽管受到了很好的专业教育，却由于受培养目标或学习条件的限制，基本没能接受到作为教师教学基本能力的训练和培养，教育理论和教育方法等教育学方面的专业知识比较欠缺，比如，对教育学较少进行系统研究，难以把握学生的教育规律和教育理念；缺少心理学知识的积淀，对新时期大学生的心理特点和心态缺乏认识；较少对现代教学技术进行研究，技术赋能的教学创新仍在发展；较少对科学的人文社科知识进行研究，从而提高课堂教学的魅力和感染力。比如，一些思政课年轻教师在授课过程中，经常会出现死记硬背、平铺直叙的情况，他们的教学方法比较简单，上课的氛围比较压抑，不能很好地与同学们展开有效的交流和沟通，从而严重地降低了思政课的教学质量，限制了教育的发展。

（4）教学反思不够

教学反思是通过提高教师的自我觉察水平以促进教学能力发展的途径，是教师提高日常教学思维的基本方式，可以帮助教师深入了解自己的教学理念、教学方法和教学效果，及时发现和解决教学中存在的问题。教学反思还可以帮助教师从经验中学习，在实践中提高，不断改进自己的教学策略和教学方法，提高教学能力和水平。

在访谈中我们发现，思政课教师往往只进行了课后的教学反思，而在课前和课中却很少进行反思，只有在遇到问题时才会进行反思，没有问题时则不进行反思。这种反思的频率不高，有的教师甚至不进行反思，导致他们未能养成反思习惯，这也成了"三度式"课堂难以落地的重要原因。一方面，思政课教师缺少系统的反思理论知识和教学经验借鉴，他们对教学反思的本质、意义和实施方法的认识存在局限性。另一方面，高校没有将思政课青年教师的教学反思融入日常工作中，同时也没有提供给思政课青年教师进行教学反思的课程与指导。虽然一些高校建议在教案中要有教学反思，但却没有提供具体的反思方法、反思内容和可供参考的经验。这会导致教师无法及时研究并解决教学中出现的问题，从而错失进行教学学习和教学研究的机会，对其教学发展产生不利影响。同时，这也制约了深度学习理论的应用与优化。

（5）教学学术研究有待加强

教学和学术是相互关联、相互促进的两个方面。教学离不开学术，因为学术是教学的基础和支撑。没有学术的支持，教学就只能是表面化的、浅显易懂的知识传授，难以深入和拓展。学术是指系统地、创造性地研究和传播知识的过程，是教学的基础和支撑。教师只有具备了一定的学术水平，才能更好地理解和传授知识，引导学生探索和思考。同时，学术也是教师自我提升和发展的重要途径，通过参与学术研究，教师可以不断拓展自己的知识面和学术能力，从而更好地服务教学和学生。2017年教育部颁布的《高等学校马克思主义学院建设标准》强调，坚持以思想政治理论课教学为核心的科研导向。教学研究既是思政课青年教师平衡教学与科研矛盾的重要举措，也是其教学发展的有力抓手。但是，因为在大学中，人们对学术有着狭义的认识，他们只是把学科专业研究看作是一种学术研究，并不承认教学是一种学术性的行为，基本上是把教师的学科专业研究当作是对教师进行考评与奖励的一个主要指标，因此，教学与教研很难与职称晋升、绩效考评、薪酬奖励联系起来，这就造成了部分教师对教学研究的动机与意愿较低，只把重点放在了学科专业的研究上，而没有调动起学生们的学习热情，再加上他们的教学工作十分繁忙，在教学研究方面的理论与实践经验都很少，这就造成了他们在教学发展上的种种问题，从而限制了教学成效。像一些学者所说的那样，思政课青年教师总是忙于应付繁重的教学任务，而他们在教学研究方面的投入却很少，他们的教学研究能力也相对不强，这使得他们的教学手段和教学方式都显得比较单一，这对他们的教学效果和质量造成了很大的影响。除此之外，一些具有教学实践经验的教师，他们的学历低、科研能力弱，而高学历与科研能力强的教师则轻视教学及教研，并且他们的教学实践经验不足，这两种情况都限制了教学研究的开展，也限制了思政课回答、解释现实问题的说服力。

2.4.2 教学客体研判

现阶段,"00后"大学生是教学客体,学习主体。相较于前几代人,"00后"的心理特点、性格特征、价值取向、兴趣爱好、思考方式等主体特征都将成为影响教学的重要因素,需要教师仔细观察、认真研究。

(1) 对"00后"大学生的认知特征研究有待加强

"00后"大学生成长于信息时代,具有与以往几代人截然不同的媒体接触习惯、信息获取与利用能力,以及个性化和多元化的价值取向。他们倾向于追求独特的体验和人生经历,并在思政课教学中展现出更为开放和自信的态度。因此,了解"00后"大学生的学科背景、政治观念、价值观和生活方式等不仅对思政课教师开展针对性的教学设计和分层分类教学至关重要,而且也有助于提高思政课的教学效果。然而,当前思政课教师对"00后"大学生的认知背景研究尚显不足,缺乏足够的数据和研究基础,致使分层分类教学的实施面临困难。因此,应将"00后"大学生的学科背景、政治观念、价值观和生活方式等作为重点关注的对象,并以此为依据,开展分层分类教学。同时,应加强对"00后"大学生的认知背景研究,积累相关数据和研究基础,为分层分类教学提供更为有力的支持。

随着全球化的深入和文化的交融,"00后"大学生成长受多元价值观的影响越来越深。在这个关键时期,加强大学生思想政治教育、研究和引领,对大学生价值观的树立具有重大影响。随着全球化的不断深入和文化交融的日益加强,社会环境的复杂性和多样性对"00后"大学生的成长产生了深远影响。他们的价值观、信仰和行为方式受到了多种文化的冲击和影响,他们的思想观念和价值体系呈现出多元化和复杂化的特点。这种多元价值观的影响使得"00后"大学生的成长环境发生了深刻变化,也给大学生的思想政治教育带来了新的挑战和机遇。

(2) 对"00后"思维模式和学习需求的掌握有待加强

根据查有梁的分类,思维模式可以分为逻辑型、操作型、艺术型和交往型四大类。在开展课程教学改革时,应该结合不同思维模式的特点和需求,进行有针对性的改革。不同的思维模式对应着不同的学习接受模式,而不同的学习接受模式又要求匹配不同的教学模式。①研究"00后"的思维模式，主要有以下三个方面：了解"00后"大学生的思维逻辑，剖析他们的思维特点、思考方式、逻辑结构等，以便更好地把握他们的思想动态和需求；研究"00后"大学生思维模式的转变路径，通过研究成长环境、教育背景、社会经历等因素，了解这些因素对他们思维模式的影响，并找到转变路径，以便更好地开展教育活动；探讨"00后"大学生思维模式的稳固过程，了解这些观念在思想中的稳固程度，以便设计相应的教育活动，强化他们的思想观念并巩固其"三观"。

供给与需求的不精确匹配也是导致教学矛盾的主要因素之一。如果不了解学生的需求，就很难有针对性地提供有效的教学内容。因此，思政课教师要对"00后"大学生的现实需要进行深入的研究，例如他们更倾向于案例分析还是理论探讨，心理上更倾向于从众主义还是批判主义，他们在生活方面存在的困惑主要来自物质世界还是精神世界，以及他们在现实中所面临的迷茫是源于社会交往还是个人心理，或是社会文化环境。

"00后"大学生的需要具有多样性，这些需要是可以被发现、被跟踪和被满足的。为了更好地满足他们的需要，高校思政教师需要进行广泛而深入的调查和分析，了解"00后"学生的实际需要，及时回应并引导他们的学习和生活，关注他们的需求和感受，以更加贴心和人性化的方式来开展思政教育，从而更好地满足"00后"大学生的需要。

总的来说，学生是学习的主体，他们的需求和反应是思政课教学的重要目标与质量体现。因此，加强对于教学对象的研究是提高思政课教学质量的关键所在，也是重要路径。针对当前教学中存在的"三度式"教学的不足、教学缺乏针对性和实效性，以及供给与需求不对称等问题，我们必须加强对"00后"大学生的行为特点、价值取向、思维模式等方面的深入研究，探索并找到解决这些相关问题的有效方法。

2.4.3 教学规划设计

教学规划设计是教学工作的重要组成部分，科学合理的教学规划设计可

---

① 查有梁. 从思维模式看课程改象的价值取向 [J]. 课程教材教法，2005（10）：15-21.

以提高教学质量和效果。然而，实际中教学规划设计存在一些问题需要进一步加强科学性。思政课教师必须要根据其政治性、阶级性、时效性、社会性的特点，在进行课程教学的策划与设计时，不被不良思想和社会思潮所左右。此外，还要注重将学科教学与实际问题、实际需要相结合，实现两者的相互渗透和相互融合。

在进行建构主义学习环境下的教学设计时，应该强化以学生为中心的意识，激发学生的主观能动性，发挥他们的创造性，并将知识外化，实现自我反馈。从建构主义角度来看，以往的思政课教学设计存在许多问题。例如，没有将思政课学科特点融入教学中去；教学设计上没有注意到思政课体系的构建等问题。

第一，没有将思政课学科特点融入教学中去。针对"00后"大学生的特点，思政课教学应从学生的实际需求出发，重新审视教师与学生的角色关系，转变思想政治教育的方式。首先，重视学生主体的需要。如果思政课教师不能充分了解和关注学生的需要与变化，将可能直接影响到其教学设计和教学目标的实现。目前的教学在一定程度上过于强调对课程内容的推进、对理论逻辑的推理以及完成教学任务，而在很大程度上忽视了教学是否符合学生特点、是否满足学生需求、是否可以激发学生学习动机等方面存在较大的缺陷。其次，注重教学计划的柔性化。思政课教材、教学大纲和教案等虽是课程教学的主要依据，但目前每门课程都过于依赖教材、教学大纲和教案进行教学，这些教学要素在逻辑系统性和时效性上存在较大的不足。面对信息爆炸、知识传播速度快、去中心化的新时代，课程设计应更具灵活性，要更注重时效性与针对性。最后，重新定义教师与学生之间的关系。"00后"大学生具有更高的开放性和多样性，他们喜欢交流、喜欢表达，他们更擅长从多个角度来看待问题。因此，我们不能将教学局限在传统的以教师讲述、学生听讲为主要内容的教学模式中，这无法满足学生的真实需求。

第二，教学设计上没有注意到思政课体系的构建。思政课每一门课程的内容和教学组织实施形式都不一样，所以，我们应该设计出不同形式的教学来支持课程。如"毛泽东思想和中国特色社会主义理论体系概论"课程，就是以马克思主义中国化为主题，培养学生运用马克思主义原理分析和解决实际问题的能力为目标。"思想道德修养与法律基础"是为了提高大学生的法治观念、法律素质，解决大学生在成长过程中遇到的实际问题而开设的一门社会主义法制课。"马克思主义基本原理概论"与"中国近现代史纲要"在教育中的功能是不同的，内容也各有侧重。这就要求：理论课讲授中要强调政治性。在教学设计时，应注意如何将政治性融入实际，将其与逻辑性、教育性相结合，而非仅仅强调政治性；注重实践教学，注重问题导向。部分高校和教师还抱有"大而全"的思想，实习课程的设置过于庞大，脱离了学生的实际生活，对社会、时代发展带来的新问题的解答和分析不够透彻，实习课程的问题导向功能被弱化。

当前，思想政治工作还存在一些建构性的问题。首先，教学内容过于刻板，往往完全照搬教材，缺乏对大学生系统性的指导和对重点难点内容的预设。思政课教师缺乏创新意识，在课程设计时未进行充分的沙盘推演和预设，未预先针对课程的重点、难点以及精讲、略讲的内容进行规划和设计。其次，缺少针对性强、与之相适应的教学方案。在具体的教学过程中，往往会遇到各种突发情况和挑战，例如如何回答学生的提问、如何避免教学设备故障、如何使实践教学更加具体和直观等。这要求我们在制定课程时需要预先考虑这些问题，并制定出相应的预案计划。最后，在学科建设方面没有进行系统性的思考。教师按照书本章节的顺序授课通常不会出现问题，但在课程设计阶段，教师需要深入研究各章节之间的逻辑关系，整体把握课程体系，并根据学生特点、教学条件和时代背景等因素进行调整，使之更符合实际情况，即将教材体系转化为一个生动的教学体系。因此，转变教学模式、强化教学预设、提前设计教学内容等是未来思政课教学系统性建构必须解决的关键问题。

第三，教学组织实施需要加强。教学组织实施是指教师根据教学计划和教学目标，组织学生进行课堂互动、实践操作、小组讨论等活动，以帮助学生深入理解知识、掌握技能、提高能力。教学组织实施是教学过程中的重要环节，它不仅是教师传授知识的过程，更是教师与学生互动交流的过程。教师教学组织与实施形式陈旧，适应不了新时代大学生的需要，主要表现在以下三个方面：一是在课程设置上要有创造性。思政课并不是一种"新"的课程，如果没有新的内容和逻辑，即使教师再怎么努力，学生们也不会感激，只有改革，才能改变这种情况。二是建立完善的课程支持体系。高校要优化课程考核评价工作的组织与实施形式，增加教师教学培训机会，提升教师组织管理经验，打牢思政课教学质量基础。三是教师与学生之间的互动。在过去的思政课中，由于没有对学生进行有效的教学组织和指导，导致了学生在学习过程中存在着内容单一、方法运用不当、教学设备不能及时更新等问题，这些都是导致过去思政课教学互动缺乏的主要原因。

第四，教学内容创新有待加强。教学内容是思想政治理论课发挥育人作用的关键。教材是思政课教学的基础和标准，教材的内容体系、逻辑理路是思政课教师开展教学实践的主要参照。然而，在实际的课程教学中，仍然存在照本宣科、案例远离生活实际等问题。

首先，教科书内容较为抽象，更新速度较慢。一些知识点较为抽象，不易掌握，造成从教材体系到教学体系的转换难度加大。教师对教科书内容的把握不一致，导致教材内容安排存在一定问题。其次，教学案例选取不恰当，与学生生活脱节。一些看似高深的事例缺乏实际教学价值，导致案例教学不严谨、不科学的现象出现，引起学生对案例理解和教学上的错误。再次，理论讲解肤浅。大学生已具备一定的政治理论素质，教师应对此进行更深入、更深刻、更透彻的讲解。然而，在实际的教学过程中，教师仅停留在表面层次，缺乏理论应有的美感与吸引力。最后，实践习作选题陈旧。大学实践教学缺乏创新性，主要选择调研类、观读类、竞赛类项目，并整合周边教育资源成为实践教学基地。虽然实践路径丰富，但在题目设计上缺乏创新，且不同学科间存在重复性安排，导致学生失去兴趣与热情。

2.4.4 教学环境变化分析

环境育人是一种隐性教育方式，通过间接手段影响个体发展和成长，具有不可替代的作用。当教育环境发生变化时，高校需根据教育环境变化情况，针对性地改革教育教学工作，以确保人才培养目标的实现。高校应提高对教育环境变化的敏感度和预见性，及时掌握政策法规、社会需求、行业动态等变化情况，并对教育环境的变化趋势进行科学预测和判断。由于思政课程具有政治性、阶级性、实效性以及社会性、民族性、专业性等特殊性，政治环境、经济环境、文化环境、网络环境等因素对思政课程的教学产生显著影响。同时，在百年未有之大变局加速演进及多元文化交互的背景下，思政课程的教学环境正经历着巨大的变革。为在这场错综复杂的价值传递大战中增强大学生的信心、坚定其信念并引领其成长，需要提高思政课程的针对性和实效性，尤其应注意在时代背景下所产生的多重传播价值。

新时代思政教育具有新要求。中国特色社会主义进入新时代，这对高等教育提出了更高标准，要求其更好地服务于思想文化建设。思想政治教育是一种特殊的政治实践，它在构建、维护和发展社会主流意识形态方面具有重要的作用。2018年6月5日，教育部部长陈宝生在新时代全国高等学校本科教育工作会议上强调，坚持"以生为本"，推进"四个回归"，加快建设高水平本科教育、全面提高人才培养能力，造就堪当民族复兴重任的时代新人。[①] 这既是对高等教育本科教学的要求，也是对高校思政课教学的基础要求。在当前背景下，坚持"以生为本"并推进"四个回归"是落实本科教育工作、推进本科教学改革、提高人才培养能力、建设高水平本科的重要举措。这种做法是对本科教育教学的价值再定位，意味着要求本科教学回归常识、回归本分、回归初心、回归梦想。

回归常识，就是要重视学生的学习和实践能力，避免过度强调考试成绩和理论知识，要引导学生通过实践和探索获得真知灼见，让本科教育回归到以学习为中心、以知识为核心的本质上来。回归本分，就是要引导教师热爱教学、倾心教学、研究教学，潜心教书育人，要求教师以师德师风为第一标准，注重教育教学能力和自身素质的提升，真正做到以人才培养为中心，把本科教育作为高校的核心任务来抓。回归初心，就是要坚持正确的政治方向，把思想政治教育贯穿于本科教育的全过程，注重培养学生的思想道德素质和综合素质。要求高校在培养人才的过程中，注重学生的全面发展，注重专业知识和思想教育的有机结合。回归梦想，就是要推动办学理念创新、组织创新、管理和制度创新，倾力实现教育报国、教育强国梦，在人才培养过程中，

---

① 陈宝生. 教育部：坚持以本为本推进四个回归加快建设高水平本科教育 [EB/OL].（2018-06-21）[2024-03-16]. http：//education.news.cn/2018/06/21/C_129898414.htcm.

注重创新和创造力的培养，推动教育教学的改革和创新，为建设高等教育强国作出贡献。

党的二十大报告明确提出"教育、科技、人才是全面建设社会主义现代化国家的基础性、战略性支撑。必须坚持科技是第一生产力、人才是第一资源、创新是第一动力，深入实施科教兴国战略、人才强国战略、创新驱动发展战略，开辟发展新领域新赛道，不断塑造发展新动能新优势"[①]，对"坚持教育优先发展、科技自立自强、人才引领驱动，加快建设教育强国、科技强国、人才强国"进行整体谋划，并将"建成教育强国、科技强国、人才强国"纳入2035年我国发展的总体目标。2018年7月2日，教育部部长陈宝生在《党建研究》上发表署名文章《培养社会主义建设者和接班人必须提高政治站位》，认为培养社会主义建设者和接班人是对教育工作提出的新要求。必须扎根中国大地，坚持马克思主义指导地位，加强和改进思想政治工作，传承和弘扬优秀传统文化。必须把握时代要求，把握好理想信念这一核心要求、把握好家国情怀这一不竭动力、把握好过硬本领这一基本前提、把握好顽强奋斗这一精神状态。必须提升育人能力，完善教育体系、健全人才培养体制、改善育人条件、深化教师队伍建设改革。必须加强党的领导，要把党的政治建设摆在首位，教育引导广大干部师生坚决维护习近平总书记的核心地位，坚决维护党中央权威和集中统一领导，自觉在思想上政治上行动上同以习近平同志为核心的党中央保持高度一致。新时代对思政课改革提出了更高的要求，要注重提高课程质量，创新教学方法和手段，增强课程的吸引力和实效性，使学生真正受益。

第一，随着世界百年未有之大变局的加速演进，国际形势中不确定性和不稳定性明显增强，对思想政治教育产生了一系列影响：一是，政治多极化以及它所承载的价值体系正不断地对马克思主义的指导作用以及对传统的道德价值观产生着影响。越来越多的西方民主政治思想和宗教极端思想渗透到了生活中，渗透到了课堂上，对大学生思想造成了一定影响。这种影响蕴含在复杂、变化和矛盾的国际政治大背景下，大学思政课的内容体系亟待优化、

---

① 习近平. 高举中国特色社会主义伟大旗帜　为全面建设社会主义现代化国家而团结奋斗：在中国共产党第二十次全国代表大会上的报告 [M]. 北京：人民出版社，2022：33.

完善、重组和创新。在这些问题中,怎样认识全球化政治立场冲突,怎样理解政治多极化现实矛盾,怎样对全球化价值体系进行审视和判断,应该是发展思政课教学内容体系的重要方面。二是,随着全球不稳定性因素的增加,思政课需要更加注重教学方法和手段的多样化、灵活性和实效性,通过多种形式、多种途径的思政教育,引导学生正确认识和处理各种复杂的国际关系和社会问题,提高学生的综合素质和思辨能力。三是,思政课必须注重实践环节,通过亲身参与,学生能够更加直观地了解国家的发展现状及其面临的挑战,从而更好地理解国家的发展战略和政策,更加深入地了解人民群众的生产生活状况和需求,深切感受人民群众的疾苦和期盼,培养自身的社会责任感和使命感。

第二,信息技术的快速发展对思政课教学提出了新的要求和挑战。首先,信息泛滥和污染的问题给思政课教学带来了挑战。信息技术的发展使得信息传播更加便捷和广泛,但同时也伴随着大量负面和虚假的信息的传播。这使得学生在获取信息时很难分辨真伪和质量的高低,容易受到不良信息的影响和干扰。因此,思政课教学需要帮助学生提高信息筛选和鉴别能力,以应对网络信息泛滥和污染的挑战。其次,随着信息化教学模式的不断发展,传统的思政课教学已经无法满足学生的需求。各种多媒体教学资源和在线教育平台的涌现,使得学生可以获取各种信息和资源,包括名师授课、知名讲座、学术论文等。这要求学生更加注重自主探究和学习,对教师提出了更高的要求,需要具备更加专业和丰富的知识储备,同时提供更加完善、准确和及时的指导,帮助学生建立科学、客观和辩证的价值判断体系,树立正确的世界观、人生观、价值观。再次,信息化为教师与学生之间的互动搭建了桥梁。信息技术的发展使得师生的沟通方式更加多样化,构建了更加顺畅、方便的教学交互平台。同时,信息技术还推动了教育手段的多样化,如多媒体、翻转课堂、慕课等教育方式方法得到了推广和应用。这使得思政课的教学形式变得更加丰富,也加速了人们的知识更新。利用最新的知识进行教学交流,可以提高思政课教学的实效性。

第三,多元文化互相激荡、相互影响对思政课提出了新要求。全球化使得文化交流更加便捷和广泛,促进了不同文化之间的融合和交流,但也加剧了文化竞争和冲突。

一是流行文化导向泛娱乐化是当前文化交融的一个显著特征。好莱坞电影、宝莱坞电影、韩剧、美剧等娱乐内容在全球范围内广泛传播深刻影响着年轻人的文化消费习惯和价值观，他们在欣赏流行文化的同时，也在接受其中所传递的价值观念和行为方式。

二是不同文化之间的冲突。在全球化过程中，文化价值观也在随着经济和文化等内容向全世界扩散，从而与本国的文化价值观发生融合、激荡，甚至发生冲突，这些都是造成社会动荡和军事冲突的重要原因。特别是，极端主义的蔓延给全球许多地方带来了严重的影响，导致了恐怖活动的猖獗；以"普遍价值"为特征的"全球化"与发展中世界各国的信念、价值观发生了矛盾。近几年，随着西方普遍价值观念的引入，对我国马克思主义的指导地位和中华优秀传统文化的主流地位产生了巨大的影响，造成了一些大学生理想信念模糊、价值取向扭曲、社会责任感缺失等问题。我国正处于价值冲突剧烈的社会转型时期，面对文化竞争，我们必须弘扬民族优秀传统文化，确立社会主义核心价值体系，汇聚民族精神，不断增强民族文化认同。①

三是技术与文化的交叠。以大学为代表的科技、教育、文化领域的国际交流，导致了更多的国际之间的研究合作，更快的研究进度，更深的管理和运作机制的互相借鉴，更多的师生之间的互动和交流。更多的大学生走出国门、走向世界，他们可以从"2+2""3+1"等多种模式的合作办学平台，走出国门获得双学历、双学位。他们可以利用寒暑假的时间游学，感受国外高校的教育教学内涵，还可以参与国际竞赛，与世界各地的大学生进行科技竞赛，以学历教育、游学、科技竞赛等为交流载体，促进师生、校校之间的科技文化互动。

四是制度文化对人们的行为和思想产生了深刻的影响，特别是在一些特定敏感或热点事件出现时，这种影响会更加明显。例如，在法律建设领域，中国与欧洲之间的制度文化对比往往忽视了中国的现实环境和需要。因此，我们需要认识到制度文化对人们行为和思想的影响，并采取适当的措施来促进不同国家之间的制度文化交流和互动。

---

① 刘献君. 论文化育人 [J]. 高等教育研究, 2013（2）: 2-3.

第 3 章　基于深度学习理论的高校思政课"三度式"教学基本原则、要求和思路

3.1 青年学生认知发展特征

青年学生作为高校人才培养的对象,是高校开展思政课教学的主体。他们的思想政治状况如何,直接影响着高校思政课的教学质量和效果。青年学生思想活跃,思维敏捷,但由于他们处于"象牙塔"中,独立思考能力较弱,往往是"眼高手低"。同时,他们知识储备不足、社会阅历不丰富、学习经验不丰富,容易导致其对知识的理解和把握停留在表层上,对问题的分析和解决能力欠缺,从而导致他们的学习效果不佳。因此,我们在进行思政课教学时要针对青年学生的认知发展特征,引导他们在学习过程中逐步提升学习能力、思维能力和创造能力。

当前大学生对于思政课的态度各有不同,主要归纳为以下三种:第一,认知型。这部分学生在接受思想政治理论课过程中,不仅能够正确认识到思想政治课的重要性与意义,并且能够充分表现出积极的认同感,在课堂上既能够较好地掌握知识点与重难点,又能够积极地配合教师开展各项教学活动。第二,行为型。这部分学生在接受思想政治理论课过程中,用行动表现出积极性,既能够在课程上与教师达成统一,又能够积极地参与教师组织的各项教学活动,课堂上不仅能够积极地配合教师教学任务,在课下也能够认真去完成教师所布置的各项作业。第三,盲目从众型。这部分学生没有认识到思想政治理论课的重要性,保持一个消极的学习态度,在步入大学之后就认为

思想政治课是一门无关紧要的课程，学习这门课程也只是为了学分，所以在心理上处于一种盲目从众心理，心底里认为别人怎么做，自己也要跟着这样做，完全处于被动式的学习，没有认真思考学这门学科的真正意义，没有树立正确的学习态度，更缺乏一定的认知态度，这种盲目从众心理不仅对教学效果造成了很大影响，而且在一定程度上影响了教学质量。

3.1.1 "00后"青年学生认知发展特征分析

目前高校教育的对象为"00后"大学生。在高校思政课的"三度式"教学过程中，可以观察到"00后"大学生的学习目标更加清晰，学习内容更为复杂，学习方式也更加多样化。因此，在具体的思政课教学过程中，需要从理论认知、实践认知以及情感认知三个方面入手，通过合理把握这三个要素，来促进青年学生思想政治素养的提升。其认知发展阶段有以下几个特征：

（1）"00后"青年学生理论认知：知识储备不足

理论学习是青年学生成长成才的必修课。青年学生正处于人生的"拔节孕穗期"，对理论学习的需求最为迫切。青年学生的理论认知是一个需要长期积累的过程，需要不断地学习，不断地思考。这一过程中，既有他们主动的学习和思考，也有被动的学习和思考。青年学生的理论认知需要一定的知识储备作为基础。然而，从目前高校理论学习情况来看，部分青年学生存在理论学习深度不够、学习内容不够系统、学习效果不佳等问题。

一是理论学习深度不够。"00后"青年学生生活在一个信息爆炸、知识碎片化的时代，成长环境和社会环境都比较宽松，他们对社会热点、重大事件的关注程度远高于对马克思主义经典著作的关注程度，很难静下心来进行系统学习。从"00后"青年学生参加高校思想政治理论课课程学习情况来看，部分"00后"青年学生参与课程学习的积极性不高，主动性不强，对所学理论知识缺乏系统认知，往往只是停留在课堂上的表面理解上。

二是学习内容不够系统。随着信息技术的快速发展，互联网已经成为"00后"生活中不可或缺的一部分。他们可以轻松地通过互联网获取大量的信息，包括各种新闻、娱乐、社交等。然而，由于互联网上的信息过于碎片化，很多"00后"在获取信息时往往只关注自己感兴趣的部分，而忽略了其他领域的知识。这导致他们的知识体系不够全面和系统，难以形成完整的知识框架。

三是学习效果不佳。"00后"成长于一个多元化的社会，各种文化、思想、价值观相互交融。这使得他们在学习过程中容易受到外界干扰，难以保持专注和耐心。同时，由于社会竞争激烈，很多"00后"在面对学习压力时容易产生焦虑和逃避心理。这些因素都可能影响他们对理论知识的掌握和理解。

此外，"00后"青年学生的学习方式与前几代人有所不同。他们更倾向于通过实践和体验来学习知识，而不是传统的课堂讲授。然而，由于学校教育体系的不完善和社会实践机会的缺乏，很多"00后"在学习过程中往往只停留在书本理论上，难以将理论知识与实践相结合。

（2）"00后"青年学生实践认知：社会经验缺乏

由于青年学生的知识储备不足、社会经验缺乏，使得他们难以通过课堂教学获取足够的社会经验。因此，高校思政课的教学要善于引导青年学生通过社会实践活动来获取和积累经验。但是，目前高校在这一方面还存在着一些不足。首先，实践活动的选择范围不广。实践活动的选择范围主要集中在课堂教学中，这使得青年学生获取和积累社会经验的机会较少。其次，更多的教师习惯用传统的教学模式，对于个性鲜明、思维活跃多变的当代学生并不受用。教师使用的教学媒介工具不够丰富；多媒体使用倾向于多字，少图。讲解通常偏向于抽象的定义，难以理解。再次，实践活动缺乏系统性、连贯性。在具体的实践中，由于青年学生没有系统、持续地参与某项活动，他们往往会产生一种"事不关己"的态度，从而导致他们缺乏对某项实践活动的重视。因此，在思政课教学中要重视并充分发挥实践活动的作用，通过有效地组织和开展社会实践活动来提升青年学生的社会经验。

（3）"00后"青年学生情感认知：情感体验浅薄

情感体验是学生在课堂上对信息刺激的主观感受，能影响学生对课堂教学内容的接受和内化程度，思政课教学应注重发挥情感体验机制在教学对话中的重要作用。受传统知识观、教学观等因素影响，当前，我国思政课教学对学生的情感体验普遍缺乏关注，教学对话存在着忽视对学生情感体验的诱发、缺少主体间的情感交互、无法走向学生心灵深处等诸多问题。基于情感体验理论，针对以上这些问题，思政课教师在对话中应善于激活学生本能层，诱发其积极的情感体验；调动行为层，打造情感交互课堂；催生反思层，引导学生思维渐次深入，有效调控对话中学生的情感变化，提高思政课教学对话的效果。

青年学生对学习内容的情感体验主要包括以下几个方面：一是对学习内容本身具有兴趣，愿意主动接受和理解；二是学习过程中会产生愉悦感，产生积极情感体验；三是对学习内容具有肯定、赞同、赞赏等积极情感。但在高校思政课的具体教学实践中，由于青年学生处于身心发展的重要阶段，其情感体验往往存在较大的片面性和浅层化倾向，这种情况很容易导致他们产生消极情绪，影响其思想政治素养的提升。因此在教学过程中要注意对青年学生进行情感认知教育，通过帮助他们掌握科学合理的情感认知方式，引导他们学会用客观、全面、辩证的眼光看待问题和分析问题。同时，要引导青年学生以积极乐观的态度面对学习过程中所遇到的困难和挫折，培养其积极向上、勇于拼搏的精神。总之，青年学生在学习过程中要不断调整自己对学习内容的情感体验方式，通过积极主动地进行情感体验促进青年学生形成积极的人生观和价值观，来提升其思想政治素养。

对于这些特征，确实需要有针对性地进行思政课"三度式"教学创新，帮助"00后"大学生构建起良好的认知结构。因此，在高校思政课"三度式"教学中，需要根据"00后"大学生的认知特点和认知水平来选择教学内容、设计教学活动、开展教学评价。具体而言，就是要以学生为中心、以问题为导向、以情境为载体、以学习内容为基础，强化知识目标、素质目标、情感目标的实现，优化教学活动设计、改进教学评价，注重理论联系实际，将教师的主导性与学生的主体性相结合，推动"00后"大学生进行知识的深度学习和能力的有效迁移。

3.1.2 "00后"青年学生的学习动机特征

学习动机是指推动学生学习的驱动力，是提升学生学习主动性、积极性的重要影响因素。现代教育中，激发学生在学习上的驱动力成为教师的重要教育任务。不断培养学生的学习动力可以有效提高学生在学习过程中的自我激励、自我调节能力，不仅可以提高学生的学习效果，还可以提高学生在学习过程中的心态愉悦度。高效学习、快乐学习是学校教育的最终目标，也是高校开展思政教育的重要基础。很多高校思政课教学效果不理想的主要原因是学生在思政课上缺乏学习动力。怎样提升高校学生在思政课上的学习动机，是很多高校思政教师都在探讨的问题。

"00后"大学生在其大学教育之前的教育经历中，基本经历过国家素质教育改革，所以"00后"学生群体的学习主动性整体上是高于"90后""80后"学生群体的。他们可以通过课前小组合作的方式进行预习任务的讨论和互相学习，从而在课上可以有目的地去听课，或是对于自己课前不理解且教师没有涉及的知识点，主动提出疑问，在教师的指导下，找到相应的解答。

"00后"大学生的知识获取渠道较为多元化，但在知识的获取类型上表现出了明显的功利性。"00后"学生群体的社交能力较之前年龄阶层的学生有了明显的提升，在学习中更注重沟通和合作。所以高校思政课教研组应遵循"00后"大学生的发展规律，在思政课的内容设计上对"00后"群体更加具有针对性。

（1）"00后"青年学生学习动机呈现多样化趋势，自我实现、成就动机占主导

自我实现是"00后"青年学生学习的主要动机之一。随着社会的不断发展和进步，这一代人更加注重自我价值的实现和提升。他们渴望在学习中获得更多的知识和技能，以实现自我价值和提升自身竞争力。在这种动机的驱使下，他们更加主动地学习，乐于探索和挑战自己，不断增强自己的能力和拓宽自己的视野。

成就动机也是"00后"青年学生学习的重要动机之一。这一代人更加注重个人成就和成功，渴望在学习中获得更多的成就和认可。他们希望通过努力学习获得更好的成绩和荣誉，从而得到他人的认可和赞赏。在这种动机的驱使下，他们更加努力地学习，乐于挑战自己，追求卓越和成功。

除了自我实现和成就动机，"00后"青年学生的学习动机还包括对知识的探索和求知欲的满足。他们渴望获得更多的知识和信息，对于未知的领域和知识充满好奇和探索欲望。他们希望通过学习获得更多的知识和技能，以

更好地适应社会的发展和变化。

（2）"00后"青年学生对未来有较高的期待，而学习成绩只是他们实现这一期望的一个手段

从"00后"青年学生的学习动机类型来看，学习目的和自我效能感是主要类型，而成就动机只占到了很小一部分。"00后"青年学生普遍有较高的学习目标和未来期望，但在实现这一目标的途径上，他们更多地将成就动机作为主要手段。

具体来看，在"00后"青年学生中，有的学生是为了取得优异的学习成绩而进行学习，有的学生是为了提升自己的能力和水平而进行学习。由此可见，"00后"青年学生对于未来的职业发展、个人能力和水平等方面都有着较高的期望。他们认为学习成绩只是个人能力和水平提升的手段之一，而不是唯一手段。

（3）"00后"青年学生具有强烈的好奇心和求知欲，但学习方法需要改进

通过对"00后"青年学生在课堂学习过程中的听课、记笔记、做作业的情况进行调查发现，他们具有较强的好奇心和求知欲，对课程内容有强烈的探索欲，有一定的学习目标，但在学习过程中存在着一些问题。

一是听课效率不高。"00后"青年学生在课堂上经常分心、走神，这可能与注意力集中能力有关。由于他们成长在一个信息爆炸的时代，习惯于快速切换不同的信息来源，这导致他们在面对长时间的课堂讲解时，难以保持持久的注意力。此外，如果课堂内容与他们的生活经验和兴趣爱好相去甚远，他们可能会觉得内容枯燥无味，从而难以保持专注。

二是作业完成质量不高。在完成作业时，"00后"青年学生往往只关注于完成老师布置的任务，而忽视了对课堂内容的深入理解和消化。这可能与他们的学习方法和习惯有关。许多学生习惯于被动地接受知识，而不是主动地去思考和探索。此外，由于他们可能面临较多的课外活动和社交压力，因此可能没有足够的时间和精力来深入思考作业问题。

三是存在抄袭现象。在学习过程中，"00后"青年学生可能会选择在网络平台上搜索答案或者直接抄袭他人的作业成果。这可能与学习态度和价值观有关。一些学生可能认为成绩是他们的主要目标，而忽视了学习过程的重

要性。他们可能认为通过抄袭可以快速获得好成绩，而不必付出努力。然而，这种行为不仅违反了学术道德，而且也无法帮助他们真正掌握知识和技能。

四是课后复习效果不佳。"00后"青年学生在课后复习的时间较少，这可能导致他们的学习效果较差。这可能与他们的时间管理能力和学习方法有关。一些学生可能没有意识到复习的重要性，或者不知道如何有效地复习。此外，由于他们可能面临较多的课外活动和社交压力，因此可能没有足够的时间来进行深入的复习。

（4）"00后"青年学生在学习过程中容易产生消极情绪，需要学校和教师关注和引导

学习动机会对个体的学习行为产生重要影响，而消极情绪会降低个体的学习动机水平。具体来说，"00后"青年学生在学习过程中容易出现紧张焦虑、压抑低落等消极情绪，需要学校和教师给予关注和引导。从情绪表达方式来看，"00后"青年学生对消极情绪的表达较为直接，但是这种表达方式缺乏对问题的深入思考，在面对问题时容易陷入茫然、无助等负面状态。从消极情绪产生原因来看，"00后"青年学生由于与父母、兄弟姐妹和朋友等人相处的时间较少，缺乏与他人进行情感交流和沟通的机会，因此在遇到问题时更多地会通过网络等社交媒体进行发泄，但是这种宣泄方式无法深入思考问题、解决问题。

（5）"00后"青年学生缺乏学习动力，需要学校和教师在激发其学习动力方面进行积极引导

"00后"青年学生的学习动力总体表现出积极的一面，但也存在着明显的问题：第一，成就目标不够明确。成就目标是个人在学习或工作中想要达到的目标或标准。然而，"00后"青年学生在设定成就目标时，往往存在目标不够明确或缺乏长期目标的问题。这可能导致他们在学习过程中缺乏方向感和动力。第二，学习动机不足。学习动机是指个体为了达到某个目标或满足某种需求而进行学习的内在动力。在"00后"青年学生中，一些学生可能因为缺乏对学习的兴趣、对未来的职业规划不明确，或者受到外界干扰等原因，导致学习动机不足。因此，学校和教师在引导青年学生学习动力方面，应该注重培养其自我效能感和成就目标；在教育教学中，要帮助青年学生明

确学习目标，并根据学习目标制定有效的学习策略；同时，要注重培养青年学生的自我效能感和成就目标，提高其学习动力。

（6）"00后"青年学生的提高自我效能感低

自我效能感是指个体对自己是否有能力完成某一行为所进行的推测与判断，是个体对自身能力的评价与确信，是动机系统的核心部分。自我效能感较低的"00后"大学生在思政课上会出现拖延、走神、心不在焉等现象。部分青年学生希望通过思政课得到老师和同学们的认可，从而获得更多的成就感。在思政课教学中，教师应通过语言激励和行为鼓励等方式提高大学生自我效能感。教师可以鼓励"00后"大学生参与到思政课教学中，以增强他们学习思政课的信心。同时，教师也应了解大学生在学习过程中遇到的困难，帮助他们解决问题。教师可以根据大学生的实际情况制订相应的教学方案和计划，帮助其养成良好的学习习惯，提高学习效率。此外，教师也应为"00后"大学生提供更多参与到思政课教学中的机会，让他们有机会锻炼自己各方面能力，增强自我效能感。教师在课堂上应该根据学生的认知特点和心理特点进行有针对性的教学，调动学生参与课堂教学活动的积极性，提高学生学习的主动性。在实际的教学过程中，教师要重视在知识的传授过程中体现学生的主体地位。

3.1.3 "00后"青年学生的元认知特征

元认知是指个体对自己认知过程和结果的自我觉察和自我反省。它包括对自己认知过程的认识、对自己认知能力的评估以及对认知策略的调整等多个方面。在"00后"青年学生中，这种元认知能力得到了进一步的强化和拓展。

首先，"00后"青年学生在自我认知上具有深入性和全面性。这一代青年学生在学业上的主要任务是学习知识、掌握技能，他们更注重对自身知识能力的认知和理解，他们往往不只局限于对书本上的知识掌握和理解，还更加注重对自身学习方法、学习过程的自我反省和评估，这一代青年学生在学习中更多地能够认识到自己在某些方面的优势和不足，并且能够通过调整自己的学习策略、方法来提高自己的学习效率和质量。

其次，在"00后"青年学生的自我认知方面，他们不仅在理论层面上将

"自我认知"作为重点进行研究，还在实际学习过程中，尝试通过自我反省和调整来提高自己的学习效果。在这个过程中，他们会主动对自身所学知识进行反思和总结，并将其应用到实际生活中，进而不断完善自身的认知能力和实践经验。

再次，"00后"青年学生更加注重自我认知的实践和应用。他们明白，单纯地记忆和理解知识是远远不够的，关键是要将所学知识应用到实际生活中。因此，他们会积极寻找机会将所学知识应用于实际问题解决中。例如，在学习物理知识时，他们不仅会掌握基本的物理概念和公式，还会尝试通过实验来验证所学知识的正确性。同时，他们也会通过参与科学竞赛、发明创造等方式，将所学知识应用到实际问题的解决中。

最后，"00后"青年学生更加注重自我认知的多样性和灵活性。他们明白，不同的认知策略和方法适用于不同的问题解决场景。因此，他们会尝试不同的学习方法和策略，以找到最适合自己的学习方式。例如，当遇到一个难以理解的数学问题时，他们会尝试通过画图、举例子、逆向思考等多种方式来解决问题。同时，他们也会通过与他人交流、讨论和分享经验等方式，从他人的观点和想法中汲取有益的营养和启示。这种灵活运用不同认知策略和方法的能力，使得"00后"青年学生在学习过程中更加高效和自如。

总之，"00后"青年学生在元认知方面表现出更加深入、实践、多样、开放等方面的特征。这些特征使得他们在学习过程中更加自主、灵活、高效，同时也为他们未来的成长和发展奠定了坚实的基础。为了更好地促进"00后"青年学生的发展，家长和教育工作者应该关注并培养他们的元认知能力，帮助他们更好地认识自己的认知过程和结果，提高自己的学习效率和质量。

3.2 基于深度学习理论的高校思政课"三度式"教学的基本原则

深度学习是指学习者在教师引导下，围绕着具有挑战性的学习任务，运用多种教学策略和学习工具，积极主动地投入学习活动之中，在深度理解的基础上实现高层次的批判性思维与创造性思维，从而获得对知识的深刻理解，形成合理的知识结构、高水平的思维能力和较强的综合实践能力。

"深度学习"是一种基于深度理解的教学理念与教学策略。深度学习作为一种教学理念和教学策略，把课堂从浅层学习中解放出来，能够让学生通过深入地参与到教师创设的"问题情境"中，主动进行知识的建构与理解，进而提高学生的学习效果和教学效果。

3.2.1 创新实践教学内容，构建实效思政课堂

教学内容是学生在校园中获得知识、思维和技能的主要途径。因此教学内容设计需要依据"培养什么样的人"这一根本任务以及上什么样的思政课、怎样上好思政课来进行。习近平总书记强调："要在坚定理想信念上下功夫。社会主义建设者和接班人，定语就是'社会主义'，这是我们对培养什么人的本质规定。我们培养的人，必须树立共产主义远大理想和中国特色社会主义共同理想。"[①]

加强高校思政课的实践性是提高高校思政教育效果的有效措施。高校的思想政治课程应该使教学理论知识与社会发展实际相联系，使学生接受到的思政教育不是虚无缥缈、没有根基的，而是要学生明确这些思政理论与当前国家和社会之间是紧密联系的。从广度上来说，高校思政教学内容应包括"四个全面""五位一体"等国家重大战略思想，使学生对党和国家的重大决策部署能从理论层面去剖析和理解，提高学生的政治高度。从深度上来说，通过思政课教学，应使学生深刻领会我国发展走中国特色社会主义道路的重要性、必要性，使学生明确党和国家在当前发展阶段在战略、理论、实践上所面临的挑战以及我国现阶段的社会发展矛盾，从而在思想层面把握国家未来的发展方向。从温度上来说，思政课是对学生的思想教育，这种思想教育应从理论、情感、实践三个方面同时进行，使学生从情感上认同这些理论。思政课的温度指的是思政课内容贴近学生的生活、学习，让学生从日常学习和生活中也能接触到思政方面的熏陶，从而提升自身思想政治素养。

实践是马克思主义理论的基本论点之一，因此更加符合马克思主义在思政教育上的观点和立场。高校思政课程是教学内容伴随着我国社会主义建设的发展，经过不断总结和归纳后形成的，具有很强的实践性。思政课程是理

---

① 习近平. 习近平著作选读（第二卷）[M]. 北京：人民出版社，2023：196.

论和实践相结合的课程,因此需要首先把基础理论向学生讲解透彻,在学生已经接受思想理论的一系列观点之后,再联系实际,使学生不仅能够理解理论,还能够付诸行动,实现知行合一。教师需要经常关注社会热点问题,社会是另一种形式的思想课素材库,将思政理论及思政实践相结合,提高学生利用相关理论解决问题的能力。

3.2.2 突出教学主体高度,构建温暖思政课堂

"教育的本质是人的灵魂的教育,而非知识的堆积。"教学主体是教学活动中最重要、最关键的因素,作为思想政治理论课教师,要有高度和温度。思政课教师要站在马克思主义立场上来思考问题、解决问题,培养学生"信仰之心",强化"四个意识",坚定"四个自信"。教师要学会换位思考、将心比心,尊重学生人格尊严和个性差异。在课堂上多与学生进行情感交流、平等对话、互动探讨,在教学中努力营造良好的师生关系。教师不仅要了解学生对知识的渴求与学习的困难所在,更要善于把握学生在学习中的困惑和需求。同时还要具备一定的知识底蕴与文化修养,引导学生树立正确的世界观、人生观和价值观。

教师作为教学活动中最重要、最关键的因素之一,不仅决定了教学活动本身能否达到预期目的,还影响着学生对教学活动本身的态度和评价。因此,高校思政课教师要"用心教书、用情育人"。思政课教师既要用理论和实践相结合的方法讲好"大课";又要用生动鲜活的语言讲好"小课";还要以丰富多样的形式讲好"课"。高校思政课教师要注重以自身的人格魅力感染学生、激励学生,实现传道与授业、解惑有机结合;还要以高度负责、高度自觉和高度自律的精神来加强自身学习与提升自我修养,不断增强自身政治认同、思想认同、理论认同和情感认同,以更好地履行教师立德树人的艰巨使命。

深度学习的主导是教师,教师受既有知识和教学方法的影响,践行深度学习的热情和主动性都会影响教学效果,因此有必要增强深度学习意识。教师要加强深度理论学习和高校思政课内容学习,提升专业素养;要将掌握的理论知识与思政前沿相结合,进行课程资源开发、课堂教学改进、教学方法创新,推动教学改革;要尊重学生理论和实践需求,引导学生深入学习,深

度参与，深刻践行。

3.2.3 拓展教学手段广度，完善深度思政课堂

思政课的教学手段要有温度，这是由思政课教学的特殊性决定的。思政课教学与其他课程不同，其特点主要表现在三个方面：

一是思政课具有较强的理论性。理论与实践相结合是思政课教学的基本特征，要求教师在教学中必须将理论知识和实践经验有机结合，必须坚持理论联系实际，必须将课堂与社会实际相结合，这是提高教学效果的重要途径。

二是思政课具有较强的政治性。思想政治理论课的政治性体现在其教学内容本身具有鲜明的思想性和理论性，其教育目的在于培养学生的政治素养和理论思维能力。高校思政课教师在实际教学中要根据课程性质和教学内容，把理论与实际结合起来；运用灵活多样的教学方式方法，将理论与社会生活结合起来；让学生在实践中学会运用理论分析现实问题、解决现实问题。这就要求思政课教师不仅要有深厚的学术功底、高超的专业技能，还要有扎实的实践能力。

三是思政课具有较强的思想性。思政课教师在教学过程中要体现出思想深度。这既是基于思政课理论知识本身所具有的思想深度而言，也是基于高校思政课教师作为社会人所具有的思想深度而言。高校思政课教师在教学过程中要善于运用马克思主义基本原理和相关学科知识，从真理中提炼出对大学生具有普遍指导意义、具有较强针对性和指导性、能够反映时代精神和时代价值、能够解决学生实际问题等方面的内容进行教学。

思想政治课不同于其他的学科，这是一门理论性较强的学科，着重于追求立德树人，立德树人既是教育教学的最终目标，同时也是思想政治教学的根本任务，而立德树人教学目标的实现，取决于思想政治课的教学效果，同时也取决于思想政治课的教学质量，更在一定程度上检验思政课教学设计标准。因而思政课教学设计应当以立德树人的教学目标而展开，所有的教学任务与活动都围绕着立德树人的根本教学目标而进行，以实现立德树人根本任务而开展各项教学活动，全面落实立德树人根本目标的各项教学活动，从而培养德、智、体、美、劳全面发展的社会主义接班人。如果一切不以这个为

目的，思政课教学设计也就会偏离其教学目标之轨道，使之丧失了育人的根本功能，而所对应的教学活动也就失去了根本意义。

拓展教学手段广度和完善深度思政课堂是当前高校思政教育的重要任务之一。随着社会的发展和科技的进步，传统的教学手段已经不能满足学生的需求，因此需要采取多种手段来提高思政课程的吸引力和实效性。比如，引入多媒体技术。引入多媒体技术可以使得思政课程更加生动、形象、易于理解。教师可以利用多媒体技术，如视频、音频、图片等，将理论知识转化为视觉、听觉等多种感官的形式，帮助学生更好地理解课程内容。同时，多媒体技术还可以提高学生的学习兴趣和参与度，增强课堂互动性。

3.2.4 改革思政课教学评价模式，创设高效思政课堂

教学评价是对教师教学活动进行的价值判断，对教师的教和学生的学都会产生重要影响。传统的教学评价往往注重"结果性评价"，强调把学生知识掌握情况作为衡量教师教学是否有效的唯一标准，从而导致对学生学习效果和教师教学能力缺乏科学客观的评价。而深度学习注重评价结果对学习过程与学习效果的反馈作用，在教学评价上更注重对学生进行过程性、发展性评价，既要看学生学习过程是否表现出了良好的认知能力、情感态度和价值观念，又要看其学习结果是否实现了预期目标。因此，教师在进行教学评价时必须注重"生成性评价"和"总结性评价"相结合，既要重视课堂学习效果的评价，又要重视学生在课堂之外的学习情况和成长变化的评价。因此，思政课教师要将思想政治理论课教学评价与课程考核评价结合起来，既关注其知识掌握情况，又关注学生在课堂外所表现出的情感态度、价值取向等方面；既注重课堂上"教"与"学"的互动和交流，也注重课下师生互动交流和沟通。这样既有利于引导学生把思政课作为精神成长需要和情感需要来看待和追求，也有利于增强思政课教育教学实效性。

思想政治理论课教学评价要充分考虑学生成长成才需求，既要注重教育教学过程中对知识的传授和技能培养，也要重视教育教学后对学生道德品质、价值取向等方面的综合评价。思政课教师要坚持以学生为本，从学生成长成才的实际需求出发，围绕思政课教学目标开展评价。思想政治理论课教育教

学不仅要关注知识内容上的逻辑自洽、结构完整、体系清晰，更要关注其蕴含的人文精神和道德意蕴。思想政治理论课教育教学不仅要引导学生掌握知识技能，更要关注其精神成长需求。在知识与精神同步增长的过程中实现个人价值。只有这样，才能充分激发和调动学生学习思政课的积极性、主动性、创造性。

同时思想政治理论课教学评价要注重评价主体多元化和评价方式多样化。思政课教师不仅是思政课课堂上的组织者、参与者和实施者，也是课堂外参与思政教育教学活动和学习实践活动的重要力量。因此，在评价主体上要重视不同主体之间的相互评价、相互补充；在评价方式上要注重多元化评价与多样化评价方式相结合。思政课教师要更加重视对学生的课堂外观察和评价，努力提高课堂外观察与评价在思政课教学评价中所占比例；要更加重视对学生自我教育情况的观察和评价，积极探索形成思想政治理论课教师"走进学生心灵"的长效机制；在思想政治理论课教学中加强对学生自我教育情况的观察和评价；要更加重视对学生参与思想政治理论课教学实践活动情况的观察和评价，积极探索形成"三全"育人格局中"全员"育人环境下思想政治理论课教育教学方式方法创新。

随着互联网平台和新媒体技术的推广和应用，线上教学资源的共享性、直观性、实时性能够更加有效调动学生参与思政课学习的主动性和创造性。要提升思政课教学效果，需要建立针对教学过程、学习模式、学习体验来做好"线上课程"的设计和运用，从传统的"线下课堂"拓展延伸为建立"在线课堂"与"传统课堂"互补、"第一课堂"与"第二课堂"结合、线下与网络双管齐下的混合式教学模式。

3.2.5 师生主体交互共进，打造互动思政课堂

思政教育旨在促进学生德、智、体、美、劳全面发展，因而思政教育不仅要贯穿于学生的学习生活，同时还要充分渗透学生的生活当中，这就要求思政课教师不仅要关注学生的思想观念与心理问题，还要充分关注学生的道德修养问题，这就需要教师充分发挥自己的职能，通过正确的引导与全方位的指引，使学生能够不断发展自我、完善自我，促进学生主体个性化发展。

在这个过程中，思政教育要从学生的日常生活出发，从学生情感与爱好入手，充分分析学生的不同爱好与情感问题，便于思政教育取得进一步成效。而了解学生的日常生活，可借助互联网优势搭建开放性思想教育网络教育平台，便于更好地掌握学生的思想变化与情感生活。在开放的网络环境中，组织学生自由讨论或者是对热门话题探讨，不仅有助于师生更好地沟通，还有助于拉近师生之间的关系，便于教师更好地深入学生当中，给予学生积极的引导，从而帮助其树立正确的价值观。在当代，教师的角色发生了根本性转变，由知识的传授者转变为知识的建构者。思政课教师需要不断地学习，包括专业知识和学科知识，两者缺一不可。专业知识包括马克思主义理论专业知识和思想政治教育专业知识两个方面，其中，马克思主义理论专业知识主要是马克思主义哲学、马克思主义政治经济学、科学社会主义、中国近现代史等课程的基础知识；思想政治教育专业知识主要是思想政治理论课的相关课程内容。作为一名思政课教师，要具有深厚的学科专业功底、较强的教学科研能力和扎实的教学基本功。此外，还要熟练掌握并能灵活运用相应的教学方法和教学手段。思政课教师要真正做到以学生为主体，充分调动学生的学习主动性，使学生积极主动地参与到课堂活动中来，引导学生去思考问题、解决问题。教师要把自己的成长和发展与学生的成长和发展紧密结合起来。要树立终身学习观念，不断更新教育教学理念，学习掌握现代教育理论、教育技术和信息技术，成为专家型、学者型教师。

教师需要准确把握青年学生群体的认知规律与思想特点，通过启发式教学，引导学生主动思考问题、分析问题，充分发挥学生的主体作用。要尊重学生的主体性和独立性，充分利用探究式教学、讨论式教学、互动式教学、分众式教学、体验式教学等新形式新方法，利用信息技术手段建设智慧化课堂，拓展、延伸合作学习时空，力行一种既有温度又有深度的对话式沟通教学模式，促进教育者话语体系与大学生话语体系的常态和深度对接，展示高校思政课的时代性、科学性、参与性、操作性等课程魅力，使课堂更加贴近时代、贴近学生，不断提升思政课教学的综合效果。

总之，思政课教师要不断学习、不断探索、不断创新，努力提高自身素质和业务能力。通过开展集体备课活动、集体研讨交流活动等形式，加强集体研讨交流，相互取长补短。通过集体研讨交流活动、集体研究解决思政课教学中出现的问题。

3.3 基于深度学习理论的高校思政课"三度式"教学的基本要求

高校思政课教学是一项系统工程，包括课程的教学内容、教学主体、教学手段、教学评价等方面，涉及学生、教师、学校等多方主体。从学生角度来看，思政课是一门生活课，如果不能让学生对思政课产生兴趣，不能在学习过程中获得持续的发展动力，那么思政课的教学效果就会大打折扣。从教师角度来看，思政课是一门育人的课程，教师需要有较高的理论素养和育人能力，需要掌握高超的教学艺术。从学校角度来看，思政课是一门必修课、专业课和德育课相结合的课程。因此，如何优化思政课教学过程，实现思政教育和专业教育相结合，对学校的办学理念、发展方向和发展目标都提出了新要求。基于以上认识和分析，本书提出了思政课"三度式"教学需要把握的四个原则和基本要求。

3.3.1 基于深度学习理论的高校思政课"三度式"教学设计的四个原则

"三度式"教学是对马克思主义理论的实践性、政治性、科学性的高度提炼与深度阐释，是高校思政课教师贯彻落实习近平总书记关于"八个相统一"重要指示精神的有效路径。要以马克思主义理论为指导，以实践为基础，遵循教学规律和学生成长规律，坚持课堂教学"三度"相统一、理论与实践相结合、育人与育才相结合的基本原则，不断提升思想政治理论课的亲和力、针对性和实效性。

思政课教学是一个系统化规划思政课教学系统的过程。它遵循着学生为什么学、学什么、怎么学、学的效果如何的思路，对思政课教学过程各要素、环节进行系统化规划，以求得整体优化。虽然加强新时代高校思政课教学设计是百年未有之大变局的世情与新时代的国情的根本要求，是思政课的教情与学情的现实要求，但是面对新时代、新阶段、新任务，要办好新时代高校思政课，其教学设计就不能随心所欲，必须坚持以下基本原则。

（1）理论与实践相结合

高校思想政治理论课是高校落实立德树人根本任务的关键课程，必须坚持理论与实践相结合，才能增强思政课的亲和力和针对性。实践证明，理论教学必须结合社会热点问题，才能真正为学生所理解和接受；只有通过理论与实践相结合的教学，才能在思政课教学中实现以学生为本、以问题为导向、以实践为基础的思想政治理论课教学模式。"纸上得来终觉浅，绝知此事要躬行。"教师要把思政小课堂同社会大课堂结合起来，从"大思政课"中寻找规律，在社会大课堂中实现价值。同时，教师还要深入学生的生活实际，了解学生在成长过程中遇到的实际问题，在教学实践中把理论与实践相结合的原则贯穿始终。

在思想政治理论课当中，想要切实提高学生的实践能力，教师应当在课程开始之前，依据学生的实际情况以及实践能力，将教学过程中不同的章节进行整合，合理地调整课时比例。例如，在讲课过程中，将部分课时调整成一些实践活动，以此增强学生的实践能力。与此同时，学校可以定期组织开展各种形式的主题讲座，邀请国内知名的思想政治教授进行讲解，以此强化学生思想政治课的学习。其次，将理论知识教学目标与实践课程教学目标进行一定的划分，转化为具体的教学目标，理论教学目标可细分为两个，一个是思想政治理论知识目标，另一个则是能力目标；实践课程教学目标可细分为两个，一个是学生成长目标，另一个则是行为目标。把这些细分的教学目标与之融合，形成一个总目标，贯穿于思想政治教学全过程，使学生对党和国家有个清晰的认识，以此树立学生的爱国精神，这有助于学生更加坚定自己的理想与信念。

①理论教学要联系实际

思政课教师要在教学过程中把理论教学和社会实际紧密结合起来，实现理论教学与社会实际的对接。实践证明，理论联系实际是思政课教学取得成功的根本方法，也是思政课教师应具备的基本素养。教师只有深入了解社会现实，才能准确把握学生思想上的困惑和问题，才能根据学生的需求和期待设计教学内容，从而实现理论教学与社会实际的对接。思政课教师要加强对学生现实思想状况的调研，努力把思政小课堂同社会大课堂结合起来，了解学生在学习生活中遇到的实际问题，不断改进和创新思政课教学内容和方法，以实际问题为导向开展理论教学,让学生真正理解和掌握马克思主义中国化成果及中国特色社会主义道路自信、理论自信、制度自信、文化自信。

②社会实践要深入基层

思政课教师要以"走进基层"为契机,深入基层开展社会实践活动,了解社会情况,收集社情民意,在实践中增强学生的政治认同、理论认同和情感认同。在实践中,教师要以问题为导向,从学生的认知规律出发,把理论教学同现实生活紧密结合起来,通过调查研究、案例分析、主题讨论等方式引导学生用马克思主义立场观点方法分析和解决社会现实问题。此外,还要通过参观学习、社区宣讲、志愿服务等多种形式把社会实践同学生的专业学习结合起来,引导学生将课堂知识应用于社会实践中去。教师要对学生参与社会实践的情况进行跟踪调研和记录,及时总结经验,在学校、学院和班级范围内对社会实践进行表彰奖励。

③实践教学要增强实效

思政课是一门理论性、实践性很强的课程,除了课堂教学外,还需要利用校内、校外各种资源,开展丰富的实践教学活动。

一是校内实践教学。学校要重视实践教学,在场地、资金上给予保障,可以将思想政治理论课教室改造成社会实践基地,组织学生开展相应实践活动。二是建立大学生社会实践基地。学校要积极协调相关部门在校内建立大学生社会实践基地,并积极引入社会优质资源,为学生开展社会调查、志愿服务和公益劳动提供条件,学校要充分利用第二课堂的优势,鼓励学生参加各类社会实践活动,让学生走进社会、走进基层社区和农村。

(2) 课堂教学内容"三度"相统一

课堂教学是高校思想政治教育的主阵地,是落实立德树人根本任务的主渠道。思政课教学只有遵循教育教学规律,遵循学生成长规律,才能真正取得实效。要坚持"三度"相统一原则,做到知之深、信之诚、行之笃。

①立足于教学内容的深度挖掘

思政课教学内容深度的体现是课程自身内容的深度挖掘和拓展,这需要思政课教师在深入研究教材内容的基础上,对教材内容进行深度挖掘。首先要把教材中的重要知识点和原理讲深讲透。比如马克思主义关于物质、意识、物质世界、意识以及物质世界的相互作用和发展规律的基本观点和原理，是马克思主义哲学最基本的观点，也是马克思主义哲学基本原理中最具统摄性的理论。其次要把教材中相关重要知识点和原理与当代社会经济发展的实际相结合，引导学生正确认识中国特色社会主义发展的历史必然性和现实可能性。比如通过分析当前我国经济发展所面临的国内外形势以及未来社会经济发展趋势等，使学生理解我国在社会主义市场经济体制下取得的举世瞩目成就以及新时代中国特色社会主义在未来社会经济发展中所面临的新任务。最后要把教材中涉及中国共产党历史和人民群众革命建设改革实践活动、中华优秀传统文化、革命文化等方面内容有机融合到一起，引导学生正确认识中国特色社会主义发展的历史进程。

②立足于理论体系的深度建构

思政课教学内容的深度要体现在理论体系的建构上。思政课教学内容设计应坚持以马克思主义为指导，紧密结合中国特色社会主义建设实践，系统把握党和国家重大方针政策，并将其运用于具体的教学实践。思政课教学内容要有深度，首先需要突出思想政治教育的主题和主线。习近平总书记在全国高校思想政治工作会议上强调，"要坚持把立德树人作为中心环节，把思想政治工作贯穿教育教学全过程，实现全程育人、全方位育人"。

思政课教学内容设计要与当代中国发展实际相结合，与学生思想实际相结合，体现时代性和创造性。在教学内容设计上要密切关注学生成长需求和发展要求。思政课教师要从学生成长的特点和规律出发，以学生需要为导向，把握学生思想动态、心理状态、认知水平和接受能力等因素，系统梳理思政课教学内容体系。思政课教师还应将党的十八大以来的重大方针政策和实践经验融入教学内容。

③立足于理论教学与实践教学的深度融合

思政课教学实践是思政课教学的重要组成部分，是实现思政课教学目标的有效途径。实践教学有利于增强学生对马克思主义基本原理的认识和理解，有助于提升学生的政治素养和道德情操。实践教学既要重视理论教学，更要重视实践教学。将理论教学与实践教学深度融合是提升思政课实效性的关键所在，也是促进思政课"三度"实现的重要举措。

第一,将理论学习与社会实践紧密结合。把理论学习与社会实践紧密结合是提高思想政治教育实效性的关键环节。高校可以通过建立"思政课堂+社会实践""思政课堂+志愿服务"等多种形式,使学生在"走出校门、深入社会"中提升自身思想境界、增强责任意识和服务意识,使其在实践中充分了解国情、认识国情、体会国情,增强对党和国家的向心力和凝聚力。高校可以组织开展大学生社会实践活动,以调查研究、志愿服务等方式走进基层和社区,深入了解改革发展进程中出现的新情况新问题,引导学生树立正确的世界观、人生观和价值观。高校还可以充分利用本地红色资源、改革开放成就等开展社会实践活动。思政课教师可以充分利用本地红色资源开展专题教育,使学生深入了解党和国家在不同历史时期所面临的问题以及解决这些问题所采取的重要举措。

第二,高校可以通过组织学生参加社会调查、学术论坛等活动,增强学生对社会发展的关注和认识;通过邀请知名专家学者作专题报告、开设专题讲座等形式,为学生答疑解惑;通过组织学生开展学术讲座、举办学术论坛等形式,促进学生对理论问题的深入思考;通过组织学生参加科研项目研究等方式,激发学生对理论问题的研究热情。

第三,高校可以通过开展形式多样的社会实践活动来增强大学生对党和国家的向心力和凝聚力。高校可以组织大学生到农村进行调研,深入了解党和国家在农村工作中遇到的难题;可以组织大学生到基层社区进行志愿服务;可以组织大学生到企业进行实习培训;可以组织大学生到基层调研并撰写调研报告;可以组织大学生去革命老区、红色文化传承地等进行实地考察学习。

(3)坚持问题导向,发现问题、分析问题和解决问题相统一

问题导向教学是指在教学过程中,以问题为出发点,通过引导学生发现问题、分析问题和解决问题,达到教学目标的一种教学方法。问题导向是思政课程的"生命线",只有解决学生存在的思想问题,思政课程才能更好地发挥育人功能。

思政课程是解决学生思想问题的课程,只有坚持问题导向,才能更加有针对性地开展教学。因此,必须以学生的实际情况为依据,以学生关心和关注的社会热点为切入点,从学生的思想实际出发,聚焦学生最关心、最直接、

最现实的问题开展教学。思政课程的教学不能拘泥于书本，不能一味地采用"填鸭式"的灌输方式传授知识。相反，应该将理论知识与学生的实际情况相结合，发挥理论在思想政治教育中的引领作用，使学生不仅能够理解理论知识，还能够将其应用到实际生活中。只有这样，才能更好地实现思政课程的教学目标。

①发现问题：以问题为导向，培养学生的问题意识

发现问题是以问题为导向的第一步。在思政课教学中，教师要注重培养学生的问题意识，引导他们关注社会现实和理论问题。

一是，创设问题情境，引导学生发现问题。问题情境是指教师通过呈现具有现实意义和理论价值的问题、案例或现象，引导学生进行思考和探究。通过问题情境的创设，教师可以帮助学生将理论知识与实际生活联系起来，激发他们的学习兴趣和动力。同时，教师还可以引导学生主动思考和探究问题，培养他们的观察力和判断力。

二是，营造宽松氛围，鼓励学生敢于提问。学生敢于提问是发现问题的重要前提。在思政课教学中，教师要注重营造宽松、民主、自由的氛围，鼓励学生敢于提问、敢于质疑。只有让学生在思想上得到解放，才能真正培养他们的创新思维和批判精神。

三是，注重启发引导，帮助学生掌握提问技巧。帮助学生掌握提问技巧是发现问题的重要途径。在思政课教学中，教师要注重启发引导，帮助学生掌握提问的思路和方法。例如，教师可以引导学生从社会现象、历史事件、理论观点等方面进行思考和分析，从而提出具有针对性和现实性的问题。

②分析问题：以理论为指导，提高学生的分析能力

分析问题是坚持问题导向的关键环节。在发现问题之后，教师要注重引导学生分析问题的本质和内涵，提高他们的分析能力。

一是，运用马克思主义基本原理分析问题。马克思主义基本原理是分析问题的理论武器。在思政课教学中，教师要注重引导学生运用马克思主义基本原理分析问题。例如，教师可以引导学生运用历史唯物主义、辩证唯物主义等基本原理对现实问题进行深入剖析。

二是，运用多种分析方法分析问题。分析问题需要运用多种分析方法。

在思政课教学中，教师可以引导学生运用比较分析、辩证分析、系统分析等分析方法对问题进行深入剖析。例如，教师可以引导学生运用比较分析方法对不同国家或地区的相似问题进行比较研究。

三是，通过案例教学提高学生的分析能力。案例教学是提高学生分析能力的有效途径。在思政课教学中，教师可以选取具有代表性的案例进行分析教学，帮助学生提高分析问题的能力。例如，教师可以选取一些典型的社会事件或历史事件作为案例进行分析教学，帮助学生了解如何运用马克思主义基本原理和分析方法对实际问题进行分析和研究。

③解决问题：以实践为基础，培养学生的实践能力

解决问题是坚持问题导向的最终目的。在思政课教学中，教师要注重引导学生制订解决方案并付诸实践，培养他们的实践能力。

一是，制订解决方案并付诸实践。制订解决方案并付诸实践是解决问题的关键环节。在思政课教学中，教师要注重引导学生制订具有可行性和可操作性的解决方案并付诸实践。例如，教师可以引导学生通过社会实践、志愿服务等方式将解决方案付诸实践。

二是，通过实践活动提高学生的实践能力。实践活动是提高学生实践能力的有效途径。在思政课教学中，教师可以组织学生参加各种实践活动如社会调查、志愿服务、创新创业等提高学生的实践能力。例如，通过参加社会调查活动，学生可以深入了解社会现象和问题并运用所学知识进行分析和研究，从而提高了自己的实践能力。

三是，总结反思经验教训提升学生解决问题的能力。总结反思经验教训是提升学生解决问题能力的关键环节。在解决问题之后，学生需要对整个解决问题的过程进行梳理和总结，帮助自己掌握解决问题的规律和方法，同时对解决问题的效果进行评估和反馈，帮助自己进一步完善解决方案和提高解决问题的能力。例如，学生可以通过撰写社会实践报告对自己的实践活动进行总结反思，从而提升自己的实践能力。

（4）坚持守正创新，将育人与育才相结合，实现思政课育人功能的最大化

习近平总书记指出："要建设具有强大凝聚力和引领力的社会主义意识形态，使全体人民在理想信念、价值理念、道德观念上紧紧团结在一起。"思政

课教学是一个系统工程,任何一个环节出现问题都可能影响思政课教学效果。因此,必须坚持守正创新原则,通过不断创新教学理念、教学内容和教学方法,实现思政课"三度式"教学从"平面式"向"立体式"转变、从"灌输式"向"互动式"转变、从"封闭式"向"开放式"转变,以实现学生对思政课学习的主动性和积极性。

因此要坚持守正创新,着力构建思想政治理论课新的教学体系,不断增强思政课的思想性、理论性和亲和力、针对性。思政课是一门育人的课程,在立德树人上肩负着不可推卸的责任和使命,其最终目标就是要让学生"学会做人""学会做中国人"。思政课的育人功能既不是为了实现学生考试成绩的提高而设置,也不是为了培养学生某一方面的能力而设置,而是要培养学生正确的世界观、人生观、价值观。因此,思政课教学要坚持育人与育才相结合,实现思政课育人功能最大化。

①育人:教学的根本目的在于培养全面发展的人

"德智体美劳"是新时代中国特色社会主义教育方针的重要组成部分,也是思政课教学的根本目的。思政课教学必须坚持立德树人的根本任务,以培养德智体美劳全面发展的社会主义建设者和接班人为目标,努力培养有理想、有道德、有文化、有纪律的社会主义建设者和接班人。新时代思政课教师要在"政治认同、理论认同、情感认同"上下功夫,帮助学生"扣好人生第一粒扣子",并在日常生活中自觉践行"八个相统一",落实到行动上。这是思政课育人功能的体现,也是思政课教师应尽的责任。只有这样,才能使学生全面发展、健康成长,为国家和民族输送合格人才。

②育才:教师是学生成长成才的领路人

思政课教师要对自己有高标准、严要求,不断加强自身的学习和教学能力,以"身正为范""学高为师"来要求自己,做学生成长成才的领路人。教师要不断增强自己的理论水平、道德素养、实践能力、创新能力等,做学生成长成才的引路人,成为学生心目中的"大先生"。要学会用历史和现实、理论和实践、国际和国内相结合的方法分析问题,提高自己分析问题的能力。要善于用马克思主义哲学观点来观察问题和分析问题,从政治、经济、文化等角度来看待社会现象和社会问题,帮助学生形成正确的世界观、人生观和价值观，为学生成长成才提供正确的价值导向。

思想政治理论课实践教学模式是从宏观角度出发，基于立德树人教育根本目标而制定的，它不同于传统的思想政治教学模式，打破了传统教学模式中潜在的局限性，着重于培养新时期高素质人才，为社会主义建设作出应有的贡献，这就要求教师充分尊重学生主体，整合学校各种资源，调动高校、社会、企业等多方面力量，扩宽学生的学习渠道，以人才培养为主要核心，力求为国家社会培养一大批高素质人才。虽然思想政治理论课实践教学模式取得了进一步的发展与成效，但是面对市场对于人才提出的不同需求，应当增强与社会的黏度，提高社会资源整合力度，为人才培养奠定良好基础。

3.3.2 基于深度学习理论的高校思政课"三度式"教学内容的基本要求

（1）深化思想政治教学内容的深度

在课程改革背景下，将党史、改革开放史、新中国史、社会主义发展史、中华民族发展史等学习教育贯穿于思政课教学当中，具有重要的意义。这不仅有助于深化思政课课程改革，提高思政课教学的质量和效果，而且有助于深化思想政治教学内容的深度，顺应时代发展的必然要求。

中国共产党奋斗历程中的每个重大历史事件都是社会发展重要的转折点，通过研究这些事件的发展全过程，可以促进大学生认识社会发展规律，总结相关的政治思想。党的十八大以来，以习近平同志为核心的党中央提出的新思想经过梳理和深化，形成了一系列的重大理论成果。如习近平总书记的新时代"五位一体"总体布局、"四个全面"战略布局以及实现中华民族伟大复兴中国梦等重大战略思想。这些先进理论体系可以帮助人们更好地认识世界、改造世界，同时也是大学生辨明事物发展规律，认清哲学与真理的重要思想武器。思政教师作为学生综合思政素质的直接培育者，应该紧跟先进思想的发展脚步，在进行思政教学时，主动将这些先进思想融入课程内容，深入研究马克思主义理论，为构建中国特色社会哲学体系贡献自己的力量。同时思政课教学内容对学生来说更加有针对性，更容易理解和接受，使学生深刻领会国家发展必须走的路线以及党的最新理论成果。

①深化对党的百年奋斗重大成就和历史经验的认识

在2021年9月9日，习近平总书记在党史学习教育动员大会上发表了重要讲话，他指出："中国共产党团结带领中国人民进行的一切奋斗、一切牺牲、一切创造，归结起来就是一个主题：实现中华民族伟大复兴。"[①] 这句话高度概括了中国共产党一百年来所取得的重要成就和历史经验。这些成就和经验为思政课教学提供了丰富的理论素材，我们必须将这些素材讲清楚，让学生深入领会我们党的百年奋斗重大成就和历史经验。

在这个过程中，教师需要引导学生充分认识到中国共产党为什么能、马克思主义为什么行、中国特色社会主义为什么好。同时，还要让学生深刻认识到，在百年奋斗历程中，中国共产党始终坚持将马克思主义基本原理同中国具体实际相结合，不断推进理论创新、实践创新、制度创新、文化创新以及其他各方面创新。正是依靠党领导人民进行长期不懈的奋斗，中华民族才迎来了从站起来、富起来到强起来的伟大飞跃，实现中华民族伟大复兴进入了不可逆转的历史进程。

在思政课教学中，教师必须深化学生对党的百年奋斗重大成就和历史经验的认识。这不仅有助于增强学生的历史意识和责任感，激发他们的爱国热情和民族自豪感，也有助于提高思政课的教学质量和效果，更好地实现其育人目标。

②深化对社会主义建设规律的认识

思想政治理论课是大学生理解党的路线方针政策、培养爱国主义情感、增强历史使命感和社会责任感的重要课程。在新时代，思政课教学必须紧密结合大学生的特点和需求，坚持政治性和学理性相统一，将我们党对社会主义建设规律的认识同对人类社会发展规律的探索紧密结合起来。

在思政课教学中，要全面梳理和解读习近平总书记关于社会主义建设规律的重要论述，深入解读新时代中国特色社会主义建设伟大实践中蕴含的理论逻辑、历史逻辑和实践逻辑。这些重要论述包括习近平总书记在讲话、报告和文章中对社会主义建设规律的全面系统深入阐释，以及《习近平谈治国理政》第四卷中对这些重要论述的系统梳理和解读。这些论述涵盖了新时代

---

① 习近平. 习近平著作选读（第二卷）[M]. 北京：人民出版社，2023：477.

中国特色社会主义建设的各个方面，包括坚持党的全面领导、坚持以人民为中心的发展思想、坚持全面深化改革、坚持新发展理念、坚持人与自然和谐共生、坚持社会主义核心价值体系等。通过深入解读这些重要论述，可以帮助大学生准确把握新时代党领导人民进行伟大社会革命的历史必然性、实践要求和重要意义。同时，也可以帮助大学生更好地理解我们党在新时代的历史使命和任务，增强他们的历史责任感和社会责任感。

在思政课教学中，还要注重将这些理论成果转化为具体的教学实践，通过案例分析、课堂讨论、小组合作等方式，引导学生积极思考、主动探究，培养他们的创新思维和实践能力。

③深化对改革开放伟大实践的认识

改革开放的目的就是要解放社会生产力与发展我国经济，让全国人民富裕起来，全面实现中华民族伟大复兴，是顺应全国人民追求美好生活的必然要求，是契合世界各国人民寻求和平生活的发展潮流，同时也是中华民族发展史上的一次伟大革命。改革开放以后，我党带领全国人民一往无前努力拼搏，谱写了中华民族努力拼搏、奋勇前进的新史诗，掀起了中华民族自强不息、开拓进取的新篇章，使我国大步迈进了全新的发展时代。自改革开放以来，我党不断推崇科技创新与文化创新，不断倡导制度创新与理论创新，使我国经济取得了前所未有的辉煌成就，这标志着我国经济发展步入了全新的阶段。在思政课教学中要充分发挥好改革开放在推动国家发展中的重要作用，引导学生充分认识改革开放是党和人民大踏步赶上时代的重要法宝，是坚持和发展中国特色社会主义的必由之路。同时要教育引导学生认识到改革开放是引领社会进步、实现中华民族伟大复兴的必由之路。只有坚定不移地走中国特色社会主义道路，才能实现中华民族伟大复兴；只有坚持和发展中国特色社会主义，才能实现中华民族伟大复兴。

④深化对习近平新时代中国特色社会主义思想的认识

党的十八大后，党中央高度重视马克思主义中国化的最新理论成果，经过对该重要成果的系统阐述，凝结了马克思主义中国化成果的核心理念，形成新时代中国特色社会主义思想，对中国特色社会主义事业的建设具有重要作用。该思想为中国在新时代中的发展指明了方向，表明了中国特色社会主义的发展重点，是建设中国特色社会主义事业的重要理论基础，为习近平新时代中国特色社会主义思想提供了丰富的理论资源。教师在开展思政课教学活动时，应以教学要求为重要依据，结合学生的实际情况，制订教学计划，引导学生对新时代中国特色社会主义思想形成深刻的理解，从而使学生全面掌握该思想的理论体系。在实际教学过程中，应重视对该重要成果的教学，突出该理论成果的创新价值和实践意义，使学生充分意识到该理论成果对新时代中国特色社会主义事业的重要作用，培养学生在新时代坚持中国特色社会主义理论的意识。此外，通过思政教育，使学生充分意识到自身的历史使命，使学生全面掌握该思想丰富的内涵，从而外化于行，投身于国家建设事业中，促进社会主义核心价值观的传播和实践。

⑤深化对我们党执政规律的认识

纵观党的发展历史，可以发现，在执政实践过程中，党积累了一些宝贵的经验和规律，是对党长期发展的经验总结。这些执政经验和规律对党来说具有极高的价值，不仅可以为中国共产党自身的发展提供借鉴依据，对国际共产主义运动的发展也具有重要作用。我们党通过对马克思主义理论的深入研究，立足于中国基本国情，结合中华优秀传统文化，积极探究与中国实际发展状况相符的马克思主义思想理论体系，实现马克思主义中国化时代化。在中国共产党发展的过程中，历经各种磨难，但都在奋斗中成功解决了这些问题，我们党通过总结概括执政经验和规律，高效处理各项事务，不断改进领导方式，结合实际情况，制定相适应的领导制度，促进了党领导水平的提升，积累了大量治国理政经验。如"从严治党"等思想，这些思想都是党开展工作的重要依据，是对党执政规律的正确认识，对党的发展具有重要作用。

⑥深化对马克思主义理论方法和思维方法的认识

马克思主义哲学是关于自然、社会和人类思维发展一般规律的科学，是关于认识世界、改造世界的方法论。思想政治理论课是一门关于人的知识教育和精神教育的课程，在传授知识、培养能力的同时，更要注重思想政治教育，使学生通过学习马克思主义哲学，深化对马克思主义基本原理和方法论的认识，增强运用马克思主义立场观点方法分析问题、解决问题的能力。这就要求思政课教学在传授知识和培养能力的同时，还应注重对学生进行理论方法和思维方法方面的教育，使学生在掌握马克思主义理论基本原理、基本观点、基本方法的同时，学会运用这些思想和方法来认识、分析、解决社会实践中遇到的各种问题。因此，在思政课教学中要注重把马克思主义哲学作为思想政治教育的核心内容。通过深化对马克思主义哲学基本原理和方法论方面的教育，使学生树立正确的世界观、人生观、价值观，掌握正确思考问题和解决问题的基本方法，并在此基础上提升认识世界、改造世界的能力。这是思政课教学内容深度问题最根本的要求。

思想政治理论课着重于强调深度参与，注重学生的深度学习，尤其是一堂成功的思想政治理论课，需要师生之间深度参与互动，才能够促使教师完成教学任务，从而实现立德树人的教育目标。在思想政治课教学过程中，师生之间只有建立起深厚的联系，进行深度的交往，才能够充分调动学生的积极性，吸引学生积极地参与到教学过程当中，从而促使学生深度学习。深度学习是深度理解的一个过渡，不仅是知识的一个过渡过程，同时也是认知过渡的一个过程，只有深度理解，才能够充分彰显出马克思主义科学理论的无穷魅力，并更能够着重于突显出马克思主义科学理论的说服力，包括对事物发展的一种精准预见。深度学习、深度参与、深度学习等方面均是思想政治理论课"有深度"的重要体现，同时也是筑成一堂"有深度"思想政治理论课的重要因素。一堂有深度的思想政治理论课更富有一种无形魅力，吸引学生深度学习，不会因为课程的深度使学生望而生畏，更不会因为理论的深度而使学生避而远之，反而会更具有一种独特魅力，使学生深深地融进课堂之中。

（2）深化思想政治教学内容的广度

①加强思想政治教育与专业课程的融合

将思想政治教育与专业课程相结合可以提升思政课的教学质量和效果。思想政治教育不应孤立，而应与其他学科相互融合、相互促进。因此，在思政课的教学中，教师应注重将思想政治教育与专业课程有机结合，引导学生从专业角度理解和认识思想政治教育的内容，从而更好地实现思政课的教学目标。

通过与其他学科的交叉融合，可以丰富思政课的教学内容和形式，提高学生的学习兴趣和参与度。这种教学方式还有助于教师更好地了解学生的需求和学习情况，从而更好地制订教学计划和措施。例如，将经济学内容纳入思政课中，可以帮助学生更好地了解经济现象和经济政策，使他们适应经济发展和社会需求。

在教学过程中，教师可引入一些经济学的概念和应用，例如市场失灵、宏观调控、风险管理等，让学生理解国家经济政策的内涵和实践意义。同时，通过案例分析帮助学生培养理财观念和投资意识，提高他们的经济素养和综合素质，为未来的职业发展做好准备。

②注重思想政治教育实证研究和批判精神相结合

实证研究是一种基于事实和证据的研究方法，通过对社会现象进行观察、实验和分析来得出结论。在思想政治课程中引入实证研究，可以帮助学生更好地了解社会现实的复杂性和多样性。通过实证研究，学生可以接触到实际的社会问题、政策并参与实践，从而更好地理解它们的背景、影响和意义。例如，教师可以引导学生进行一些社会调查，让他们了解社会问题的实际情况，并通过对数据的分析得出结论。这种方法不仅可以帮助学生掌握相关的研究技能和方法，还可以提高他们的独立思考能力和批判精神。同时，通过实证研究，学生可以更好地理解社会现象的多样性和复杂性，更好地理解和掌握相关知识。

批判精神是指在思考问题时具备独立思考和判断的能力。在思想政治课程中培养学生的批判精神，可以让他们对思想、制度和政策进行分析和思辨。通过批判性思考，学生可以更好地理解各种观点的背景、意义和局限性，从而形成自己的独立见解。将实证研究和批判精神相结合，能更好地深化思想政治教学内容的广度。通过实证研究，学生可以更好地了解社会现象的实际情况和复杂性；而通过批判性思考，学生可以更好地理解各种观点的背景、意义和局限性。

③加强思想政治教育与心理辅导和职业规划指导相结合

加强思想政治教育与心理辅导和职业规划指导相结合，是提高学生综合素质和未来职业发展能力的关键。这种结合可以帮助学生在面对复杂的社会环境和职业挑战时，更好地调整心态、规划人生路径，并充分发挥自己的潜能。

通过将思想政治教育与心理辅导和职业规划指导相结合，思政课可以更加贴近学生的实际需求，更具实用性和现实意义。这种结合可以帮助学生解决心理困惑、职业选择和职业发展等问题，从而提高思政课的教学效果和实用性。另外，这种结合还可以培养学生的综合素质和社会责任感。同时，心理辅导和职业规划指导可以帮助学生了解自己的兴趣、能力和需求，培养学生的社会责任感和职业素养，促进学生的全面发展，培养更多具有社会责任感的高素质人才，为思政课赢得更广泛的社会认可和影响力，提升其在人才培养中的地位和作用。

（3）深化思想政治教学内容的温度

教育的本质是人的教育，最大的教育价值在于对人的感化、启发、激励，最重要的教学手段是情感投入和心灵沟通。思政课教学内容的温度，指的是思政课教学内容要体现出对人的思想、情感、意志、精神等方面的人文关怀，用思政课教师自己的情怀去影响学生，让学生在情感上产生共鸣。这是思政课教学内容温度的根本，也是实现思政教育教学目标的重要基础。有温度的教学内容，体现了思想政治理论课的根本要求。

教师在讲解过程中要做到"情满于中而形于外"。所谓"情满于中而形于外"就是在对课程内容进行讲解时能够做到情感饱满、态度真诚、情感投入。教师的情感投入程度决定了学生对教师所讲内容的认可度和接受度，进而影响了学生对于思政课的学习积极性和主动性。因此，在课堂上教师一定要时刻关注学生的学习状态和思想动向，让学生感受到教师是真心实意地帮助他们解决思想上存在的问题。教师在课堂上与学生进行交流时应做到"眼到、口到、心到"。所谓"眼到"是指教师要善于观察学生对课程内容的反应；"口到"是指教师要善于在课堂上与学生进行互动；"心到"是指教师要善于从学生的角度出发思考问题、解决问题。

思政课是一门"进人心"的课，讲好思政课需要教师和学生心贴心、心连心。作为思政课教师，要像关心自己的孩子一样关心学生，尊重学生的主体地位，增强教学内容的亲和力。尤其是对那些思想困惑、心里迷茫的学生，更要多一些真诚和关爱，多一些换位思考和平等对话，真正把学生当家人。

另外，思政课教学内容的温度还体现在其亲和力上。教师只有善于发现、善于挖掘、善于引导、善于分析，才能真正吸引学生的注意力，拉近学生与思政课教学内容之间的距离，增强教学内容的亲和力。教师要根据不同学科、不同课程、不同学段学生的特点和认知水平，认真分析教学内容与学生所面临的现实问题之间的关系，根据课程的具体情况选择最合适的教学内容。思政课教师要不断提升自身"七种能力"，即理论创新能力、理论联系实际能力、马克思主义意识形态说服力和感染力、理论表达能力、教书育人能力和个人人格魅力，做到"一讲清""二讲明""三讲活"。

一是用马克思主义立场观点方法分析现实问题。在教学中，教师要努力让自己成为学生认识世界和改造世界的马克思主义引路人，把抽象难懂的理论知识用通俗易懂的语言表达出来。二是用党和国家政策理论解读现实问题。教师要结合当前党和国家事业取得的历史性成就、发生的历史性变革和当前社会热点难点问题，用党和国家政策理论解读现实问题。三是用生动鲜活的事例阐述理论观点。教师要善于将理论知识与现实案例相结合，将抽象难懂的理论知识与鲜活生动的现实案例相结合，在讲好理论知识时，要突出生动活泼；在讲好案例时，要突出鲜活生动；在讲好故事时，要突出以情动人。四是用辩证思维分析问题。教师在教学中要引导学生用辩证思维去分析现实问题，既看到事物之间存在着内在联系和规律，也看到事物之间存在着矛盾和对立。五是用马克思主义历史观解读社会问题。教师在教学中要引导学生正确看待社会发展过程中出现的矛盾和问题，既要看到社会发展过程中出现的矛盾和问题是发展过程中不可避免、符合客观规律的，也要看到社会发展过程中出现矛盾和问题是社会主义建设中必须加以解决、绝不能回避的。

总之，在思政课教学内容的温度中，也要注重教学内容的情感温度。只有具备深厚情感温度的教学内容才能打动人心，才能达到以情感人、以理服人的目的。教师要用真挚感情对待学生、用科学态度对待学生、用真诚态度对待学生，要以平等、尊重和关怀的态度与学生交往。只有这样，才能激发大学生学习思政课的热情。

新时期背景下，要求思政课无论是在教学方法上，还是教材内容上，都要与时俱进，不断革新，这是时代发展的必然要求，同时也是课程改革的重要前提，教学内容不仅要紧贴党的精神，同时还要紧随时代潮流，教学方法上既要符合当代发展需要，又要贴合实际要求，着重于强调理论课程的针对性，使学生获得认同感。这就要求从实际出发，以学生最为感兴趣与最为关切的话题为切入点，大学生最想知道的话题与最关心的话题为中心，作为重要的行动指南，确保思想政治理论课从头到尾都透露着时代气息，使学生能够感受时代气息。

总之，在课堂教学过程中，不仅要努力创造"有深度"的课堂，同时也要努力营造"有温度"的课堂，不能只是一味地进行填鸭式"灌输"，也不能使课堂形成一种单方面的"聆听"，而应当在交流互动中碰撞出思想的火花，达成思想上的共识，产生思想上的共鸣，学生通过课堂上的交流能够有所感悟、有所感想，而并非"波澜不惊"的状态。通过课堂研讨或者是小组研学的方式调动学生的积极性，鼓励学生积极地参与到各种不同形式的教学活动当中，在交流研讨中深化学生的理解力，在感悟中强化其理论知识，使其充分感受到思政课的深邃思想。

3.4 基于深度学习理论的高校思政课"三度式"教学的基本思路

3.4.1 构建有广度的教学方法

教师要对学生进行有针对性的思想政治教育；要通过多种教学方式和手段提高学生学习思政课的兴趣和主动性：一方面要加强实践教学。实践是思政课教师讲深道理、讲透理论的重要手段。要以社会现实为依托、以学生实际需求为出发点、以增强思政课教学实效性为目标，通过开展社会实践活动将思政课堂延伸到社会大课堂。另一方面要运用好信息化手段。信息技术为思政课教学提供了全新平台和广阔空间，可以通过各种新媒体技术手段将理论知识与学生感兴趣的话题结合起来。比如通过网络视频、网络直播、网络短视频等方式进行授课，使学生在潜移默化中接受教育。同时要优化课堂教学过程，思政课教师要善于用生动形象的语言给学生讲述理论知识，深入浅出地引导学生理解、认同理论知识。思政课教师要善于以身边事为例进行剖析，帮助学生理解和把握理论知识。思政课教师要善于利用信息化技术手段丰富课堂教学方式。在教学过程中，教师要加强与学生进行互动交流和沟通。

比如教师可以在课堂上与学生开展互动式讨论、分享式教学、研究式教学等，让课堂气氛活跃起来。总之，思政课教师要改变以往单一的课堂教学模式，努力拓展教学方法和手段，使学生在轻松愉快的氛围中完成知识建构。

如今，教学改革的不断深入，给思政教育带来了发展机遇，同时也带来了一定挑战，这种形势下，教师既要不断创新教学模式，又要转变传统教学思想观念，不断探索新的教学模式，为教学方法实现创新提供强有力条件，保障思政教育工作的顺利开展，从而促进思政教育长远发展。例如，在探索新的教学方法过程中，教师首先要树立正确的教学思想观念，并遵循教学原则，创新教学方法。在创新教学方法过程中，充分尊重学生主体，突显教学过程中学生主体地位，引导学生自主学习，这有助于增强教学方法的实效性，从而提高教学效果与教学质量。

3.4.2 构建有深度的教学手段

在新的历史时期，要想提高思政课的教学效果，必须在教学手段上下功夫。目前，许多高校都在积极探索新的教学手段，如多媒体教学、虚拟仿真等。这些教学手段具有一定的先进性和创新性，能够为学生提供更多更好的学习体验，提升他们对思政课学习的兴趣。但是，由于思政课教学内容具有一定的专业性和理论性，因此教师在使用这些教学手段时要做到"精、准、透"。所谓"精"就是要选好案例，通过案例使学生产生共鸣；所谓"准"就是选取的案例要能够精准地把理论知识与现实生活结合起来；所谓"透"就是教师在使用这些教学手段时一定要注意学生学习效果的反馈。

当然，仅仅使用这些教学手段还不足以提高思政课的教学效果。教师还需要对这些教学手段进行适当改进，使其更好地为思政课服务。当前部分教师在对学生进行教学时一味地采用讲授式方法，课堂上教师"满堂灌"、学生被动听。这种"填鸭式"的课堂学习方式无法激发学生主动学习思政课的兴趣，学生也无法从教师那里获得知识和方法。因此，要想提高思政课的教学效果，就必须打破传统的单一授课方式，创新思政课的教学手段。如在使用多媒体进行课堂教学时，教师可以采用视频、图片、动画等方式帮助学生理解相关内容；在使用虚拟仿真技术进行课堂教学时，教师可以借助虚拟现实技术搭建相关场景使学生能够身临其境地感受到现实生活中所发生的一些事件；在使用网络教学平台进行课堂教学时，教师可以将相关内容制作成微视频或短视频等供学生观看和学习。通过多种手段的综合运用，能够极大地提高思政课的课堂趣味性、互动性和参与性。

随着多媒体技术的不断发展，在思政课教学领域中应用多媒体技术，不仅丰富了教学内容，很大程度上能够使学生更为直观地了解历史，作为重要的教学辅助工具，多媒体技术可以将动画、图像、文字、声音进行有效处理，给学生带来视觉感受，教师应当充分利用这一点，通过多媒体技术创新教学方法，使学生更为直观地展开学习。例如，利用多媒体技术将一些影视资料与录像进行有效处理，通过多媒体设备展示到课堂教学当中，原有的抽象知识被转化为生动的视频教学内容，直观的教学内容既有助于学生更好地理解知识，又能够使教学内容更富有趣味性，能够充分激发学生的学习兴趣，不仅如此，多媒体技术还可以实现网络教学。网络教学能够实现实时互动，完全不受时间上与空间上的限制，逐渐成为教育领域最为关注的话题，并且被广泛应用到教育领域中，无论是对学生，还是对教师，这种教学模式都带来了极大便利。一是，教师可以利用网络共享功能实现信息共享，将教学课程与之相关的内容发布到网络中，学生可以通过教师提供的学习资源，进行提前预习，做好开课前的准备工作，使教师能够更好地开展各项教学活动，这有助于提高教学效果；二是，通过互联网的优势建立社交平台，师生之间或者是学生之间都可以进行互动与交流；三是，学生可以借助互联网的优势，将自己的作品或者是课题研究发布到网上，这有助于培养学生的创新思维能力，在这过程中，教师不仅要给予言语上的鼓励，还要针对学生的作品给予客观的评价。

3.4.3 构建有温度的教学策略

思政课的教学方法不仅包括讲解法、讨论法、辩论法，还包括案例教学法等。具体来说，思政课教师在教学过程中应充分结合当前所处的时代背景，将课程内容与现实问题相结合，增强教学的针对性。当前，我国正处于实现中华民族伟大复兴中国梦的关键时期。在这个关键时期，我们面临着一系列新矛盾、新挑战，如就业压力不断加大、部分学生信仰缺失等问题。因此，思政课教师要将课程内容与这些现实问题结合起来进行讲解和讨论。

（1）用"讲故事"的方式拉近与学生的距离

思政课教师必须具备一项独特的专业技能——讲故事的能力。这种技能使得他们能够将抽象的理论和枯燥的概念转化为生动有趣的故事，使学生在轻松愉快的环境中接受教育。通过将理论知识融入故事中，思政课教师能够让学生更直观地理解思政课中的相关理论，并在具体的情境中获得知识和技能。

在教授"新民主主义革命道路"这一课程时，思政课教师可以引入红军长征途中飞夺泸定桥的历史事件。通过讲述这个故事，学生可以了解到红军在面对敌军阻挠和恶劣天气条件时的英勇无畏和革命精神。他们不畏艰险，勇往直前，最终成功夺取了泸定桥，为后续的红军队伍打开了通道。这种教学方式不仅能够激发学生的学习兴趣，还能让他们更深入地了解中国革命历程和红军战士的英勇事迹。

同样，在教授"以人民为中心"这一课程时，思政课教师可以引入"最美奋斗者"张桂梅老师的故事。张桂梅老师用自己的行动诠释了真正的奋斗精神，她的故事可以让学生认识到奋斗的意义和价值。这些故事不仅可以增强教学效果，还能激励学生积极向上，追求更高的目标。

讲故事是一种非常有效的教学方法，可以让学生更直观地理解思政课中的相关理论，并在具体的情境中获得知识和技能。通过这种方式，思政课教师可以让学生在愉悦的氛围中接受教育，深化对马克思主义基本理论的理解和掌握。

（2）用"有温度"的语言来感染学生

"用最好的语言来感动学生，用最好的语言来影响学生。"语言是教师与学生之间进行交流和沟通的重要工具，也是教师引导学生思考、启发学生思维的关键手段。因此，思政课教师必须善用语言，用富有感情的话语来感染和打动学生，让他们受到熏陶、感悟和启迪，从而以饱满的热情投入学习。

首先，教师需要对教学内容进行深入的挖掘和梳理，让教学内容具有鲜明的针对性、深刻性和时代性。只有对教学内容进行深入的研究和理解，才能更好地把握教学重点和难点，从而更好地引导学生进行学习。同时，教师还需要对教学语言进行锤炼和打磨，让教学语言具有生动性、形象性和感染力。生动形象的语言可以更好地吸引学生的注意力，激发他们的学习兴趣，让他们更加积极地参与到学习中来。

其次，教师在教学过程中要注重语言的情感表达。情感是语言的核心，是语言的灵魂。只有充满情感的语言才能真正打动人心，让人产生共鸣。因此，教师在教学过程中要注重语言的情感表达，通过语言的抑扬顿挫、轻重缓急等来表达教学内容中的情感和思想。同时，教师还需要用自己的情感来引领学生，让他们感受到教学内容中的情感和思想，从而更好地理解和掌握知识。

再次，教师在教学过程中要善于运用新媒体来增强教学效果。随着互联网技术的发展，新媒体已经成为人们获取信息、交流思想的重要渠道。在思政课教学中充分利用互联网技术来增强教学效果已经成为必然趋势。因此，教师要善于利用互联网技术来增强教学效果。比如，教师可以借助网络视频、网络直播、网络问答等方式来吸引学生注意力，激发学生学习兴趣。通过这些方式，教师可以让学生更加直观地了解历史事件、新闻热点等，从而更好地理解教学内容中的思想和理论。同时，教师还可以通过新媒体与学生进行互动和交流，及时了解学生的反馈和意见，从而更好地调整教学策略和方法。

最后，教师在教学过程中要注重语言的艺术性和审美性。艺术性和审美性是语言的最高境界。只有具有艺术性和审美性的语言才能真正深入人心，让人产生持久的印象和感受。因此，教师在教学过程中要注重语言的艺术性和审美性。比如，在讲解历史事件时，教师可以运用历史典故、成语故事等方式来引导学生思考问题；在讲解理论知识时，教师可以运用比喻、排比等修辞手法来增强语言的形象性和生动性。这些方式的运用可以让教学语言更加优美、精炼和深刻，从而更好地感染和打动学生。

总之，善用语言是思政课教师必备的素质和能力之一。通过生动形象的语言来引导学生思考问题、用自己的情感来引领学生、借助新媒体来增强教学效果以及注重语言的艺术性和审美性等方式可以让思政课教学更加具有针对性和实效性。同时也可以更好地激发学生的学习兴趣和提高他们的学习效果，这对于实现思政课教学目标具有重要的意义和作用。

（3）用"新媒体"拉近师生，增加教学温度

"新媒体"是指使用数字技术和网络技术，通过互联网等信息渠道，以及电脑、手机等终端设备，向用户提供信息和服务的传播形态。它是伴随着网络信息技术的快速发展而产生的。它具有开放性、共享性、交互性和即时性等特点，能够跨越地域和时间限制，为人们提供更加广阔的交往空间和交流机会。新媒体在高校思想政治理论课中的运用，既丰富了思政课教学内容，也为增强学生对思政课的兴趣提供了平台。利用新媒体进行思政课教学是将传统教学模式与现代信息技术结合的有效方式，在一定程度上可以增加思政课教学的温度。

首先，新媒体的运用可以丰富思政课的教学内容。传统的教学模式往往依赖于教师课堂讲解和学生阅读教材，内容较为单一，而新媒体则提供了丰富的信息资源和学习资源。教师可以通过网络搜索相关的新闻、案例、图片等，将最新的时事政治、社会热点等引入课堂中，让学生了解更多的现实问题和社会现象。同时，教师还可以通过新媒体平台发布学习资料、案例分析等，让学生进行自主学习和探究，从而拓展他们的视野和知识面。

其次，新媒体的运用可以增强思政课教学的互动性。传统的教学模式往往以教师为中心，学生处于被动接受的状态，而新媒体则提供了互动交流的平台。教师可以通过新媒体平台发布讨论话题、问卷调查等，鼓励学生发表自己的观点和看法，从而增强学生的参与感和归属感。同时，教师还可以通过新媒体平台解答学生的疑问、关注学生的动态等，及时了解学生的学习情况和反馈意见，从而调整自己的教学策略和方法。

新媒体的运用可以增加思政课教学的趣味性和形象性。传统的教学模式往往以文字和语言为主要传递方式，而新媒体则可以通过图片、视频、动画等多种形式展示教学内容，让学生更加直观地了解知识。比如，在讲解某个历史事件时，教师可以播放相关的纪录片或影视作品，让学生更加深入地了解历史背景和事件经过。同时，教师还可以通过新媒体平台发布趣味性的学习内容，如知识竞答、闯关游戏等，吸引学生的注意力，让他们更加积极地参与到学习中来。

（4）用"说一说"的方式让学生参与课堂教学

"说一说"是一种非常有效的教学方式，它通过引导学生进行面对面的交流，促进知识的理解和掌握，同时培养学生的语言表达能力、思维能力、团队合作能力、社会交往能力，提升思政课温度。在课堂教学中，"说一说"可以采取多种形式，如小组讨论、师生对话等。

①小组讨论

小组讨论是一种非常常见的"说一说"形式，它通过将学生分成小组，让他们在小组内进行讨论和交流，达到互相学习、互相启发的目的。在小组讨论中，学生可以自由表达自己的观点和看法，同时也可以听取他人的意见和建议，从而加深对所学知识的理解和掌握。小组讨论可以采取不同的方式，如集中讨论、分散讨论等。集中讨论是将学生分成小组后，让他们在同一时间、同一地点进行讨论，这种方式可以促进小组内的交流和互动，有利于培养学生的团队合作能力和语言表达能力。分散讨论则是将学生分成小组后，让他们在不同的时间和地点进行讨论，这种方式可以让学生更加自由地表达自己的观点和看法，有利于培养学生的独立思考能力和自主学习能力。

②师生对话

师生对话是一种非常灵活的"说一说"形式，它通过教师和学生之间的对话和交流，达到引导学生思考、掌握知识的目的。在师生对话中，教师可以通过提出有启发性的问题，引导学生进行思考和回答，同时也可以听取学生的意见和建议，从而了解学生对所学知识的掌握情况。师生对话可以采取不同的方式，如"一对一"对话、"一对多"对话等。"一对一"对话是指教师与一名学生进行对话，这种方式可以让教师更深入地了解学生的思想动态，使教学更有针对性。"一对多"对话是指教师与多名学生进行对话，这种方式可以让教师更加全面地了解学生对所学知识的掌握情况，有利于及时发现和解决学生在学习中存在的问题。

（5）用"读一读"的方式激发学生学习兴趣

"读一读"是在课堂上师生之间相互交流、相互启发的一种教学方式。它的基本要求是：师生之间要进行有效互动，要用生动活泼的形式来表达观点。这既是一种交流，也是一种表达。"读一读"能调动学生学习的积极性和主动性，活跃课堂氛围，实现师生之间的交流互动。同时，它也能有效激发学生的学习兴趣和情感体验，培养学生自主思考和探究能力。它对增强学生对知识的理解、提高学生的思维水平、促进学生综合素质发展具有重要意义。

"读一读"教学的具体方法有很多，如师生相互对话、彼此质疑、自由辩论、相互补充、小组合作学习等。教师要善于根据课堂实际情况和学生学习特点，灵活采用这些方法。例如，在讲授毛泽东思想这个专题时，教师可让学生先自由阅读课文，再进行讨论，然后按照教师提出的问题，小组合作进行回答。这样做既能调动学生学习的积极性和主动性，又能加深对课程内容的理解和把握。同时，教师要善于根据课文内容提出一些问题，引导学生思考讨论。这样既能调动学生学习兴趣和热情，又能提升学生独立思考和探究能力，增加思政课的温度。

第4章 基于深度学习理论的高校思政课"三度式"教学模式构成与资源开发

4.1 基于深度学习理论的高校思政课"三度式"教学构成与重构策略

教育改革的不断深入,以学生为中心的教学理念已逐渐成为教育发展的核心理念。高校思政课作为对大学生进行思想政治教育的主渠道和主阵地,以培养有理想、有本领、有担当的时代新人为目标,需从以"知识"为中心转向以"能力"为中心,推动学生实现深度学习,增强其思想政治素质和道德修养。因此,本书试图基于深度学习理论,在对高校思政课"三度式"教学进行理论建构与实践重构的基础上,探讨如何推动思政课"三度式"教学真正落地生根。

4.1.1 基于深度学习理论的"三度式"教学内容的构成要素

深度学习理论继承了杜威的"儿童中心主义"教育思想,将学习者作为教学中心。深度学习理论强调在课堂教学中应以学生为中心,结合学生的实际情况,尊重学生的认知规律,在考虑学生课堂情感体验的同时,为学生创造自主学习的机会,促进学生合作学习,引导学生利用所学知识解决问题。根据深度学习理论,探究高校思政"三度式"教学,可以发现该教学方式主要包括以下要素:一是教师全面把握教材体系,根据学生的发展需求选择值得进行教学的具体内容,建立有价值意义的知识体系,帮助学生更好地学习知识;二是在完善知识体系的基础上,实现知识的迁移和应用,使学生对知识形成深刻的理解，引导学生深度学习。

（1）以教材体系为依据，注重把握教学内容

高校思政课的教学内容要以教材体系为依据，体现"守正"和"创新"。"守正"是指教师要将马克思主义基本原理、马克思主义中国化时代化的理论成果尤其是最新成果——习近平新时代中国特色社会主义思想贯穿于教学始终，充分体现教材体系的价值取向和思想内涵。"创新"是指教师要根据新时代青年的特点，根据社会发展的新变化，不断丰富、完善教学内容。当前，一些高校思政课教师过于注重理论教学，忽略了学生实际需求，使得思政课成为"理论课"。这种教学方式导致学生对教材内容的理解只停留在表面，对教材中蕴含的深刻思想和精神内涵并未真正掌握。因此，高校思政课教师在教学过程中要注重教材体系与学生需求的结合，使教学内容更好地为学生成长成才服务。具体来说，应该从以下三个方面把握教学内容：

①把握教材体系与教材内容之间的关系

教材体系与教材内容之间存在着密切的关系，教材体系是依据教学目标和课程内容进行设计和组织的，教材内容是具体展开教学的。在思政课教学中，教师要始终以教材体系为依据，把握教学内容的深度，根据课程要求，科学设计教学环节。教师既要从宏观上把握教材体系内容，也要从微观上讲清教材体系内容；既要准确把握教材内容，又要突出教学重点；既要围绕课程目标组织教学，又要避免因"面面俱到"而导致教学重点不突出、学生学习无兴趣等问题。

思政课教师要充分了解教材内容的整体架构，根据教学目标和课程要求，准确把握教材内容，尤其是教学重难点，基于课程教材整体架构的统筹安排，制订出完整的教学方案。思政课教师要以马克思主义理论为指导，分析社会发展的实际情况和学生思想认知水平，明确课程教学目标，从教材体系出发整合知识点、梳理逻辑关系、优化课堂结构，制订科学合理、具体可行的教学方案，将思想政治教育的根本任务、育人目标和价值体系融入整个教学活动中。

在具体教学过程中，思政课教师要牢牢抓住课程目标这一核心，在课前了解学生的知识结构和认知水平，有针对性地设计课堂教学内容；在课上分

析教材体系中涉及的问题并进行深入剖析，根据学生认知水平和接受能力开展教学活动，融入案例、数据，开展讨论，在课后进行总结反思。在这个过程中，思政课教师不能以自身知识结构为标准去要求学生，也不能用自己的知识体系去要求学生。只有这样，才能不断增强思政课的思想性和理论性，推动思政课实现由"有"到"优"的转变，让思政课教学真正取得实效。

②把握教学内容与学生实际需求之间的关系

教师要以学生为中心，根据学生学习需要和认知水平确定教学内容。在教学过程中，教师要有针对性地为学生提供符合他们需求、满足他们成长成才需要的知识和内容。思政课教师要深入了解学生对马克思主义理论的学习情况、学习需求和学习兴趣。新时代，思政课教学要体现时代性，紧跟时代发展潮流和社会发展需求，回应学生关心和关注的热点问题。思政课教师要深入研究大学生在学习理论方面存在什么问题，有哪些需求，将学生关注的热点问题作为教学内容的切入点，引导学生把思想和行动统一到党中央的决策部署上来。思政课教师要了解大学生对马克思主义理论的学习情况、学习需求和学习兴趣，通过调查问卷、学生座谈等形式了解学生在思政课程的学习过程中遇到了哪些困难和问题，引导学生准确把握马克思主义理论以及马克思主义中国化时代化理论成果，以及最新成果与社会生活实践之间的关系，也引导学生积极为思政课建设献策，提出切实可行、具有现实针对性和可操作性的意见建议。

在思政课教学中要注意对学生进行价值引领。习近平总书记指出："培养什么人，是教育的首要问题。"[①] 思政课教师要坚持马克思主义指导地位不动摇，坚持社会主义办学方向不动摇，坚持立德树人这一根本任务不动摇。思政课教师要深刻理解"培养什么人"这个根本问题在新时代面临着新情况、新挑战、新要求。具体而言，就是要坚持育人为本、德育为先、能力为重、全面发展；要坚持以社会主义核心价值观引领道德建设；要坚持培育和践行社会主义核心价值观；要坚持培养德智体美劳全面发展的社会主义建设者和接班人。思政课教师在教学中要抓住思政课育人目标来阐述思政课教学内容中所蕴含的思想政治教育内容。只有这样，才能将思想政治教育内容讲深讲透，让学生深刻领悟马克思主义基本原理和马克思主义中国化时代化理论成

---

① 习近平. 习近平著作选读：第二卷 [M]. 北京：人民出版社，2023：195.

果中蕴含的立场、观点和方法；才能使学生对马克思主义中国化时代化及其理论成果有一个系统完整、全面深刻的认识。

因此，思政课教师要通过准确把握教学内容与学生实际需求之间的关系，积极探索思政课教学内容与社会现实生活相结合的方式方法，将思想政治教育内容寓于具体生动的案例和情境之中，引导学生在社会实践中感悟理论的力量。只有这样才能使学生从理论学习和社会实践中认识到自己肩负着民族复兴伟大事业的历史使命和责任担当。

③把握教材体系与其他相关知识内容之间的逻辑关系

思政课教师在教学中要根据教材体系，认真研读和深刻理解教材中的理论知识，把教材体系中的理论知识与其他相关知识内容进行联系。思政课教师在教学中要始终坚持马克思主义立场、观点和方法。马克思主义是科学的理论体系，它同一切唯心主义划清了界限。马克思主义立场是它的根本观点，也是它区别于其他理论体系的本质特征。在教材体系中，马克思主义立场主要体现在教材内容的逻辑起点、逻辑终点等方面。

习近平总书记在全国高校思想政治工作会议上强调："思政课的教学目标、课程设置、教材使用、教学管理等方面有统一要求，但具体落实要因地制宜、因时制宜、因材施教。"[①]因此，思政课教师在教学中要将教材体系与其他相关知识内容结合起来讲解，使学生既了解教材内容又能较好地理解其蕴含的理论内容。

思政课教师在教学中要根据课程重点和难点灵活调整教学内容，同时在教材体系中有些知识点需要通过其他相关知识内容进行讲解和说明。思政课教师在教学中要把握这些知识点与其他相关知识内容之间的逻辑关系，避免将不符合学生认知规律的知识点强行灌输给学生。教师一方面要以教材体系为依托，准确把握教材体系中所蕴含的马克思主义基本原理和方法；另一方面要充分利用其他相关知识内容的理论知识对教材体系进行解读和阐释，以教材体系为依托讲清马克思主义基本原理和方法。比如，思政课教师可以通过比较分析马克思主义基本原理与西方政治学、经济学等学科知识内容之间

---

① 习近平. 思政课是落实立德树人根本任务的关键课程 [M]. 北京：人民出版社，2020：21.

的关系，使学生认识到马克思主义基本原理与西方政治学之间具有相同或相似的理论基础和研究方法。再比如《中国共产党章程》是中国共产党的根本大法，对党的性质、宗旨、组织原则、领导制度等进行了全面系统的规定，教师在进行思政课教学时要帮助学生理解这些规定背后所蕴含的原理和精神。

（2）以学科知识为基础，注重推动学生深度学习

思政课"三度式"教学要以学科知识为基础，让学生在学习知识的同时，形成正确的世界观、人生观和价值观。教师要准确把握教材体系和学科知识的逻辑关系，对教学内容进行价值判断，然后根据教学目标设计教学内容。思政课"三度式"教学内容主要由基本原理、基本概念、基本观点和基本方法等构成。其中，基本原理是基础，是实现学生深度学习的基石；基本概念是支撑，是推动学生深度学习的关键；基本观点和方法是保障，是学生深度学习的目标。

以学科知识为基础，是思政课教学的内在要求，也是学生学习的内在需要。在教学中，教师要把学科知识体系中与本学科相关的知识串联起来，并将其与相关学科知识、思想政治教育理论及实践知识联系起来进行讲解，引导学生运用所学知识解决生活中遇到的实际问题。从教学的角度看，学科知识是学生理解和掌握学科基本概念、基本原理和基本规律的基础，同时也是培养学生探究能力、实践能力、创新能力等关键能力的前提。因此，教师在进行教学时，要注重以学科知识为基础，把握学生学习的需求和特点，引导学生掌握学科知识的逻辑体系。

同时，教师在教学过程中还要注重对知识内容进行归纳和总结，使教学内容呈现出逻辑结构。通过对知识结构的构建，既可以加深学生对所学内容的理解，又能提高学生的学习效率。

以学科知识为基础推动学生深度学习要从以下三个方面入手：一是对知识点进行梳理、整合和提炼，形成完整的学科体系；二是在学习过程中要注重教师的引导和学生的主动探究；三是以学生的认知水平为依据，注重知识的关联、迁移和应用。

①形成完整的学科知识体系

思政课是一门具有鲜明理论特色的课程，其理论体系与其他课程相比有

其特殊性，因而在教学中不能简单地套用其他学科的教学模式。教师在整合教学内容时，要从学生的实际情况出发，使学科知识体系具有更强的逻辑性和系统性。比如，马克思主义哲学的学科知识体系主要包括辩证唯物主义和历史唯物主义基本原理、辩证唯物主义认识论、辩证唯物主义方法论。在教学过程中，教师要对马克思主义哲学的知识体系进行梳理和整合，并在此基础上将其与其他课程进行整合，形成完整的学科体系。只有这样，才能使学生对知识结构有更加全面和深刻的认识。有了完整的学科知识体系，在讲解辩证唯物主义认识论时，就能以马克思主义哲学作为逻辑起点和理论基础，以认识世界、改造世界为根本任务；在讲解马克思主义哲学方法论时，要以唯物辩证法为逻辑起点和理论基础，以联系发展的观点理解辩证思维等。再比如基于马克思主义基本原理来讲述"社会主义市场经济"时，可以先从"市场"和"政府"的关系入手分析市场在资源配置中的作用，然后从社会主义市场经济本质和特征入手分析市场在资源配置中起决定性作用和更好发挥政府作用两方面内容。这样就会使学生从理论根据的角度对社会主义市场经济的基本特征、发展历程和重要意义有了深刻认识。

②教师引导学生主动探究

在思政课教学过程中，教师要引导学生主动探究，激发学生学习的主动性和积极性。一方面，教师要注重引导学生明确学习目标和重点，掌握课程的理论体系；另一方面，教师整合课程资源，可以借助网络、多媒体等手段积极创设问题情境，激发学生的学习兴趣和求知欲，使他们主动投入课程学习中，帮助学生更好地理解教学内容。

③以学生的认知水平为依据，注重关联、迁移和应用

具体来说，就是要从学生认知水平的实际出发，通过对教材体系中各知识点的深入理解和关联、迁移与应用，引导学生在理论基础上在实践中形成观点和理念。比如，针对教学内容"中国共产党为什么能"这一知识点，可以采取如下步骤：首先，教师结合教材上关于党的领导制度的阐述，引导学生联系党史知识来理解中国共产党为什么能够成为中国特色社会主义事业的领导核心；然后，结合历史和现实中党领导人民的奋斗历程帮助学生理解中国共产党为什么能够成为中国人民的主心骨。其次，通过分析"中国共产党

为什么能"这一知识点，引导学生从理论、实践和价值等方面思考为什么中国共产党能够成为中国特色社会主义事业的领导核心和中国人民的主心骨。再次，通过对"中国共产党为什么能"这一知识点进行深入分析并引导学生联系实际思考如何在现实中贯彻党的领导制度。最后，在价值角度引导学生将所学知识应用于实践中去，坚定跟党走的信心和决心，通过开展社会实践活动来检验所学知识并不断反思，为社会主义建设贡献力量。

4.1.2 基于深度学习理论的"三度式"教学内容重构

教学内容是教育活动的依据，是实现教学目标的载体。在高校思政课"三度式"教学中，教师需要以教材内容为基础，结合学生的学习实际和社会实践，对知识和问题进行深度理解与关联、迁移与应用，使学生建构起有价值的知识体系。具体来说，在教学内容上要突出问题导向、激活思维动力、提升教育温度，以达到引导学生形成有价值的观念。其中，问题导向是指教师要紧紧围绕学生所学的教材内容展开教学设计与教学活动，重视知识的价值引领；激活思维动力是指教师要充分发挥学生的主观能动性，通过自主探究、合作学习等方式，促进学生的深度思考与深度学习；提升教育温度是指教师要从关注知识学习向关注学习过程转变，在教学过程中重视对学生情感上的培育与激励。高校思政课"三度式"教学应该基于深度学习理论对教学内容进行重构。

（1）重构框架：突出问题导向，激活思维动力

"问题"是人类认识世界的起点，也是推动人类社会发展的动力。教学内容应围绕"问题"展开，从而突出问题导向，激活学生的思维动力。教师应抓住教材内容中的问题和重点，激发学生的思考、探究和学习，以实现教学目标。在思政课"三度式"教学中要坚持问题导向，深入分析教材内容、教学目标、学生实际和教师能力等，找出突出问题，优化整合教学资源。

要做到这一点，就需要教师围绕教材内容和学生实际开展教学设计与教学活动，以突出问题导向为基础对教学内容进行重组和重构。在教师的指导下，学生要根据教材内容提出问题、分析问题、解决问题。在此过程中，学生将会深度思考与分析教材内容和社会实际所涉及的基本观点、基本原理等。

学生通过对教材内容的分析、研究，会形成自己对某些问题的看法，从而进一步激活学生的思维动力。此外，教师还应该根据学生所提出的问题和学习情况，不断调整教学方案与教学策略，促使学生在学习中形成新的知识结构和思维框架，如此才能引导学生主动参与到教学活动中来，实现学生自我知识体系构建。

（2）重构策略：激活学生主观能动性，提升教育温度

教师在思政课"三度式"教学中，需要从关注知识传授向关注学生的学习过程转变，以学生为中心展开教学设计与教学活动，引导学生深度思考与深度学习。首先，在教学内容方面，教师要从"知"到"行"，用学生感兴趣的社会热点和理论观点等来激发学生的学习兴趣和求知欲；其次，在教学方式方面，教师要转变教学理念，通过自主探究、合作学习等方式实现知识的意义建构；再次，在教学过程中要注重对学生情感上的培育与激励，重视对学生进行价值引领和价值塑造。通过这些策略与方法的综合运用，实现学生自我教育与自我管理能力的提升。

在思政课"三度式"教学中，教师要始终坚持以"立德树人"为根本任务和价值追求。教师可以利用问题情境、现实生活、网络平台等激发学生学习的兴趣和求知欲。同时，教师也要充分尊重学生的主体性地位和学习需求，注重对学生自主学习能力、批判思维能力以及合作探究能力等综合能力的培养。这样不仅有利于增强思政课教学的实效性和针对性，也能更好地培养出适应新时代要求的大学生。

（3）重构价值：将知识和问题关联起来，实现知识的价值引领

知识是人的认知、经验、情感的总和，也是人类智慧的结晶。知识具有价值引领功能，通过知识的传授，可以使学生形成正确的世界观、人生观和价值观，形成积极的情感态度和良好的道德品质。因此，高校思政课教学需要突出问题导向，将知识与问题关联起来，将知识学习与价值引领结合起来。具体来说，在教学内容上要突出问题导向，将社会主义核心价值观融入思政课教学中。

一方面，在内容选择上要立足于教材内容，与学生认知实际相结合，注重对教材内容进行再加工、再创造和再创新。另一方面，教师在教学过程中

要善于挖掘教材内容中蕴含的价值内核和情感因素，将社会主义核心价值观贯穿于思政课教学的全过程。通过教师对教学内容的加工、改造、重组与创新，可以使知识与问题关联起来、深度融合起来。通过教师对教材内容的系统解读和对学生认知实际的深入思考与分析，使学生掌握思政课知识体系、把握知识结构和内在逻辑联系，从而有效地解决现实中的问题。

4.2 基于深度学习理论的高校思政课"三度式"教学资源的表征方法与开发模式

"三度式"教学资源是以深度学习理论为基础，并将其应用于高校思政课教学资源的开发。通过深度学习理论的分析，"三度式"教学资源主要表征方法有：在价值维度上，注重对学生思想价值和行为价值的引导；在知识维度上，强调对知识体系的整合；在体验维度上，强调对知识和情感体验的生成。"三度式"教学资源开发模式主要有：①通过深度建构将课程内容融入学生生活；②使学生对课程内容产生兴趣；③注重学生参与，促进学生积极主动地学习。

4.2.1 基于深度学习理论的"三度式"教学资源表征方法

"三度式"教学资源的开发模式以深度学习理论为基础，结合高校思政课的课程特点和教学目标，遵循思政课教学的基本规律，实现思政课教学的功能，培养大学生树立正确的世界观、人生观和价值观。"三度式"教学资源开发模式充分体现了学生的主体地位，尊重了学生对课程内容的认知和情感体验，是一种以学生为中心、以问题为导向、以体验为基础的教学模式。它不仅要求教师对课程内容进行深度加工，而且要求学生在深度加工过程中积极参与、主动体验。因此，"三度式"教学资源的开发模式应该是由教师主导、学生参与、师生互动共同完成的。教师在开发过程中主要起到引领和引导作用，要用自己高尚的人格去影响和感染学生，引导学生树立正确的世界观、人生观和价值观。

"三度式"教学资源开发模式是对传统教学资源观的超越。传统教学资源观将知识看作是由教师传授给学生，并在一定程度上实现了对知识的控制和传递，它强调知识对于学生而言是外在的、被动的，是需要通过教师"讲"才能被掌握或者理解的。在这种情况下，教师处于绝对主导地位，其教学过程主要是"填鸭式""灌输式""强制式"。而深度学习理论则认为知识并不是由教师传递给学生的，而是学生主动建构起来的。学生只有通过在深度加工中不断地运用已有知识和技能去解决问题、分析问题，才能实现知识意义和价值。在这种情况下，教师不再是传授者，而是引导者和组织者。教师要提供适合学生理解和运用的教学资源；学生通过自主学习来掌握和运用所学知识。同时，这种开发模式又要充分考虑到思政课课程特点和大学生身心发展规律。因此，在"三度式"教学资源开发过程中教师要注重对课程内容的深度建构、加强深度理解使学生对课程内容产生兴趣、深度创造促进学生积极学习这三个方面来开发教学资源。

（1）构建资源开发供给合力，强化资源的时代性

在高校思政课程资源开发过程中，为保障资源开发工作取得预期成就，实现课程资源的成效发展，构建资源开发供给合力，是目前资源有效性开发的首要工作内容。在资源开发中，供给合力主体主要包括思政课教师、科研人员和信息技术专家，只有保障三者开发作业的协同化，才能在供给合力构建下运用思政课教师课堂教学积累的实践性经验知识来补充和更新需求资源。在课程资源开发中，思政教育工作者的主要角色是课程资源的建设者和研究者，即他们在思政课科研人员和信息技术专家的共同努力下，在结合学生实况的基础上将经验、理论研究进行整合，在确保应用效益的同时，促进学生的全面化发展。

（2）实现课程资源"原生"和"创生"的有效整合

在课程资源开发过程中，资源"原生（原有已存在的教育资源）"和"创生（运用创造思维和资源创新方法在原有资源基础上创造的资源）"的有效整合，也是保障资源开发有效性的重要手段。基于供给维度视角下，在高校思政课课程资源开发过程中，开发人员需在明确了解原生资源作用和功能的基础上，对创生资源进行深入挖掘、提炼，以便于在保证两者有机结合的同时，推动后续开发工作的有序开展。就目前来看，在资源开发过程中，一方面开发者

还需要从供给与需求统筹规划视角下，采取切实且有针对性的课程资源开发方式，实现课程资源历史价值和时代价值的深度统一，并在保证新资源开发工作规范化开展的基础上，调整资源结构，以此来实现资源间的统筹优化。

（3）立足课堂教学主体，进行资源的新定位

高校学生作为高校思政课程的教学主体，学生主体作用是否得到充分发挥，学习需求是否被满足，从某方面来讲是课程资源开发有效性的重要评判依据。随着物质生活的不断丰富以及社会意识形态的多元发展，"教和学"关系发生了革命性变化，为保障高校思政课程教学效益的最大化发挥，面对社会转型和青年学生新特点，在课程资源开发时，开发者需在关照主体内在资源需求的基础上加强对学生思想上的指引和行为上的规范，并通过深度分析青年学生的思想特点、思维结构和认知特点，找准开发定位，确保开发工作的高效化。

（4）关注主体内在需求规律，开发资源新功能

着重于关注学生主体的内在需求，始终秉承着理论与实践统一原则，将带有功能的资源与个体资源需求进行有效衔接，既满足学生主体资源需求，又能够立足于社会实际发展需要，只有两者有效融合，才能够有助于高校思政教育实现"立德树人"与"守正创新"人才培养目标，从而完成思政教育人才培养的根本任务。英国著名的政治哲学家哈耶克一直致力于政治学研究，他认为教育领域的根本任务是使学生获得各种能力，从而能够更好地适应变化不定的世界。可见使学生掌握各种不同的社会生活技能，有助于大学生更好地适应未来社会生活，而这就要求思想政治教育资源能够充分贴近学生主体的实际生活，着重于关注学生的实际需要，充分满足学生主体内在价值需求。高校大学生主体思想容易受到环境影响的显著特征，还有思想上所表现出来的不稳定性特征，则意味着他们极具可塑造性，要充分利用这一点，将需求与供给做好有效衔接，利用技术资源与知识资源及进行资源创新，通过资源创新实现高校思政课资源的有效开发，从而满足学生的内在实际需要。

4.2.2 基于深度学习理论的"三度式"教学资源开发模式

随着信息技术的飞速发展，人类社会进入了信息化时代。信息技术不仅

改变了人们获取知识的方式，而且改变了人们学习知识的方式。在信息时代，学习方式发生了深刻的变化，大学生获得知识的渠道不再局限于课堂、图书馆和博物馆等传统的学习场所，而是以互联网为载体、以学生自主学习为主要方式进行。在这种背景下，高校思政课教学也要改变传统的教学方式，充分利用信息技术对教学资源进行开发和利用，以更好地提高思政课的教学效果。而要想在新时期培养出具有创新精神、实践能力和社会责任感的社会主义事业合格建设者和可靠接班人，就必须对思政课教学资源进行深度开发。

"三度"式教学环境即为教学资源开发提供了一个合理的尺度，这种尺度在一定程度上影响着教学资源的深度开发。在"三度"式教学环境中，学生是学习的主体，教师是主导。传统的思政课教学模式是教师在课堂上进行讲授，而这种传统的授课模式只能实现浅层学习。因此，教师必须充分调动学生的积极性、主动性和创造性，要善于将抽象的理论知识形象化、具体化。高校思政课应该以学生为主体，创设"三度"式教学环境，这意味着要建立一个有度的教学环境，注重学生的主体性和参与性，以培养学生的思政素养和综合能力。

（1）创设问题情境

高校思政课教师应充分发挥学生的主体作用，积极探索并运用问题情境教学法，不断提升思政课教学实效。高校思政课创设问题情境主要把握以下几个方面：

①坚持理论与实践相结合，增强问题情境的现实性

第一，以"生"为本：以思维理念为出发点，强化思政教育感悟。理念是实践的指导原则，为实践活动指明发展方向。思政课程是高校开展思政教育活动的主要渠道，通过这种方式，培养大学生的思政能力，深入贯彻"获得感"理念，鼓励受教育对象积极参与实践教育，满足受教育对象的需求，提高思政教育的实效性，扩大思政教育影响范围。在思政教育教学活动中，以学生的需求和认知为切入点，注重学生的情感体验和思想的通达性。在以人为本的理念下，思政课程以学生为中心，创设与学生发展和认知规律相符的问题情境，鼓励学生参与实践活动，使学生在实践中得到更深刻的感悟，促进教与学的协同发展，引导学生主动思考，激发学生的求知欲，使学生在

思政课程的学习中获得满足感。

第二，价值引领：以价值趋向为出发点，充分发挥社会主义核心价值观的引导作用。在当代中国精神中，社会主义核心价值观占据重要地位，对社会的发展具有积极作用，有利于构建和谐社会环境，是全人类共同价值追求的体现，是培养时代新人的重要依据。思政课程对学生价值观的形成具有重要作用，是确保学生形成正确思想观念的重要保障。教师在开展思政教育活动时，应依据社会主义核心价值观创设问题情境，确保语言价值导向的正向性，为学生营造良好的形成价值观的环境。同时，教师应全面了解学生创设的探究情境，并分析其中的价值问题，从而了解学生的思想发展情况，掌握学生思想动态，引导学生向正确的方向发展，确保学生形成正确的价值观，在教学活动中，融入主旋律理念，使学生在潜移默化中提升个人素养，提高学生明辨是非的能力，促进学生的综合发展。

第三，策略选择：人文关怀与教育语境的融合。习近平总书记强调，要加强人文关怀和心理疏导，把高校建设成为安定团结的模范之地。思想政治理论课作为高校人文关怀实践的重要平台，必须努力拓展问题语境的人文视野，关注人文色彩的影响力。在"问题情境创设"过程中，要以关怀兴趣点为基础，在一定意义上摆脱他人的"工具化"倾向，凸显学生的主体价值与理论建构，立足学生现实发展状况，掌握学生思想动态与精神关注，理解学生现实处境，站在学生立场，扣紧学生群体真正在意的兴趣点。要以关注热点为关键，催化社会事件的教育价值，扩充思想政治理论课的具体关注域，通过运用社会热点时事推动理论联系实际的教育范式，引发学生共鸣，助力引起探究思考。要以关切难点为核心，注重教学难点的不断建构与超越，实现以感知难点带动解决难点的情境创设，提升学生的探究欲望，增强学生精神存在的价值满足性与社会存在的个体发展性。教师要以关照疑点为契机，灵活运用各种疑问设置情境，以"质疑"引发"探疑"，以"真疑"牵引"真问"。

第四，目标宗旨：多元合力的协同创新。习近平总书记指出，做好高校思想政治工作，要用好课堂教学这个主渠道……各类课程与思想政治理论课同向同行，形成协同效应。这种协同理念以真正实现思想政治理论课有效性为导向，以学生长远发展为关注点，是以文化人、以文育人的一贯遵循。思想政治理论课探究式教学"问题情境创设"为协同理念的实现提供了重要载体，能够坚持多元合力保障协同性的完成。要坚持通过课程协同方式，吸收其他学科"问题情境创设"的有效方法为其提供新方法、新模式。比如在讲授"真理的相对性"内容时，可吸取化学对比实验方法中关于定量与变量的设置，引发学生思考。要坚持通过师资协同育人方式，形成思想政治理论课教师集体备课、其他学科教师辅助备课、高校辅导员参考备课的路径，为探究式教学"问题情境创设"增添新思路、新血液。比如在讲授"山水林田湖草沙是生命共同体"内容时，生态学教师作为专业人士可提供权威性参考。要坚持通过途径协同方式，联合学校、家庭、社会三大领域力量展开实践调查与设计合作，为探究式教学"问题情境创设"拓展新空间、新渠道。比如在讲授新发展理念内容时，教师可带领学生走进相关企业、参观相关创新成果，引发学生探究思考新发展理念的必要性以及创新对企业、国家、民族的重大意义。

第五，实践导向：科学性与矛盾性并重，主导性与多样性共存。思想政治理论课探究式教学"问题情境创设"要具有科学的创造性思维与创设逻辑，明确情境是为教学内容和学生的发展创造，防止娱乐化、庸俗化、杜撰性；同时，情境又必须具备特定矛盾性，实现情境所营造的问题困惑氛围，以材料的矛盾性引领学生的疑问与探究，为探究问题的生发与提出提供实现途径。一方面，应以问题为中心，发挥教师的主导引领作用。另一方面，要实现创境激趣—创境引思—创境发问的连锁反应，必须针对不同教学内容、学生实际作出适时调整，能够灵活运用图片展示、语言描绘、辩论发声、实地考察等多样性方法，发挥学生主体能动性，增加探究式教学的趣味性与生动性，推动实现思想政治理论课教学形式多样化的吸引力与感召力、针对性与实效性，营造充满生机活力的课堂。

②注重价值性与科学性相结合，提升问题情境的思想性

思政课问题情境的设置应注重价值性与科学性相结合，即思政课教师要以马克思主义为指导，坚持正确政治方向和价值取向，并立足时代特点和学生需求，以当代社会热点、焦点、难点问题为切入点，了解当代青年学生的

思想状况和精神需求，创设一系列契合学生成长成才需求和心理特点的问题情境，激发学生思考问题、分析问题、解决问题的主动性和创造性，引导学生运用马克思主义理论认识世界、改造世界，自觉将理论知识内化于心、外化于行，真正做到入脑入心。

因此，在具体问题创设过程中，思政课教师要始终坚持以马克思主义为指导思想，以马克思主义中国化时代化的理论成果为根本遵循，用科学理论武装头脑、指导实践、夯实教学。基本要求有三个方面：

首先，坚持以马克思主义中国化时代化及其理论成果尤其是最新成果——习近平新时代中国特色社会主义思想为指导，围绕当前社会热点、焦点、难点问题，用科学理论武装头脑，指导实践，真正做到入脑入心。"一切为了人民、一切依靠人民"是我们党的优良传统和政治优势，也是我们党执政兴国的根本所在。思政课教师要时刻牢记自身使命，站在人民立场上，着眼当前社会热点、焦点、难点问题，把教学内容和社会热点、难点问题相结合，引导学生关注国家大事，了解国家发展动态，正确认识我国在经济社会发展中取得的成就，从而更加坚定道路自信和理论自信。

其次，通过思政课学习让学生坚持用马克思主义中国化时代化及其理论成果尤其是习近平新时代中国特色社会主义思想武装头脑，自觉做习近平新时代中国特色社会主义思想的坚定信仰者、积极传播者和模范践行者。让学生牢固树立正确的世界观、人生观、价值观和权力观、地位观、利益观，自觉抵制各种错误思潮影响，在日常生活中自觉做到知行合一，自觉用马克思主义理论、马克思主义中国化时代化的理论成果来指导自己的行动。

最后，要立足当前经济社会发展实际和学生成长成才需求，密切关注学生思想动态变化，把握学生心理特点和精神需求，为学生成长成才服务。学生的成长成才需求是多方面的，比如扎实的专业知识和技能、良好的思想道德素质和社会责任感、健康的体魄和心理、积极向上的人生态度和正确的价值观等。同时，学生在成长过程中也会遇到各种各样的困难和问题，比如学习压力、就业压力、人际交往问题、情感问题等。思政课要把握当前经济社会发展的特点和学生成长成才的需求，把理论和实际相结合，引导学生掌握马克思主义的基本原理和方法，了解国家的大政方针和政策法规，关注时代发展和社会变革，提升自身的思想道德素质和社会责任感。同时，思政课也要关注学生的心理特点和精神需求，帮助他们建立健康的人生态度和正确的价值观，提高他们的社会适应能力和自我发展的能力。

③坚持现实性和知识性相结合，构建"心理情境"的感染力

情境是理解和把握人的行为的重要因素。影响个体行为的因素有很多，而心理情境因素是一种最为直接的因素。心理情境是人们受外部环境刺激后，同过去的经验认知相结合形成的相应感受，从而构成的一种独特的、个性化的情境，它具有鲜明的主观性、互动性、渗透性和可控性。思政课教学过程是使学生认知、情感意志、行为发生变化的过程。心理情境在思政课教学中有着不可忽视的价值意蕴。首先，心理情境的主观性特点凸显以学生为主体的价值取向，在课堂教学中，重在激励、唤醒、调动学生学习思政课的内在动力，避免成为老师的"独角戏"。其次，心理情境所具有的互动性是实现师生沟通心理、达成思想共振的重要"催化剂"，能够实现沟通心灵、启智润心、激扬斗志的价值追求。再次，教师可以创设适当的心理情境，比如通过新鲜的案例、富于变化的课堂节奏、与学生紧密相关的实际问题、触发强烈情感体验的外在刺激等引起学生无意注意，起到潜移默化的渗透作用。最后，心理情境具有可控性，教师可以根据教学目标和要求，面对不同心理状态的学生善于调整和创设相应的心理情境，通过调节学生的认知、调整情绪状态、激发相应情感等方式改变学生的心理情境，进而改变其行为，最终实现立德树人的目标，有利于达成思政课的教学目标。思政课不仅仅是理论知识的传授过程，也是思政课教师与学生之间情感互动、心灵相通的过程。只有在一个个精心创设的"语言情境""问题情境""生活情境""网络情境"等心理情境中，通过良好的、和谐的、轻松的教育氛围，使师生之间达到思想共振、心灵相通。创设思政课教学心理情境，需要综合运用渗透、暗示、感染等间接方式，营造亲切、愉快、和谐的心理氛围和具有表现力、情绪感染力和政治感召力的教育环境，与学生之间产生心理共振、情感共鸣。

④坚持学术性与趣味性相结合，提升问题情境的吸引力

"问题是时代的声音。"思政课教师要坚持学术性与趣味性相结合，注重在教学中通过问题情境激发学生的学习兴趣，使学生主动参与到思政课的学

习中来。问题情境教学法是一种以解决实际问题为导向的教学方法,能够有效激发学生的学习兴趣和参与热情,使学生在真实而有意义的情境中进行学习,从而培养学生分析问题、解决问题的能力。然而,在实际教学过程中,教师往往将问题情境教学法理解为课堂上"提问题""答问题"的教学活动,这就使得教师在创设问题情境时缺乏针对性、有效性。思政课教师应遵循"坚持学术性与趣味性相结合"的原则,注重从理论与现实、历史与未来、宏观与微观、共性与个性等多个维度去分析问题。在具体操作中,要坚持学术性和趣味性相结合,以学术性为基础,以趣味性为手段,从而使学生更好地理解思政课知识并将其内化为自身素质。

一是要突出理论研究的学术性。当前高校思政课教学中存在着学术研究"泛政治化"现象。这种现象会导致学生产生一定的错误认识:思政课教师所讲授的内容是政治性内容或意识形态内容。这就使得学生在学习思政课时"以政治为中心"和"以知识为中心"两种倾向并存。对于学生而言,思政课是一门"学术性课程"。所以,思政课教师在创设问题情境时必须坚持学术性,要避免将思政课教学内容与学术研究内容混淆。要通过学术研究加深学生对思政课知识的理解和把握。二是要注重问题情境的趣味性。思政课教师创设问题情境应具有趣味性,要选择一些与学生现实生活有密切联系的、学生感兴趣的话题或者生活中的事例等作为创设问题情境的载体。

(2)注重实践教学

思想政治理论课实践性教育不仅有清晰的实践范围,而且也有明确的目标指向,但同时也限定了它的教学属性与其他课程实践性教育大不同,思想政治理论课实践性教育区别于其他的实践性教育,在思想政治理论课教学内容当中,不仅含有"思想道德与法治"内容,同时还含有"马克思主义基本原理概论"内容,更含有"形势与政策"等内容。在大多数高校思想政治理论课当中,马克思主义基础理论课程与思想政治现实课程占有重要地位,是高校思想政治理论课程的核心,同时也是高校思想政治教育的主要课程,不仅有助于大学生更好地把握其理论知识,更有助于强化大学生对于思想政治理论知识的理解,同时这也是大学生思想政治理论教育的主要渠道。虽然高校思想政治理论课教育与其他社会实践性教学有着一定的联系,但同时也存在一定的差异。从联系上来讲，所有的社会实践性活动都十分注重学生参与，这与学校的教学理念十分吻合，从而培养学生的协作意识与动手操作能力；从差异上来讲，思想政治理论课着重于倾向"理论导向"，同时也存在较为明显的"政治导向"，这两者也是思想政治实践性教育与其他专业课程实践性教育间的显著差别。相较于思想政治理论课实践教育，专业课程实践性教育着重于强调学生的实际操作能力，更倾向于提高学生的实际操作能力与专业知识掌握能力，而思想政治理论课实践教育更倾向于培养学生的信念与职业道德。

实践教学是大学生获取知识、培养能力和提高思想觉悟的重要途径。思想政治理论课教师要根据学生的实际情况和专业特点，要善于挖掘和利用社会资源，把社会实践与理论学习有机结合起来，教师可以组织学生参加社会实践、志愿服务、文化交流等活动，通过组织开展社会实践活动，让学生参与到社会实践中，了解和认识社会生活中的各种问题，丰富理论知识，提高综合素质，在实践中感受和理解思政知识，提高自己的实践能力和社会责任感。

在思政课教学中，学生不仅要参与课堂教学，还要积极主动地在课后开展实践活动。教师在组织学生参与社会实践活动时要充分发挥主导作用，引导学生分析问题、解决问题，并从社会实践中获取知识和经验。这就要求思政课教师在课堂教学中，不仅要讲清楚理论知识，而且还要让学生参与到理论知识的学习和运用之中，让学生学会用理论知识分析问题和解决问题。因此，教师要科学合理地设计实践教学环节，引导学生自主选择实践活动。

当然，思政课的实践教学也并不是简单地将理论知识搬到课堂上就可以了。在实践教学环节中，教师还要切实加强对学生实践活动的指导和管理。比如：在组织学生进行社会调查时，教师要提前制定好调查方案和实施细则；在组织学生进行社会调研时，要制定好调研提纲和报告提纲；在实践教学中需要引导学生从经济发展、文化建设、生态文明建设等方面展开讨论。通过讨论交流，使学生认识到我国的经济发展取得了举世瞩目的成就，但也存在一些问题。讨论交流活动让学生认识到我国经济发展中存在的问题以及这些问题产生的原因，并能从中吸取经验教训；在开展社会实践活动时，要与当地相关部门建立好联系等。

总之，学生通过参加社会实践活动的方式能更自觉主动地接受并理解马克思主义理论及马克思主义中国化时代化的理论成果，理解我们党之所以能够在革命、建设、改革各个历史时期，始终保持先进性和纯洁性，始终走在时代前列，根本原因在于我们党始终重视思想政治工作，坚持用马克思主义中国化时代化最新成果武装全党、教育人民，结合历史的回顾和时代的发展，理解马克思主义中国化时代化理论成果指导之下取得的历史成就，理解中国共产党是中国特色社会主义事业的坚强领导核心，理解中国特色社会主义道路的正确性等，有力提升思政课教学的效果，使学生树立正确的世界观、人生观和价值观，提高马克思主义信仰和政治素养，让理论知识真正内化为学生的自觉行动。

（3）营造良好的课堂氛围

在教学过程中，教师应该营造一个积极向上、和谐愉快的课堂氛围，让学生感受到轻松和自由。教师可以采用幽默的语言、生动的例子、丰富的案例等，营造出生动有趣的课堂氛围，激发学生的学习兴趣和积极性。思政课教师应该多采用启发式、互动式、案例式教学方法来激发学生的学习兴趣，促进师生之间的交流与互动。

①教师在课堂上应积极营造民主、平等、和谐的师生关系

第一，学习始于学生对关系的认同。学生在成长过程中，离不开各种关系的作用，在各个关系中不断成长，其中有家庭关系、师生关系、同学关系、社会关系等，这些关系不仅影响着学生个体的成长质量，同时也影响着学生个体的发展质量，而学生在成长过程中，学习是学生的首要任务，同时也是关系认同的一个过程。在这个过程中，首先需要充分考虑两种关系：一是学生在学习过程中，对所学知识的认同；二是学生在学习过程中，新旧知识之间联系的认同。对此，建构主义学习理论认为学生的学习可分为两种不同的层次，一种是初级知识学习，另一种则是高级知识学习，而在思想政治理论课当中，很大一部分教学内容不仅具有一定的理论性与政治性，而且还具有一定的实践性与针对性，只有充分激发学生的积极性，才能够使学生更好地应用现有理论知识，将新旧理论知识进行有机结合，并学会融会贯通，可是想要做到这一点，不仅取决于学生对于新知识的接受能力，很大程度上

还取决于学生对于新知识的关注度，更取决于学生的自我学习能力。当学生在接受教师所传递知识的过程中，学生个体会先判断这个新知识对自身是否重要，能否满足自身内在需求，同时自身是否具备消化这一资源的能力，从而产生一定的学习动机，然后开启学习模式，从这不难看出，学习对于学生而言，取决于学生对于新知识的一种需要，更始于学生对于新旧知识之间关系的认同。

第二，良好的师生关系，是学生思想政治教育理论学习动力的基础。在思想政治教学过程中，课堂教学是思想政治教育的第一课堂，同时也是教育教学过程中最为普遍的一种教学方式，它是教师知识与技能传授的主要过程，并且也是学生掌握知识与技能的全过程，而在这过程中，离不开教师与学生这两个重要主体，共同组建了一个教学过程。而师生之间的关系也成了最重要的话题，良好的师生关系不仅有助于学生建立良好的学习动机，很大程度上有助于学生积极地参与到教学活动当中，而对于学生而言，教师一视同仁的态度会使学生产生学习的动力，教师言语的鼓励会使学生树立自信心，从而使学生在良性发展道路上持续迈进。可见良好的师生关系，对于学生思想政治理论教育能够产生积极的影响，而这就要求教师不仅充分尊重学生个体，还要充分热爱每一位学生，这不仅是教师最基本的职业操守，同时也是教师最基本的修养。不仅如此，教师还要善于发现学生身上的优点，用积极的言语鼓励学生发展自身长处，从而使师生之间建立良好的感情关系，这有助于促进学生产生积极的学习动力。

②教师在课堂上要不断丰富教学形式，运用各种教学手段和方法

在思政课教学过程中，教师要注重运用多种教学方法，营造良好的教学氛围，使学生在轻松愉快的课堂氛围中学习理论知识，使理论知识更好地内化为学生的知识素养。例如，教师可以采用多媒体技术制作课件、动画等形式向学生展示思政教学内容。在课堂上，教师可以采用小组合作学习的方式进行，通过问题的讨论、头脑风暴等方式来激发学生的学习兴趣，让学生成为课堂上真正的主体。教师还可以通过主题辩论会、案例分析、小组讨论等多种形式让学生主动参与到教学活动中来。例如教师可以采用理论结合实际的案例式教学，用实例说明一些理论问题，又如教师可以采用情景模拟式教

学等。教师要注意结合当前社会热点问题开展专题讲座和主题讨论等活动。

教师在课堂上还要充分发挥榜样示范作用。榜样示范就是要用榜样人物的事迹来引导学生学习。比如教师可以通过自身或者身边人、身边事来进行榜样示范，对学生产生潜移默化的影响。另外教师还可以在课堂上表扬鼓励学习成绩优异或表现突出的学生，激发他们的学习兴趣和动力。

思政课教师在教学内容的设计上要有针对性，要符合学生的认知规律。只有这样，才能提高课堂的教学质量，使学生对思政课产生兴趣。为此，教师在备课过程中要认真钻研教材，全面了解学生的思想状况和认知水平，分析他们的需要和困惑。同时还要研究马克思主义理论及其发展历史、社会主义发展历史及其规律等，这样才能使教学内容既有高度、深度，也能有贴近学生实际、贴近生活实际的温度。

另外，高校思政课教师还应充分利用网络信息技术和现代多媒体设备来丰富课程的教学内容，这样不仅能够打破传统教学中的时间与空间限制，而且也能够为学生提供一个更加广阔的学习平台。教师可以通过网络信息技术和现代多媒体设备来挖掘丰富的教学资源，尤其是以案例分析为主的案例式教学方法更是在当前高校思想政治理论课教学中得到了广泛的应用，不仅能够使学生通过案例来加深对相关理论知识的理解，而且还能够激发学生的学习兴趣。比如，在讲授邓小平理论回答的基本问题时，教师可以利用网络信息技术和现代多媒体设备来寻找一些与相关理论问题有关的案例资料，然后结合思政课相关课程教学内容为学生提供一个案例分析平台使学生充分认识到所学内容。再比如，在讲授习近平新时代中国特色社会主义思想回答的时代课题时，教师可以选取党的十八大以来我国社会发展面临的主要问题作为教学案例，然后通过网络信息技术和现代多媒体设备来为学生提供一个学习平台，这样不仅能够使学生更加全面地了解我国当前面临的主要问题，而且还能够使学生深刻地认识到当前我国社会发展面临的主要问题是什么。

③教师不断提高自身素养，以学生为本，创造良好课堂氛围

思政课教师要不断提升自己的专业知识和综合素养，具备"板凳甘坐十年冷"的精神，做到"板凳甘坐十年冷"是一种境界、一种胸怀、一种责任、一种追求。只有这样才能让学生受到良好的思想教育和道德熏陶，从而使思

政课真正成为学生真心喜爱、终身受益、毕生难忘的课程。第一，高校思政课教师要始终把思想政治教育放在首位，不断增强自身的政治素养和思想修养。第二，良好的课堂氛围还需要教师自身具备较强的专业素养和能力，不断提高自身的专业水平和能力，才能有效地为学生营造良好的课堂氛围。第三，高校思政课教师要努力学习思政课相关知识，对本学科有着深入的研究和理解，不断掌握最新理论知识和信息，及时更新自己的知识结构，这样才能更好地用马克思主义理论去分析问题和解决问题。第四，高校思政课教师要具备渊博知识和深厚底蕴，教师要树立终身学习的理念，不断更新自己的教学理念和教学方法，这样才能给学生带来丰富而生动形象的知识。第五，高校思政课教师要不断提高自己的授课艺术水平和能力。只有这样，才能真正实现"以学生为中心"的教学理念。只有这样才能使学生从被动接受变为主动参与课堂教学活动，从而为学生营造出良好的课堂氛围。

学生是思政课教学活动的主体，他们对思政课的学习有较高的兴趣，也会对思政课产生更高的期待。这就要求思政课教师在教学过程中，要将"以学生为中心"理念贯彻落实到教学实践中，不断创新教学方式方法，以良好的课堂氛围激发学生的学习兴趣，充分调动学生学习思政课的积极性和主动性。

（4）以教师为主导，拓展"深度"教学资源

在课程教学开展的过程中，教师作为主导者具有无法替代的作用。因此，教师要明确自己的职责所在，充分发挥自身的作用来扮演好自己的角色，并且要利用不同的渠道以及形式来对课程教学的资源进行扩展，使其教学资源更加丰富。

教材作为思政教学的基础资源，教师要对其充分利用，但是也要注意对教材的选取，并不是教材中所有的内容都能够利用得上，避免教材中重复内容的堆砌，对教材要做到充分的尊重，以此为基础对教材进一步拓展，让教学资源更加丰富，增强教学内容的生动趣味性以及针对性。教学资源的拓展能够让教材内容更加完善，学生也能够对教材内容有一个整体的掌握，让学生对思政课堂保持积极主动性。

首先，对于教师来说，科学素养以及人文素养的提高尤为重要，教师要做到以身作则，在希望学生成为什么样的人之前，自己首先要能够做到。对社会主义建设者以及接班人的培养要求教师必须具备专业的知识以及高尚的品德，为引导学生学会为人处世，进而成为被社会所尊重的楷模，树立起教师榜样。丰富的科学知识是思政教师的必须具备的能力，不管是哪一领域或者是行业，对科学知识的学习都不能忽视，对行业中的专业术语做到理解，并增加对前沿知识的掌握。其次，对于教师科学态度的培养也是思政教学过程中的关键因素。思政课堂的基本原则是要做到有理有据，教师在育人过程中不仅仅是讲故事这么简单，而且要做到以理服人，在充分掌握道理的同时也要学会讲道理。思想、逻辑以及语言是思政课程的核心，教师要保持思想上的独特见解，逻辑上的严谨性以及语言表达的优美。最后，科研也是思政课程中不可忽视的一点，对科学研究方法以及过程的认识，是对教学实践不断地总结以及思考而得来的。教学研究和学术研究两者之间从本质上来说大抵相同，因此两者之间存在着一定的关联，且无法分割，主要的差异是研究对象的不同。思政课程的开展不能脱离育人的目的，学术研究和教学是相辅相成的，教学的良好开展离不开学术研究，同样，对学术研究的掌握也要利用教学的开展来完成，因此教学也离不开科学研究。

①开展专题式教学，对教材内容进行拓展

教师需要结合教材内容和学生实际情况，确定一些具有代表性、时效性、现实性的专题，并制订详细的教学方案，明确每个专题的具体内容、重点难点和教学方式等。针对每个专题，教师需要选择适合的案例进行分析和讨论。选择的案例应该具有真实性、典型性和启示性，能够帮助学生更好地理解教材内容，并能够引起学生的兴趣和思考。教师可以将当前社会上的时事热点问题与教材内容相结合，引导学生进行分析和讨论。这可以帮助学生更好地了解社会现状和发展趋势，提高他们的社会责任感和分析能力。教师可以在课堂上设置一些互动环节，如小组讨论、角色扮演等，引导学生积极参与，提高他们的学习积极性和参与度。教师可以向学生推荐一些相关的参考书籍、文章、影视作品、公众号或网站，引导他们进行拓展性学习，帮助学生更深入地了解课程内容，扩大他们的知识面和视野。

②对课程资源进行充分挖掘，并将其与课程内容相结合

课程资源是指教师在教学过程中所运用的教学资源，包括教材、多媒体

课件、相关资料等。教师要善于利用好这些课程资源，并对其进行充分挖掘。

大学思想政治教育教学一直处在摸索中不断前行的状态，在创新中寻求发展，教学环境也得到了相应的改善，从教学质量上来说，更是得到了明显的提高，从总体发展态势来看，较为良好，但是许多顽固的教学问题仍旧存在。尽管教师们在课堂上进行了丰富多彩的教学活动，课堂气氛看起来也较为活跃，但是，他们的教学效果仅仅停留在表面，很难让大学生的思想政治课堂参与度和活跃度得到提升。要想让教学效果从根本上得到改善，教学教材的完善创新以及大学生学习积极性的提高是关键。全新的思想政治教育教材要体现出开放、与时俱进的特征，教师要善于利用"活教材"拓展知识，要根据现代课程标准与时俱进，充分利用课程资源。思想政治教育课程不仅仅是在大学中开设，目前中小学也逐渐开设了思想政治理论课，但由于教学内容具有重复性，教学理念较为无趣，对学生来说缺乏吸引力。在大学的思想政治教育中，要不断地进行改革，抛弃死板的教学方式，根据时代的特征来选择与之匹配的案例，让学生学会利用马克思主义的原理来解决问题，完善课本中的理论概念，并得出最终的结论，自身的道德以及行为标准也需要利用价值标准来进行衡量。思政课教师在备课时，要善于运用国内外热点话题，对此进行分析以及解决问题时，要学会融入马克思主义基本原理，让大学生对哲学的思想真理的认知更加深刻。

在教学过程中，教师可以通过精心设计问题，使学生对教学内容产生浓厚的兴趣。教师可以利用多媒体课件对教材中的重要内容进行展示，从而提高课堂教学效率。同时，教师要充分挖掘教材中的各种素材，对其进行有效整合，使其与课程内容相结合，从而增强课堂教学的吸引力。比如：在讲授"毛泽东思想和中国特色社会主义理论体系概论"这一课程时，教师可以充分利用《毛泽东思想和中国特色社会主义理论体系概论》（2023版）这本教材中的内容进行讲解。另外，教师还可以利用多媒体来展示课程内容中的一些图片及相应的辅助视频等。通过对这些资源的展示，可使学生对相关理论内容有一个更加直观和清晰的认识与理解。教师还可以充分运用重要的会议报告及重要讲话等，如党的十九大报告、建党百年七一重要讲话、党的二十大报告等融入课程内容，让学生通过历史与现实的结合，中国特色社会主义理论体系与实践的结合与发展，从而更好地把握理解课程内容。

③开发教材之外的资源，对相关资料进行搜集

在教学过程中，教师要结合实际情况，对教材之外的教学资源进行充分的挖掘，教师要通过各种方式拓宽学生的视野，从更深层次了解社会现实，挖掘所学理论知识在社会生活中的实际应用价值。同时教师要引导学生养成良好的阅读习惯和学习习惯，在课堂之外进行广泛阅读，尤其注重读原文原著。进而使教材内容与理论渊源以及现实实际相结合，实现教学效果的最大化。比如：学生通过对改革开放史等相关资料的学习，可加深对中国特色社会主义建设所取得的伟大成就和改革开放以来所取得的伟大成就的认识，同时也可加深对我国社会主义建设所存在的不足之处和有待进一步完善之处的认识。通过教师与学生之间的互动交流，使学生充分地认识到中国特色社会主义探索与建设过程的艰辛和仍旧存在的问题，从而能够明确今后努力的方向和实现第二个百年奋斗目标。

当代青年虽生于盛世，但是所担负的使命较为重要，因此，高校思想政治课程的开展要跟随时代发展的脚步，培养出更多为共产主义不懈奋斗的新一代年轻人。习近平总书记在新时期对人民教师提出了新的要求，积极探索新时期全新教育教学方式，提高教育教学水平。高校思想政治理论课的教学方式也要创新，要把课堂和实践紧密地联系在一起，大力推广智能教学方法，开展线上和线下的双师融合，以此来提高教学效果。比如，在讲土地革命时期乡村思想教育发展这个话题的时候，教师们可以通过欣赏活动、语言传递、引导探究等多种教学手段相结合的方式来进行。在讲授马克思主义的基础知识的同时，还可以引导学生就如何"发挥马克思主义在乡村教育中的作用"等问题进行提问，并引导学生进行小组讨论，让学生们主动表达自己的看法。灵活多样的教学方法，创造了良好的学习气氛，激发了更多的学生积极主动地参与学习，培养学生发现问题的意识，提高学生分析与解决问题的能力，进而增强学生的情感价值。

④加强校园文化建设，开展丰富多彩的校园文化活动

校园文化是一个学校的精神旗帜，也是一个学校办学水平和办学特色的重要标志之一，同时也是思政课教师开展思想政治教育的重要资源。在高校

的校园文化建设中，应大力弘扬社会主义核心价值观，充分发挥社会主义核心价值观对大学生的教育引领作用。文化活动是学校培养人的重要手段，是学校教育的重要载体。

一方面，高校思想政治理论课教师应该认真学习贯彻落实习近平总书记关于加强和改进思政课建设的重要指示精神，坚持以生为本，遵循教育教学规律和大学生成长成才规律，将高校校园文化建设融入思政课教学中。例如在"毛泽东思想和中国特色社会主义理论体系概论"的课堂上，教师可以组织学生观看有关中共党史、新中国史、改革开放史等相关视频资料。通过视频资料可以使学生认识到中国共产党是中国人民和中华民族的主心骨。可以通过观看《建国大业》《建党伟业》《建军大业》等电影、电视剧了解中国共产党的光辉历史。也可以让学生观看有关改革开放40周年、建党100周年等相关纪录片、专题片，还可以让学生观看《无穷之路》等反映脱贫攻坚工作的视频资料。通过这些方式，使学生认识到党和国家对青年一代寄予厚望，引导他们树立正确的世界观、人生观和价值观。此外，还可以在思政理论课中组织学生学习中共党史、新中国史以及改革开放史等内容。这些都能够帮助学生更好地了解我们党和国家走过的光辉历程。在"毛泽东思想和中国特色社会主义理论体系概论"的课堂上，教师还可以结合党和国家最新方针政策以及当前热点问题为学生讲解中国特色社会主义理论体系的基本内容。比如：在讲解习近平新时代中国特色社会主义思想时，可以结合党的十八大以来党和国家取得的巨大成就以及党和国家近年来的重大发展战略等。

另一方面，高校可以组织开展丰富多彩的思政主题校园文化活动，让学生在活动中理解和体会思政课的教学内容。例如，高校可以在学期末举行优秀学生演讲比赛，邀请知名专家和领导干部以专题报告形式为学生解读党的二十大精神等。再如，高校可以开展"纪念五四运动100周年""庆祝建党100周年""庆祝新中国成立70周年""学雷锋精神""弘扬中华优秀传统文化，讲好中国故事""弘扬爱国主义精神"等主题活动，使学生通过亲身参与这些活动，进一步加深对思想政治理论课的理解和认识。此外，高校可以在寒假或暑假组织学生参与到社会实践中去，以增强大学生对党的认识。通过组织大学生参加社会实践活动，让他们在实践中学习马克思主义理论，把理论与实际相结合，从思想上理解和把握理论的基本观点和精神实质。通过开展丰富多彩的校园文化活动，能够使学生充分感受到社会主义制度的优越性，增强学生对党和国家的认同和拥护，增强大学生对党和国家的认同感和归属感。

⑤充分发挥学校社团的作用

近几年间，高校思政课程教学活动的开展得到了国家的高度重视，而在高校思想政治理论课建设规范中，也有明确规定，要把思政理论课的实践教学工作融入教学计划之中，统筹整合各个学科的实践教学，建立起一个完整的实践教学组织体系，为学生提供有效的思政教育指导。

在这一背景下，在学生社团活动中融入思政理论教学，能够让思政实践教学活动得到进一步创新，并且能够为实践教学活动创造出新的发展空间，让整个教学活动的有效性得到提高，同时也能够合理地培养学生的思想政治素养。因此，教师要对教学资源进行合理的利用，比如说学生社团。以学生的爱好为基础，教师组建起不同的社团，以社团活动作为载体，在活动中融入知识，以多种方式让学生在活动中了解历史知识以及党和国家政策以及方针。让他们在活动中掌握对问题分析以及解决的能力，并学会独立思考以及自主学习。与此同时，让学生在活动中体验成就感，提高他们对历史知识的兴趣。

总之，基于深度学习理论的"三度式"教学资源开发模式是教师主导下，通过对不同形式和不同渠道的教学资源进行开发和利用，实现对课程教学内容、方式、方法的创新和变革，从而使学生达到深度学习的目的。

4.3 基于深度学习理论的"三度式"教学资源开发策略

基于深度学习理论的"三度式"教学是以深度学习理论为基础，以高校思政课教学资源的开发为目标，在坚持以学生为本、尊重学生的主体地位，立足于学生的发展需要、满足学生的学习需求的前提下，基于课程内容和学生实际，通过对教学内容深度建构、深度理解和深度创造，引导学生对知识体系进行深度加工、建构，以促进学生学习方式由浅层学习向深度学习转变。

4.3.1 教学内容的深度建构

高校思想政治理论课"三度式"教学发展必须立足时代、扎根现实。新时代中国特色社会主义理论与实践的发展是高校思想政治理论课改革的宏观背景与现实基础。具体而言，中国特色社会主义在新时代的新发展、新境界和新气魄，为高校思想政治理论课"三度式"教学改革提供了实践、理论与信心的现实支撑。

（1）中国特色社会主义实践发展生动案例的融入

中国的特殊发展道路和四个现代化的巨大成就，为我国高校思想政治理论课的内涵发展提供了充分的物质基础和社会基础。在改革开放的背景下，中国走出了一条既符合中国实际又具有鲜明特点的发展道路，取得了辉煌成就，实现了中国从"站起来"到"富起来"的历史性飞跃。党的十八大以后，中国特色社会主义建设不断发展壮大，成绩斐然。中国正在发生的巨大社会变化，不是单纯地继承我们的历史和文化，也不能简单地照搬马克思主义经典作家的理论，更不能照搬别国的社会主义实践，更没有现成的教材。目前，中国已经成为世界第二大经济体，综合国力和国际影响力显著提高。党的领导水平、国民经济的面貌、人民的生活水平、中华民族的国际地位都得到了空前改善。中国从"富起来"到"强起来"，把中国特色社会主义的建设推向了一个新的高度。

中国特色社会主义建设的伟大成就为高校思想政治理论课建设提供了更强大的物质基础和社会基础。课程建设作为思想上层建筑的一部分，根植于新时代中国特色社会主义建设的伟大实践之中。它依托于现实的社会背景和条件，遵循理论联系实际的原则，将思政小课堂与社会大课堂相结合，充分挖掘新时代社会实践中的生动事例、真实故事、先进典型、经验教训等素材，为课程教学提供有力的佐证，增强理论说服力，提高课程教育的有效性和科学性，更好地履行"四个服务"的时代使命。

（2）中国特色社会主义理论发展最新成果的融入

习近平新时代中国特色社会主义思想为中国特色社会主义理论开辟了全新的发展领域，为我国社会主义建设提供了新的思路和方法。这一思想是在当今世界形势发生新变化、科学社会主义进入新阶段、中国特色社会主义进入新时代的背景下形成的。习近平新时代中国特色社会主义思想是马克思主义中国化的最新成果，是我们党和人民集体智慧的结晶，是当代中国精神的精髓所在，是我国政治生活、社会生活的根本方向。

高校思想政治理论课作为一门理论课程，必须紧密联系社会主义发展实际，对其进行理论阐释和宣传教育，并基于我国实际发展情况进行建设。新时代中国特色社会主义思想是课程建设的思想指导和理论基础，使课程建设以马克思主义中国化时代化最新理论成果为基础，紧跟时代发展和理论创新步伐，不断调整自身发展的时间和空间方位，切实满足国家和社会发展的需求。

高校思想政治理论课要与时俱进，以习近平新时代中国特色社会主义思想为主线，通过科学研究推进中国特色社会主义思想课程内容的整合，切实推进新时代中国特色社会主义思想的"三进"，使学生对新时代中国特色社会主义思想的科学性和特殊性有清晰的认识。将习近平新时代中国特色社会主义思想纳入思政课话语体系，为构建学科话语体系提供科学理论指导，为构建教材话语体系提供充足的阐释资源，为构建教学话语体系提供权威参照范本。具体而言，以新时代中国特色社会主义思想铸魂育人，就是要从"八个明确""十四个坚持"的理论阐释中，帮助大学生认识到坚持和发展中国特色社会主义这一重大思想。运用新时代中国特色社会主义思想中的理论素材、鲜活的话语、丰富的思维视野，对大学生进行引导，激发他们的理论热情。我们要用"五位一体"总体布局、"四个全面"战略布局、中华民族伟大复兴的中国梦等思想教育内容，培养大学生的爱国情怀，让他们成为新时代的追梦人和圆梦人。同时，以新时代中国特色社会主义思想对大学生进行国际国内形势的判断和引导，帮助他们认清形势，勇于担当民族复兴的重任。习近平总书记对青年和大学生寄予厚望，并给予了殷切的期望和教诲，激励他们树立远大理想，积极为祖国和社会服务。

总之，就是要用习近平新时代中国特色社会主义思想来"铸魂育人"，使学生的思想政治理论水平持续提高，达到知、情、意、行的有机结合。

（3）中华优秀传统文化的融入

一是将传统美德融入高校思想政治理论课教学。中华优秀传统文化蕴含着丰富的内涵，其中最为核心的是传统美德。这种美德涵盖了国家大德、社会公德、家庭美德和个人品德等多个方面，强调了爱国、统一、睦邻、义气、厚德、诚信、和谐、孝敬、慎独、修身等价值观。这些美德对于培养大学生的道德品质具有积极作用。通过将传统美德融入高校思想政治理论课教学，可以增强大学生的情感共鸣和精神纽带，提高他们的思想素养和道德品质。因此，高校思想政治理论课应当注重引导大学生传承和弘扬中华优秀传统美德，将其融入自身的价值观和行为准则中，以促进高尚道德情操的培养。

二是汲取中国传统道德教育方法论的智慧。中国古代社会对"德行"的示范效应高度重视，强调个人的自觉追求，这就为我们汲取传统道德教育方法论的智慧提供了前提和条件。"立德"与"修身"作为古人对高尚生命状态的追求，是他们对人生价值和意义的理想追求，而对个人道德修养的自觉性则是他们道德实践活动最重要、最根本的内容。因此，我们可以在高校德育工作中着重利用传统修身养德、以身作则、因材施教、启发诱导、情感陶冶等德育手段，将现代化的教育手段进行有效的转换，提高理论教育的亲和力、吸引力、渗透力，促进高校思想政治理论课教育成效。

三是通过设置与传统文化相关的选修课程，从中华优秀传统文化中汲取历史的力量。在大学思想政治理论课的教学实践中，可以设置一系列与优秀传统文化相关的选择性、专门性、强制性的课程，如开设"中国古代政治制度""中国古代社会发展研究"等课程。在此基础上，还可以通过"大思政课"的形式，将优秀传统文化中的珍贵思想资源有选择地、有重点地融入大学的其他课程之中。比如，将重民本、讲仁爱、守诚信、崇正义、尚和合、求大同的思想观念，以及真诚善良、自强不息、重情重义、宽容平和、见义勇为、尊老爱幼等精神品质，广泛渗透到专业课、通识课等其他课程之中，为高校思想政治理论课的建设提供全面而丰富的内涵给养。

（4）革命文化的融入

革命文化对高校德育工作具有重要的指导意义。革命老区是我党和我军的根，我们要不忘初心，不断从这段历史中汲取智慧和力量。实现思政课"三度式"教学改革必须坚持利用好红色资源，发扬红色传统，传承红色基因。而革命文化为其内涵发展提供了丰富的精神营养。

首先，要从革命精神发展的历史长河中汲取精神营养。在中国共产党的领导下，中国人民形成了诸如"薪火相传""井冈山精神""长征精神""延安精神""西柏坡精神"等革命精神，以及"大庆精神""'两弹一星'精神""抗洪精神""载人航天精神""抗疫精神"等，这些都是激励一代代中国人奋勇前进、克服重重困难，最终实现民族独立和美好未来的核心精神力量，也是高校思想政治理论课的珍贵财富。

其次，要从革命的道德准则和榜样中获得生命价值动力。在中国共产党的领导下，中国人民在艰苦的革命斗争中形成了一系列道德准则和规范，例如恪守信仰、忠于组织、服从集体、不怕牺牲、甘于奉献、自力更生、艰苦奋斗、谦虚谨慎、戒骄戒躁等。涌现出一大批道德楷模，例如毛泽东、周恩来、刘少奇、朱德、邓小平、方志敏、杨开慧、董存瑞、赵一曼、白求恩、王若飞、冼星海等，这些都是中国共产党人崇高的精神境界和价值追求。在高校思想政治理论课程建设过程中，应全面渗透和融合共产党员的高尚道德和价值追求，扩大教育视野，引导他们树立正确的生命价值观，摒弃"小我"的狭隘观念，树立"大我"的奉献精神，将自己的发展与祖国的未来命运紧密联系在一起。

最后，要挖掘红色文化中丰富的教育资源。一方面，从由革命文化引导的党史、军史、国史中提炼出教育资源，遵循客观的历史规律，并与共产党员的先进事迹相结合，使学生对党的执政地位、中国特色社会主义制度的来之不易有更加深刻的认识，增强学生对中国共产党领导和我国社会主义制度的认同感。另一方面，我国拥有丰富的革命遗迹，已登记在案的革命遗址超过3万座，可移动的革命文物超过50万件，这些是高校思想政治理论课程建设不容忽视的宝贵资源。可以通过这些遗址和文物作为平台，推动课程的实践性教学，引导同学们实地参观、瞻仰英雄先烈、重温革命苦难，用真人真事讲述革命历史和先进事迹，提高理论教育的感染力和真实性。通过实地的参观和讲解，将学生们与理论和历史之间的距离拉得更近，用革命人物的正直、革命精神的能量、革命历史的尊严和革命传统的力量来感染和鼓舞大学生。同时，用真实的人物、具体的场所和取得的成就来对抗历史虚无主义，对主流价值观进行正面的宣传，筑牢意识形态的坚强堡垒。

（5）社会主义先进文化的融入

社会主义先进文化可为高校思想政治理论课建设和发展提供重要的时代力量、知识力量和自立力量。

首先，可以从社会主义先进文化中汲取时代动力，推动课程建设。社会主义先进文化在建立、探索、改革和发展的基础上，随着时代的发展而不断进步。它是在不断发展的过程中形成的，包含了社会主义发展与建设的先进思想理论内容。在掌握社会主义先进文化的历史脉络的基础上，要加强学生对新时代中国特色社会主义的认识和心理上的认同。社会主义先进文化具有鲜明的时代特征和强大的时代动力，是高校思想政治理论课建设的重要依据。

其次，可以从先进的社会主义文化中汲取课程的智力动力。要坚持马克思主义的指导地位，要凝聚社会主义核心价值体系，要培养社会主义核心价值观，要在不同的职业和群体中形成基本的道德准则，这是大学生思想政治理论课的理论内容和教育的基本准则。社会主义的本质理论、发展阶段的理论、"五位一体"的总体布局、"四个全面"的战略布局等，都是社会主义先进文化的重要组成部分。学习这些知识有助于年轻的大学生更加深刻地认识中国的国情和现实，对党的领导持有肯定态度，并跟随党的步伐，高举中国特色社会主义这面伟大的旗帜。

最后，可以从先进的社会主义文化中汲取思政课发展的动力。社会主义先进文化是一种具有时代特征、与时俱进的文化，蕴含着改革创新的精神，反映了时代的脉搏和潮流特征。随着新时期中华文化强国战略的部署与实施，我国文化软实力不断增强，在国际上的影响力不断扩大。在此背景下，高校思想政治理论课的特点和优势将得到更多的认同、认可和支持，逐步迈向内涵式发展的重要阶段。

中国特色社会主义文化是思政课程建设发展的强大动力源泉。我国数千年来创造了丰富的优秀传统文化，同时，党领导人民在革命、建设、改革中培育出了革命文化和社会主义先进文化。这些文化都是思政课建设的强大动力。

4.3.2 教学资源的深度构建

思政课教学资源体系是指组成课程资源的各种资源类别体系总称。对课程资源的分类主要有以下几种方式：一是以课程标准为主要线索的课程资源（这类资源主要依据课程标准的各项要求进行组织和筛选）、以不同版本的教科书为线索进行组织的课程资源；二是以考试训练资源为主要内容的课程资源（这类资源着重于为学生提供应试训练和模拟考试环境，以增强学生的应试能力和信心）；三是与教师无关的学生自学所用的资源（如在线学习资源、自主学习教材等）；四是教师所用的资源（如教师用书、教学辅助材料、多媒体教学资源等）。

对各类资源进行分类，可以将其分为三种形式，即核心资源库、辅助资源库、学习工具库。课程资源的组织形式可以根据师生的不同需求，采用一种或几种形式进行。（见图4-1）

```
┌─────────────────┐  ┌─────────────────┐  ┌─────────────────┐
│   核心资源库    │  │   辅助资源库    │  │   学习工具库    │
└────────┬────────┘  └────────┬────────┘  └────────┬────────┘
         ▼                    ▼                    ▼
┌──────┬──────┬──────┐  ┌──────┬──────┐  ┌──────┬──────┐
│教材  │教学  │教学  │  │案例  │习题  │  │数据库│软件和│
│资源  │视频  │材料  │  │研究  │库    │  │线上  │应用  │
│      │      │      │  │      │      │  │资源  │程序  │
└──────┴──────┴──────┘  └──────┴──────┘  └──────┴──────┘
```

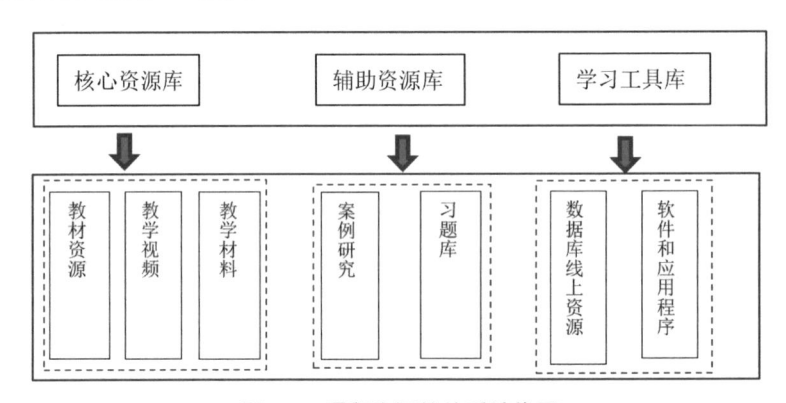

图 4-1　课程资源的体系结构图

（1）核心资源库

思政课核心资源库的建设是当前高校思想政治教育工作的重要任务之一。其中，思想政治理论课教材资源、教学视频建设和相关教学材料建设是核心资源库的重要组成部分。

① 教材资源

思想政治理论课教材资源主要是指全国高校统一使用的思想政治理论课教材，包括《马克思主义基本原理概论》《毛泽东思想和中国特色社会主义理论体系概论》《中国近现代史纲要》和《思想道德修养与法律基础》等。

这些教材内容丰富，涵盖了马克思主义理论的各个方面，包括马克思主义哲学、政治经济学、科学社会主义等方面。这些教材是进行思想政治理论课教学的基本依据，对于提高学生的思想政治素质和培养学生的分析能力、判断能力、思考能力等方面具有重要的作用。

例如，《马克思主义基本原理概论》从马克思主义哲学、政治经济学、科学社会主义等方面对马克思主义进行了全面系统的阐述；《毛泽东思想和中国特色社会主义理论体系概论》则着重介绍了毛泽东思想和中国特色社会主义理论体系的相关内容；《中国近现代史纲要》则从历史的角度介绍了中国近现代史的发展历程和主要事件；《思想道德修养与法律基础》则主要介绍了思想道德和法律基础方面的知识。这些教材的内容相互补充，使得学生能够全面系统地了解和掌握马克思主义理论和相关知识。这些教材是由教育部组织编写和审定的，具有较高的权威性和规范性。在编写过程中，编者们充分考虑了高校学生的实际情况和需要，结合了多年的教学经验和实践经验，使得这些教材更加贴近学生的实际生活和学习需要。同时，这些教材在语言表述、概念使用等方面也更加规范和准确，有利于学生形成正确的思想观念和价值观。

② 教学视频库建设

思政课教学视频库建设，就是利用现代信息技术，通过对传统思政课教学资源的整理、收集、加工、整合，形成适合高校学生学习需要的视频资源库。它既可以作为传统教学资源的一种补充，也可以作为传统教学资源的继承和发展。从这个意义上说，思政课教学视频库建设是对传统思政课教学资源的继承与发展。它不是简单地把传统思政课教学资源进行整理、加工、整合，也不是简单地对传统思政课教学资源进行数字化和网络化。它是对传统思政课教学资源进行深入研究和系统梳理的基础上，运用现代信息技术对其进行深入开发与利用。具体来说，就是要从内容上、形式上、方法上进行创新，把思政课教学视频库建设成高校学生学习使用的优质教学资源库。

教学视频库建设是一个系统工程，需要各个方面、各个环节、各个部门的共同参与，需要全体师生的共同努力。视频库建设要注重实效性，就是要将马克思主义理论与中国实际相结合，用中国人讲中国事、中国人说中国事，让思政课真正有"温度"、有"高度"。教学视频库建设不能搞花架子，不能搞表面工程，不能急功近利。我们要将教学视频库建设作为一项长期的基础性工程来抓，将其作为一个重要的工作来抓。要始终坚持以学生为本的理念，以学生为主体进行视频库建设。我们要建设一个开放的、动态的、共享的视频库,让广大师生能够通过视频库学习到最新、最全、最权威的马克思主义理论。

必须注意的是视频库建设是为了满足学生的需求,让学生学有所得,学有所获,它不是简单地将教师讲授的内容进行复制、粘贴,而是要在一定程度上进行改造。因此,视频库建设要从学生的需求出发,对教学视频进行个性化、差异化处理,做到因人而异、因材施教。视频库建设也要重视对教师的培养和培训,要让教师参与到视频库建设中来,使他们成为视频库建设的骨干力量,需要广大教师改变过去照本宣科、重复说教的传统教学方法,而是采取多样有效的教学方式和方法,比如问题式教学、案例式教学等。这些都需要在视频库建设中加以体现和应用。

另外,教学视频库建设要充分体现时代性,与时代发展和社会现实相适应,以马克思主义为指导,以坚持社会主义办学方向、坚持立德树人为根本任务,坚持改革创新精神。高校思政课视频库建设要体现时代性,就是要围绕新时代中国特色社会主义建设的伟大实践和重大现实问题,反映当代大学生关心的热点难点问题和思想困惑问题,特别是要把习近平新时代中国特色社会主义思想的理论创新、实践创新、制度创新以及习近平总书记对青年一代的关心关怀反映到视频库建设当中。在这个过程中,还要把马克思主义基本原理同中国具体实际相结合、同中华优秀传统文化相结合的案例充分挖掘融入,才能更好地为学生健康成长成才服务。

③ 其他教学材料库

其他教学材料库,主要包括以教案、教学参考材料为核心的资源库。构建其他教学材料库是提高思政课教学质量和效果的重要措施之一。

其他教学材料库的目标是建立一个全面、规范、实用的教案库和参考资源库,为思政课教师提供优质的教学资源,提高思政课的教学效果和质量。具体来说教案库要涵盖思政课教材内容,包括马克思主义理论、中国近现代史、思想道德修养与法律基础等多个领域;具备规范的格式和内容,确保教案的质量和可读性;能够结合实际教学需求,保存具有实用性和可操作性的教案蓝本。

思政课教案库的建设内容主要包括以下几个方面:

第一,收集和整理优秀教案。马克思主义理论、中国近现代史、思想道德修养与法律基础等多个领域的优秀思政课教案,形成丰富的教案资源库。这些教案应该来自不同的教师和教学经验,涵盖思政课教材的主要内容。

第二,设计教案格式和内容。设计规范的教案格式和内容,包括教学目标、教学内容、教学方法、教学资源、课后作业等,以确保教案的质量和可读性。

第三,制作多媒体教学资源。根据教案内容,制作多媒体教学资源,如PPT课件、教学视频、音频等,以增强教学效果。

第四,建立教案评价体系。建立完善的教案评价体系,收集学生对教案的意见和建议,及时调整和完善教案内容及管理体系。

(2)辅助资源库

辅助教学资源库中主要包括案例库和习题库,这两个资源库对于教学工作有着非常重要的辅助作用。

① 案例库

思政课案例库是高校思政课教学的重要组成部分,主要包含各种真实的、具体的、具有代表性的案例,用于帮助学生理解和掌握理论知识。案例库中的案例可以是多种形式的,如文字描述、图片、视频、音频等,以便于教师根据不同的教学内容和需求进行选择和展示。教师在选择案例时,既要注重案例本身的真实性,也要注重案例反映的价值取向,体现鲜明的政治导向和价值立场;既要从宏观上把握问题和事件的本质和趋势,也要从微观上考查学生在具体问题上所产生的态度和行为;既要注重案例本身的完整性、典型性、科学性和严谨性,也要注重其与教学目标、教学重点和教学难点等方面的契合程度。

要想使思政课案例资源真正"聚优",必须拓宽案例来源渠道,建立健全以真实事例为基础、以特定情境为载体、以解决实际问题为导向的思政课案例资源库。

一是教师要深入课堂,从教学中提炼鲜活的案例。高校思政课教师应把课堂作为案例资源建设的主阵地,不断提高对案例教学重要性的认识,从自己的实际工作中挖掘鲜活案例,从教学中提炼鲜活案例,真正做到理论与实际相结合、教学与科研相结合、线上与线下相结合。

二是积极吸收社会优秀思想政治教育资源，开发优秀社会实践资源。高校要鼓励思政课教师积极参与社会实践活动，将实践经验转化为课程教学内容，开发更加丰富、更具针对性和实效性的思政课教材。学校可以通过与党政机关合作开展各类主题实践活动、组织学生深入基层进行社会调研、开展学生暑期社会实践等多种途径和方式，不断拓展思政课教学资源。

三是积极引入优质网络资源，丰富思政课教学内容。互联网时代为高校提供了更加丰富的案例来源渠道和形式。高校应充分利用网络信息技术手段，整合各类优质网络资源，提升思政课教学内容的可读性和可感知性。学校可以积极鼓励教师在教学中运用新媒体、新技术开展教学，如开发微课程、微视频、微信公众号等形式；在组织学生开展社会调研时，可将网络上真实存在的案例纳入调研内容；利用网络技术手段组织学生参加在线辩论比赛等。

四是充分挖掘校外优质教育资源。高校可以通过组织师生集体参观考察、开展专题讲座、参与志愿服务等形式，将优质教育资源引入思政课课堂，并积极推动优秀校外教育资源进校园。学校可以通过与地方党委政府合作共建实践教学基地、组织学生参加红色经典作品诵读比赛等方式，让学生深入了解当地的红色历史文化。

②习题库

习题题目的设置要依据教材内容和学生实际，根据学生的认知水平、思维能力、接受能力等进行设置，而不能完全照搬照抄课本上的习题。因此，要特别重视题目的设计。在习题库中，题目的类型要多样化，如：以问答题、简答题、分析题等题型为主；以选择题、判断题、填空题等题型为辅。在习题的设置过程中，要充分考虑到不同学生的认知水平和接受能力，不同班级之间也要适当调整。

此外，习题库在内容和形式上要尽量做到多样化、丰富化和灵活化。在设置习题时，教师可以根据教材内容进行适当调整。例如：在讲到"社会发展"这一知识点时，可以增加一些新闻材料题；在讲到"新冠疫情"时，可以增加一些视频材料题等。习题库的构建和管理是一个复杂的过程，教师需要花费较多时间和精力去组织和实施。

根据教学大纲和教学内容，制订命题计划，确定每个章节的习题数量和难易程度。同时需要注意命题的覆盖面和时效性，确保所出的习题能够全面反映教学内容和知识点。按照命题计划，编写每个章节的习题。在编写过程中需要注意保证习题的准确性，避免出现错误或不严谨的地方；注重习题的启发性和综合性，引导学生思考和探究；注重习题的实用性，选取与现实生活和社会实践相关的习题，帮助学生将理论知识与实际应用相结合。

题目设定后，需要对所有的习题进行整理和分类。整理的主要目的是将所有的习题按照题型、难度等级、章节等进行分类，以便于学生在练习和使用时能够快速找到适合自己的习题。

（3）学习工具库

思政课学习工具库是一种集成了多种思政课程学习资源的数据库或工具集合，旨在帮助学生更高效地学习思政课程。该工具库可以包含多种资源类型，如学习资料、课件、在线课程、软件工具、拓展阅读材料等，涉及思政课程的各个方面。通过使用思政课学习工具库，学生可以更方便地获取所需的学习资源，进行知识点检测和评估、学习方法指导以及资源共享等。一般来说，学习工具库包括思政课程相关的数据库和在线资源以及相关软件和应用程序。数据库和相关资源有：学术期刊库（包含各类学术期刊和学术论文，涉及思政学科的各个领域，帮助学生了解最新的学术研究成果和进展）；政策法规库（包含国家或地方出台的相关政策法规，涉及政治、经济、文化等多个领域，帮助学生了解政策法规的变化和更新）；新闻资讯库（包含各类新闻资讯，涉及政治、经济、文化等多个领域，帮助学生了解当前的社会动态和热点问题）；历史文献库（包含各类历史文献和资料，如历史档案、古籍、文物等，帮助学生了解历史事件和文化遗产，提高对历史的认识和理解）；马克思主义理论数据库（包含马克思主义经典著作、马克思主义研究文献、马克思主义理论教学资料等，帮助学生更深入地学习和研究马克思主义理论）；社会实践库（包含各类社会实践活动和项目，如志愿服务、社会调查、公益活动等，帮助学生将所学知识应用于实践，提高社会实践能力和综合素质）。（见图4-2）

```
                    ┌─── 学术期刊库
                    │
                    ├─── 政策法规库
                    │
    数据库和相关资源 ─┼─── 新闻资讯库
                    │
                    ├─── 历史文献库
                    │
                    ├─── 马克思主义理论数据库
                    │
                    └─── 社会实践库
```

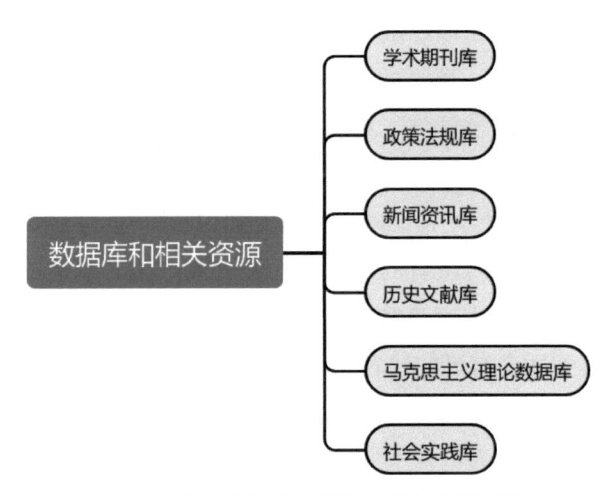

图 4-2 思政课程相关的数据库和在线资源

学习工具软件包含：思维导图工具；学习笔记工具（例如印象笔记、OneNote 等，帮助学生记录学习笔记、整理学习资料，并且可以随时随地查看和编辑）；语言学习工具（例如 Duolingo、Rosetta Stone 等，提供多语言学习资源和学习工具，帮助学生掌握外语技能）；远程学习工具（例如 Zoom、WebEx 等，让学生可以参加在线课程、讲座或研讨会，不受地点限制）；自我评估和反馈工具（例如在线问卷调查、自我评估表等，帮助学生了解自己的学习进度和掌握情况，及时调整学习策略）。（见图 4-3）

```
                    ┌─── 思维导图工具
                    │
                    ├─── 学习笔记工具
                    │
    相关软件及应用程序 ─┼─── 语言学习工具
                    │
                    ├─── 远程学习工具
                    │
                    └─── 自我评估和反馈工具
```

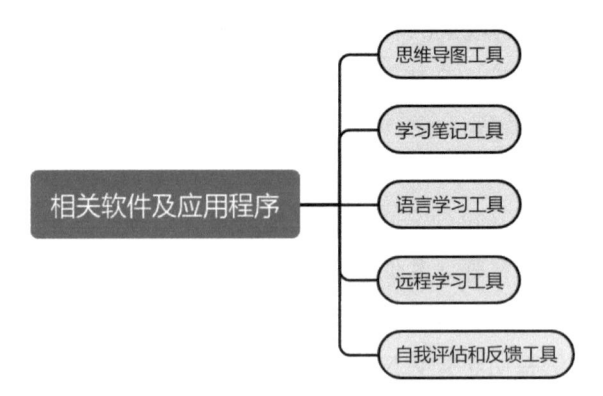

图 4-3 相关软件及应用程序

第 5 章　基于深度学习理论的高校思政课"三度式"教学过程的设计与应用

在前面的分析中，本书已经明确了思政课深度学习的内涵，确定了其维度的具体内容，并针对目前的教学现状进行了全面的调查，发现当前的思政课深度学习中存在许多问题。为了解决这些问题，并促进深度学习的有效开展和目的的实现，有必要设计一个合理且有效的教学过程。基于对相关文献的梳理和深入的思政课调研数据，本章对此问题进行了初步的探索，希望通过探讨如何设计一个科学、合理的教学过程，来提高思政课的深度学习质量和效果。

5.1 转变教学知识观，优化思政课教学设计

思想政治理论课的教学目标是通过整合知识、技能、过程与方法等各要素，提高学生的学科核心素养。在当前课程改革背景下，深度学习作为一种教学理念和方法，以问题解决和情境化学习为导向，实现知识的整合与建构，进而培养德智体美劳全面发展的社会主义建设者和接班人。

在思想政治理论课教学中，深度学习目标的制订是在深度学习理念指导下，根据学生的认知水平和能力特点，设计深度学习方案，以培养学生的核心素养。因此，思想政治理论课教师在教学设计时需要进行深入的分析和全面的考虑，科学设定并合理安排深度学习目标，以确保深度学习的有效实施和学生的全面发展。

深度学习是基于教育学立场的知识观，而非基于哲学认识论的知识观。

目前在高校思政课中，由于考试或考核的需求，学生对"符号知识"的重视程度较高，这反映了思政课教师的知识观相对保守。因此，在进行思政课教学时，教师首先需要改变自己的知识观，确立正确的教育立场，对知识进行辩证和转换。

5.1.1 从静态知识观向动态知识观转变

深度学习就是要寻求对知识真理性和客观性的突破，改变以往对结论性知识也就是符号性进行传授的现状。因为对学生而言，一切知识都应该是可以批判、可以分析、可以研讨的对象，所以知识学习也应该产生师生的批判、分析而获得新的价值、体验。如果知识的学习只是教师一味的告知和学生的接受，知识的创新与发展也难以实现，学生的批判思维和发展潜能也无从谈起。在思政课的教学中，深度学习的重要性尤为突出。深度学习不仅仅是寻求对知识真理性和客观性的突破，更是改变传统的教学方式，以适应现代教育的需求。

思政课的深度学习强调对知识的探讨和分析，而不仅仅是简单的传授和接受。教师应将知识视为可以探讨、分析的对象。学生也不再是被动的接受者，而是成为知识的主动学习者。在深度学习中，教师鼓励学生主动参与知识的学习和建构过程，培养他们的创新思维、批判性思维、社会责任感，塑造其科学价值观。

随着中国特色社会主义进入新时代，思政课的教学内容也需要更新新时代中国特色社会主义的理论体系和实践经验，以帮助学生更好地理解和掌握最新的理论成果和实践经验。例如，可以选取近年来发生的具有代表性的政治、经济和文化案例作为案例分析的对象。通过对这些案例的分析和讨论，引导学生思考和探究这些案例背后的原因、影响和解决方案，从而提高学生的批判性思维能力和解决问题能力。

5.1.2 从"单一知识观"向"多元知识观"转变

传统的思政课教学往往只注重对单一知识的传授和记忆，主要集中在政治理论、思想道德、法律基础等方面，忽略了其他领域的知识。教师过度关注学生对知识的掌握程度，却忽略了知识的多元性和关联性。在这种教学方式下，学生往往只能机械地记忆知识，而无法真正理解和应用这些知识。

思政课教师的"单一知识观"主要表现为教学内容"单一化"，即教学内容过于依赖教材体系、过度强调理论知识、教师讲解占据主导地位等问题。这些问题的根源在于思政课教师对课程体系认识不清，未能充分认识到构建具有学科专业优势的课程体系对于提高思政课教学质量的重要性。为了解决思政课教学内容"单一化"问题，应从"多元知识"视角出发，构建具有学科专业优势的课程体系。具体而言，高校思想政治理论课应充分发挥自身学科专业优势，以马克思主义理论学科为基础，积极借鉴哲学、政治学、经济学等其他学科相关理论成果，以马克思主义理论研究为突破口，在学科建设与发展中形成专业特色。在具体教学过程中，应坚持问题导向和目标导向相结合、显性教育和隐性教育相结合、灌输性教育和启发性教育相结合等原则，积极探索"内容与方法""知识与能力""理论与实践"的有机统一，将思政课教学融入思政小课堂和社会大课堂，将国家、社会、个人三者有机结合起来，不断增强思政课的思想性、理论性和亲和力、针对性。

5.1.3 联系实际意义的知识观

高校思政课深度学习目标的设置，对于学生掌握核心知识、提高理解分析能力、价值观念塑造以及综合素质提升需要阐释清楚。对通过思政课，学生的各种能力会有一个什么样的提升，学生的知识水平会有什么变化进行回答。李松林认为获得意义的学习具有三个方面表现：知识本身的内涵、知识具有的工具与终极价值、学生自我建构生活的意义。[①]首先，知识本身的内涵强调学习的深度，学生需要理解知识的内在含义和逻辑，掌握知识的本质、原理和规律，而不仅仅停留在记忆和背诵的层面。其次，知识具有的工具与终极价值凸显了知识的实用性和工具性，学生需要了解所学知识的实际应用和价值，以及它如何帮助他们解决问题、提高技能和增长见识。同时，知识也具有终极价值，可以启迪心灵、扩展视野，成为推动学生个人成长和发展的内在动力。最后，学生自我建构生活的意义强调学习的过程不仅是获取知

---

① 李松林. 回到课堂原点的深度学习[J]. 基础教育参考，2015（16）：46-49.

识，还是学生自我成长和建构生活意义的过程。学生需要将所学知识与自己的生活经验、兴趣爱好和价值观联系起来，从而形成自己独特的人生观和世界观。通过自我建构，学生能更好地理解自己和周围的世界，并找到自己在其中的位置和价值。

掌握课程核心知识是思政课授课的前提，也是知识所具有的外在符号表征。高校思政课深度学习目标的制订需要掌握思政课程的基本概念、原理、理论和实践经验等核心知识，包括马克思主义基本原理、中国特色社会主义理论体系、中国近现代史、思想道德修养与法律基础等方面的内容。学生掌握基础知识之后，还要继续沿着知识的内在结构进行，即在进行知识传授后，需对其进行逻辑推理和形态的训练。这涉及对"为何如此""原因何在""怎么样"等一系列知识的训练。通过引发学生对动作技术学习的思考，以问题、反问、探究为导向，使学生在动作技术的学习中形成自己的方法和结构。这种学习方式既可以加深学生对动作技巧的理解，又可以训练其逻辑推理和自学能力。通过问题与反问的方式，引导学生对动作技巧的学习进行深度思考，进而建构出属于自己的学习方式与架构，这对于他们日后的学业与生涯发展将会起到积极的作用。

在高校思想政治理论课教学中，大学生自身生命意义的建构具有重要意义。这种意义主要体现在学生个人成长上，它来自课程中的交往、合作、探究、团队等环节，并与学生在学习过程中的反思紧密相连。通过对教学内容的深入反思，使学习的意义得以升华，从而达到情感态度和价值取向的目标。在这个过程中，教师需要在教学目标中始终重视实用知识的传授，并通过持续的师生、生生之间的对话和反思，使其成为可能。通过这种方法，可以帮助学生更好地理解思想政治理论课的核心思想和价值观，提高他们的综合素质和能力，为未来的学习和职业发展打下坚实的基础。

5.1.4 清晰设置"教"与"学"的目标

教学目标和学习目标是在教育和培训领域中非常重要的两个概念，它们在课程设计、教学计划和学生学习过程中都发挥着至关重要的作用。

教学目标是教师在教学活动中希望学生通过学习达到的目标。这些目标通常在一节课、一个单元或一整个学期的教学计划中明确规定，并且是教师评估教学效果和学生学习的进展的重要依据。教学目标的制订需要基于课程大纲和教育目标，同时也要充分考虑学生的学习需求和特点，以确保教学活动与学生的学习需求相匹配。通过明确的教学目标，教师可以有针对性地设计教学活动，以帮助学生达到预期的学习效果和兴趣。

学习目标是学生在学习过程中希望达到的目标。这些目标通常在一节课、一个单元或一整个学期的学习计划中明确规定，并且是学生进行自我评估和自我调节的重要依据。学习目标的制订需要基于学生的学习需求和特点，同时也要与教师的教学目标和课程大纲相匹配。学生通过制订具体、可衡量的学习目标，可以更好地了解自己的学习进展和成就，从而激发学习动力和学习兴趣。

教学目标和学习目标又是相互依存的。教学目标是学习目标的基础和指导，教师需要根据教学目标来设计和组织教学活动，以帮助学生达到预期的学习成果。同时，学习目标又是教学目标的体现和落实，学生需要根据学习目标来制订自己的学习计划，积极参与教学活动，努力达到预期的学习成果。通过教学目标和学习目标的相互配合和不断调整优化，可以更好地实现教学效果和学习效果的提升。

教学目标和学习目标是教育过程中的重要概念，它们相互关联、相互依存，共同作用于教学活动和学生学习过程。通过明确的教学目标和可衡量的学习目标，教师可以有针对性地设计教学活动，提高学生的学习效果和兴趣；学生可以通过制订具体的学习目标进行自我评估和调节，激发学习动力和学习兴趣。同时，教学目标和学习目标的相互配合和不断调整优化可以更好地实现教学效果和学习效果的提升。因此，在教学设计和实施过程中，教师和学生都需要充分考虑教学目标和学习目标的作用和重要性，以确保教学活动的有效性和学生的学习进步。

了解了教学目标和学习目标的不同之后，为了在教学过程中达成教学和学习目标，可以从以下几个方面展开：

第一，分析学生的学习需求和特点。在设置教学目标和学习目标之前，首先要分析学生的学习需求和特点，并关注学生的个体差异和学习风格，以便制定出符合学生实际需求和特点的目标。

第二，明确教学目标和学习目标的关系。教学目标是教师根据课程大纲和教育目标制订的，它体现了教师的教学理念和要求，是学习目标的基础和指导。学习目标是学生在学习过程中希望达到的目标，它反映了学生的学习需求和期望，是教学目标的体现和落实。因此，在设置教学目标和学习目标时，要明确它们之间的关系，确保两者的方向一致、相互配合。

第三，制订具体、可衡量的教学目标和学习目标。教学目标和学习目标的制定要具体、可衡量，以便于教师和学生能够清楚地了解学习进展和成果。同时，教学目标和学习目标的制订也要考虑可行性和可达成性，以确保学生在努力后能够达到预期的学习成果。

第四，将教学目标和学习目标贯穿于整个教学过程。在教学设计和实施过程中，教师要根据教学目标来设计和组织教学活动，帮助学生达到预期的学习成果。同时，学生要根据学习目标来制订自己的学习计划，积极参与教学活动，努力达到预期的学习成果。教师和学生要相互配合、相互促进，共同实现教学目标和学习目标。

第五，持续反思和调整教学目标和学习目标。教学目标和学习目标的实现是一个持续的过程，需要教师和学生不断反思和调整。要根据实际教学情况和学生的学习进展，对教学目标和学习目标进行持续的反思和调整，以确保教学目标、学习目标与实际教学情况相匹配，提高教学效果和学习效果。

5.2 落实思政课深度学习内容的超越性

5.2.1 合理超越教材体系

（1）研究并深入理解教材，选择精讲内容

教材是教学的基础，因此对教材进行深入的研究和理解是实现教材体系向教学体系成功转化的关键。任课教师需要对教材进行全面的解读和消化，不仅掌握教材中的知识点，还需要理解这些知识点之间的内在联系，以及它们在整个课程体系中的地位和作用。在此基础上，教师在教学过程中应认真把握每个章节的内容，结合教学大纲的要求，对教学内容有选择性地切入。

（2）反映时代发展的最新要求，对教学内容进行必要的拓展和补充

思政课教学要紧密结合时代发展要求，关注社会热点问题，及时将党的最新理论成果和实践经验融入课堂教学。因此，在吃透理论的基础上，要把教材所表达的基本理论观点和思想内涵，转化为大学生成长成才对思想理论素养的内在要求，引导学生运用所学理论来分析现实问题。概论课教师不应拘泥于教材，在授课过程中应把党的创新理论、党和国家最新的方针政策等及时引入课堂。例如，为了让学生更好地了解和掌握党的十八大精神，可以在教学内容中融入党的十八大的精神和内容，如钓鱼岛问题、生态文明、海洋强国战略、法治精神、惩治腐败等热点问题。

（3）将社会热点焦点问题引入课堂进行专题化教学

社会热点焦点问题是思政课教学的一个重要组成部分。将社会热点问题引入课堂进行专题化教学可以使学生对理论产生认同，引起共鸣和思考。在教学中把学生关心关注的社会热点与课程的理论相结合进行专题式教学可以使学生对理论理解得更为透彻，使理论更具有说服力。

（4）强化问题意识，不断解答当代大学生各种思想理论之"惑"

教材体系向教学体系的转化应坚持以学生为中心，以学生困惑的问题为切入点，提高学生的学习兴趣。比如当前的贫富差距问题，是我国当前面临的突出矛盾和问题，也是学生经常讨论倍感困惑的问题。在讲授收入分配制度这一基本理论问题时应结合这一困惑进行正确引导。在教学中首先应该展示主题，再引出问题，共同探讨，最后进行总结概括，引导反思。通过强化问题意识，可以更好地发挥教师的主导作用和学生的主体作用，使课堂变得生动活泼。同时也可以帮助学生更好地理解和掌握理论知识，提高他们的思维能力和解决问题的能力。

5.2.2 关照学生已有基础

学生已有的知识基础或经验是实现新知识迁移的前提，了解和利用学生已有的基础可以更好地设计教学内容，以使学生能够更好地理解和掌握新知识。教师了解和利用学生已有的基础，可以为学生的学习提供良好的衔接。

对学生已有的知识基础或经验进行分析，也可以说是对学生学情的分析。这种分析不仅是教学设计的原点，也是实现以学定教的关键。通过对学生的已有基础进行分析，教师可以预测学生在学习过程中的各种影响因素。

对学生已有基础或学情的预测估算，有利于教师更好地了解学生对新内容的背景或经验的掌握情况。学习需要将现有信息与新信息进行联结，即进行联结学习。为此，教师必须了解学生处于知识的什么位置，以及学生对新知识的经验。

通过了解学生的已有基础，教师可以为新教学内容的学习做好铺垫，为单元教学安排合适的顺序。

思政课深度学习内容的确定并非仅限于一个单纯的教学过程，而是依赖于对学生已有基础的深入分析。奥苏贝尔的教育心理学观点凸显了学习者先验知识在塑造学习过程中的决定性作用。他强调，学生已掌握的内容是影响学习效果的核心因素。这一观点在教育领域产生了深远的影响，并为教师提供了确定教学内容的重要指南。在确定深度学习内容时，教师要首先明确学生已经学过了什么。这包括他们已经掌握的相关知识、情感状态以及对政治活动的态度和理解。通过了解学生的已有基础，教师可以确定教学的起始点，避免不必要的重复教学，并提高教学效率。

此外，教师还需要了解学生在其最近发展区内的现有知识水平。最近发展区描述了学生在独立解决问题时所能达到的能力水平与在他人指导下所能达到的能力水平之间的差异。通过了解学生的最近发展区，教师可以评估他们的潜在发展水平，并据此设计教学内容，以促进他们的自我成长。大学阶段是学生身心发展和价值观形成的关键时期。在这个阶段，他们对社会和人生的认知和态度会发生转变。因此，教学内容的确定需要与学生的身心发展相协调，以帮助他们树立正确的世界观、人生观和价值观。那么在高校思政课教学中，应该如何关照到学生已有基础呢？

（1）通过测验和调研了解学生已有基础

思政课教师在新的教学内容开始前可以采取测试或调查等手段，对学生进行预评估。这种预评估的目的在于深入了解学生的已有知识基础和学习需求，从而为后续的教学内容设计提供重要的参考依据。在课前，思政课教师应精心挑选与新的教学内容密切相关的题目或问题，让学生在规定的时间内完成或回答。抑或采取问卷调查、个别访谈或小组讨论等多种方式，深入了解学生对新的教学内容的兴趣、需求和期望。通过分析调查结果，教师可以更为准确地把握学生的学习需求和兴趣倾向，从而为后续的教学内容设计提供重要的依据。

（2）正视并转化学生错误认知

在高校思政课的深度学习中，我们发现学生的已有知识基础并非全部准确无误，其中可能包含着错误或者不完整的理解。在这种情况下，教师需要对学生的"错误"基础持有正确的态度并采取合理的方法进行转化。根据哲学矛盾论的观点，谬误与真理是相互关联的重要范畴。作为反映事物特征的两个重要方面，它们各自的存在都具有某种合理性，二者之间不仅存在对立关系，而且在一定条件下还可以实现转化。这一哲学观点为转化学生的错误基础提供了重要的哲学依据。

从心理学的角度来看，行为主义理论认为学习是一个试误的过程，而教学则是一个不断修正行为的过程。认知心理学则进一步指出，学习是在不断产生错误与纠正错误的过程中进行的。只有通过在错误中学习，在成功与失败的体验中，学生才能真正理解和掌握知识的精神实质。这些观点为转化学生的错误基础提供了心理学的理论支持。建构主义理论则强调，学习是一个反复思考错误原因、逐渐消除错误的过程。在这个过程中，错误会引发知识结构的顺化，从而不断完善个体已有的知识结构。这一观点为转化学生的错误基础提供了建构主义的思考方向。

因此，要在高校思政课的深度学习中实现转化学生的错误基础，教师需要全面理解和应用哲学矛盾论、心理学和建构主义等相关理论，通过科学的教学策略引导学生从错误中学习、在失败中成长，从而实现知识的深度理解和技能的有效提升。

在高校思政课深度学习中，学生的错误具有其特定的价值和意义。从哲学角度来看，学生的错误可以被视为一种对知识真理性的探索和尝试，是他们对世界和知识理解的体现。从心理学角度来看，学生的错误是学习过程中的必然产物，是他们在对新知识进行认知、理解和应用的过程中所遇到的困难和挑战。

教师需要充分认识到学生错误的必要性和合理性。首先，学生的错误是他们学习活动的展开。在学习过程中，学生需要不断地尝试、探索和理解新知识，而这种尝试和探索往往是通过犯错误来进行的。其次，学生的错误是他们观念的冒险和体验的丰富。当学生犯错误时，他们需要面对挫折和困难，但这种经历也可以帮助他们更深入地理解知识，提高他们的思考能力和解决问题的能力。最后，学生的错误是他们超越自我的契机。通过纠正错误，学生可以巩固正确的知识，提高自身的学习水平，实现自我超越。

在正视和清楚学生错误的情况下，教师需要采取合理的措施进行转化。一是教师应该对学生可能出现的错误有所预判。在思政课深度学习中，教师应该根据教学内容和学生的实际情况，提前预测学生可能出现的错误和理解困难，并制定相应的应对策略。二是纠正学生错误的时机要恰当。当学生在学习过程中出现错误时，教师应该及时发现并给予适当的指导。如果是一些小的错误或误解，教师可以引导学生自行纠正；如果是一些较大的错误或理解困难，教师需要给予更详细的解释和指导。三是要丰富课堂组织形式，多方改正错误。教师可以采取多种教学组织形式，如小组讨论、案例分析、角色扮演等，引导学生积极参与课堂活动，互相交流、学习和纠正错误。

5.3 加强高校思政课深度学习过程中的互动

教学过程是由教师、学生和课程内容等要素共同构成的一个有机整体，贯穿于整个教学过程中。教师是教学的主导者，学生是学习的主体，二者之间存在着必然联系。高校思政课教师不仅要注重教学内容本身，还要在教学过程中充分发挥学生的主体作用，积极构建以学生为中心的教学过程，这不仅有利于提高思政课教学质量，而且有助于实现思政课"三度"教学目标。所谓"三度式"教学过程就是指思政课教师在对课堂知识进行有效整合的基础上，引导学生展开深入学习、探究和思考，进而掌握知识、应用知识、创造知识的过程。高校思政课教师应以"三度式"教学过程为核心，革新思政课"三度式"教学过程中各要素之间的关系，加强课堂互动。

对于学生来说，知识的学习过程要经历一个由量化向质变的转变过程。

即学生对知识的学习需要经历感性认识慢慢向理性思考的转变,也就是"预习—学习—复习—学习……"的过程。思政课程的内容也不例外,需要学生经过一个感性到理性的学习过程,而且由于人的思想形成的复杂性和内化性,就更要求思政教师在开展互动教学过程后还要对互动后的教学效果进行引导,实现教师自身的人格精神与学生的人格精神的共鸣。一般来说,在互动过程中,通过教师对互动过程的主导,学生在互动过程中对知识的掌握基本完成了量的积累,而互动结束后,教师对互动教学效果的复习性主导,则可以完成知识的质的升华。

教师加强对课堂互动教学效果的主导是课堂互动教学所必不可缺的环节,而在实际教学活动中,很多教师由于精力、时间的限制或个人认识的不足,往往对互动后效果的主导不足,导致学生即使全身心投入互动,并在互动过程中实现了一定程度的"内化",但由于缺乏后续教师的引导与巩固,学生的知识掌握或思想道德观念的培养也偏离了原定的目标。因此,思政教师对思政课课堂互动教学的主导不仅要加强课堂互动的话题和过程的主导,还要主导互动教学后学生的信息反馈走向。只有这样才能够真正提高互动教学的教学效果,实现马克思主义政治理论由"课堂""书本"到"头脑""行为"的转变,思政课的教学目的才能最终实现。

5.3.1 注重课堂互动,提高课堂参与度

学生在思政学习中的积极性与主动性是提升思政教学效果的关键。教育家斯金纳说,学生在学习中的参与度是学生学习热情和用心程度的重要内在体现,而学生参与学习的外在表现为基于积极情感的持续学习行为。课堂互动是指在思政课教学过程中,师生围绕教学内容展开积极的讨论、探究和交流,从而帮助学生在获得知识的同时提升自身能力和素养的过程。课堂互动可以激发学生的学习兴趣,引导学生主动参与到教学过程中来,有助于提高学生的课堂参与度。思政课教师在课前要充分了解学生对课程内容的理解和掌握情况,合理设计思政教学内容,并在课堂上根据学生实际情况适时调整教学内容和方法。思政课教师要在课前、课中和课后积极开展课堂互动,善于运用多种教学方法调动学生的课堂参与积极性:①组织讨论式教学,这种

教学方法可以鼓励学生在小组内进行深入探讨和研究，在短时间内集中学生注意力，激发学生的参与热情和探究欲望，通过小组合作来解决课程中遇到的问题；②问题启发式教学，这种教学方法可以将复杂难懂的理论知识通过具体问题引入课堂上，使学生在思考、提问和回答问题中获得对所学内容的深刻理解；③实践体验式教学，这种教学方法可以让学生走进社会生活、感知社会现实、融入社会生活、体验社会生活，从而使他们能够更好地理解所学知识、掌握所学知识；④案例式教学，这种教学方法可以使思政课教师借助案例来呈现课程内容，并且让学生通过观察和分析案例来加深对思政课知识点的理解和掌握。

5.3.2 重视课下反馈，确保课堂实效性

高校思政课教师应以"三度式"教学过程为核心重视课下反馈，确保课堂教学实效性；通过线上线下等方式时刻关注学生需求和思想动态，实现教育的有效性。

思政课教师应在课下积极进行课堂反馈，及时了解学生学习情况，确保课堂教学的实效性。为此，教师可以通过学生的课下反馈来改进课堂教学。教师可以在课下布置相关作业，让学生在课后提交作业，思政课教师可以将这些作业进行分类整理，在课堂上提出有针对性的问题，引导学生展开讨论和分析。为了激发学生的学习热情，思政课教师还可以利用各种教学资源将这些作业制作成教学课件。这样，思政课教师就能在课下通过对学生作业的批阅及时了解学生的学习情况和掌握知识的程度，从而有针对性地改进教学方法，提高教学质量。

当然，思政课教师还可以利用网络资源来反馈课堂教学情况。比如，可以在网络平台上建立一个关于思政课的学习讨论群，让学生以小组为单位围绕课程内容展开讨论。这种方式有利于增强思政课课堂的互动性和吸引力。此外，思政课教师还可以通过课下与学生进行交流来了解他们对课程内容的认识和理解程度以及存在哪些问题。经过不断地交流、反馈和改进，教师才能不断提升自身教学水平。

5.3.3 创新评价方式，建立多元评价体系

教师在传统课程评价方式中具有较强的主动性，占据主导地位。然而学生作为思政教学的主体，只能被动地接受评价，教师和学生的地位不平等，对学生的学习积极性产生不利影响。

面对这一问题，思政教师应结合实际情况，创新评价方式，从而有效转变这一不利局面，促进多元评价体系的建立，实行"三度式"教学改革。

①教师在对学生进行思政课程评价时，应采用综合评价法

从多个角度对学生进行评价，增加评价指标，实现评价结果的多样性，然后整合评价指标和结果，从而将学生的表现全面地展现出来。能产生共情、共鸣，弘扬主旋律并传播正能量的思政课程才是积极有效的。所以一方面要基于学生视角，了解学生的课程满意度，重视学生的主观性信息，考虑思政课程在学生知识、技能与素养养成中的持续推进，主要以调查的形式展开，从而确保评价的全面、客观与准确；另一方面，要针对教师、教材、教法、环境等开展课程中与课程后的满意度调查，持续观察与评估学生对于课程思政的建设内容、设计路径、设计理念、实施方法等各个层面的满意情况。

②提高对学生学习过程的重视，采用过程评价法

过程评价有利于教师及时了解学生的学习情况，主要包括学生在课堂教学中的具体表现和完成作业的情况等，教师可以及时为学生提供指导，帮助学生克服学习过程中遇到的困难。而思政课的目标设定不仅包括知识技能掌握的层面，还包括学生价值塑造方面，也要从学生思想政治素质提升、学习实践中乐观积极态度养成、学生思想价值观塑造等方面进行评价。所以，过程评价法可以分析学生在课程学习中的参与度、融合度、内化度、创新度等，从而有效评判学生的态度、精神、理念、价值观等方面的目标达成情况。

③尊重学生的个体差异性，采用个性化评价法

由于每个学生的成长环境不同，体现出不同的个性特征，因此，采用个性化评价方法时，应以学生的具体特征为依据进行评价，使学生的天赋和潜力得到充分的发挥。这种评价方法的主要内容包括多个方面，除了基本的课堂表现外，还包括学生的课外实践成果。此外，教师在进行评价时，还要结

合学生不同的特点，提出相应的指导意见，从而促进学生的综合发展。

④思政课程建设最终要服务于师生的成长，服务于学校精神文化的发展与教学思想的沉淀，应采取表现性评价法

这种评价法是一种开放式的评价，必须关注师生日常言行的可持续变化，关注师生在面对真实问题时的自然反应。为展开评价，学校应在思政课课程建设中适当设置思想性问题的讨论、实践机会，与所在辖区街道、社区和实践基地等进行联动，强化师生在社会层面的作为，积极体现其政治认同、公民素养、社会责任等，整体提升在"课程思政＋思政课程"发展格局中师生的积极作用，在评价和促进两个方面同时发力，助推思政教育的深化和内化。

5.4 提升深度学习方法的丰实性

5.4.1 指向深度学习的思政课翻转课堂教学模式

翻转课堂教学模式是一种新型教学模式，与传统教学模式不同，该教学模式的教学中心是学生，以学生的实际情况为出发点，使学生的主观能动性得到充分的发挥，秉承因材施教的教育理念，结合学生的个性特征，有效提升学生的学习积极性，体现个性化教学理念。翻转课堂一方面要将教师在教学中的主导角色这一定位明确展现出来，同时还要结合学生的个性发展特征，采取适合翻转课堂的教学方法，激发学生的学习热情，提升其学习主动性与课堂参与度，以体现学生主体作用，促进学习效果的提升。

（1）不断完善翻转课堂教学模式

翻转课堂在新时期高校思想政治理论课中占据重要地位，但是，对于高校思政课的实践与应用来说，因为缺少"本校化"的改革、内容与形式相对落后、学生无法适应这种学习方式等原因，使学生出现了主体意识弱化的情况，同时，还有教师主动能力不足、学校缺乏组织保障等问题，针对这些问题，完善翻转课堂教学模式应当从学生、教师、学校三个层面进行剖析：

①增强学生的主体意识

从学生层面出发，翻转课堂能够激起学生对思想政治理论课的学习兴趣，

提高学生的认知能力,增强学生的主体意识,让学生能够从中收获到更多有用的知识。对此,可以从两个方面入手:一是需要改善大学生对思想政治理论课的认知,需要在短时间内对思想政治理论课进行改革与创新,打破原本思想政治理论课的"纯政治课""被迫课"的形式,应确保高中阶段思想政治理论课与大学阶段思想政治理论课的衔接性,这种衔接性不只体现在课程内容的衔接上,还体现在课程意义与考核方式上。其次,相关部门以及辅导员应当自大学生入学开始,就为学生宣传思想政治理论课的重要性,为学生思想政治理论课的学习建立起良好的学习氛围。最后,学校应可以采取一系列措施,鼓励同辈群体积极维护思想政治理论课的重要性与课程价值。二是指引大学生将时间投入思想政治理论课中。时间是学习的基本要素。大学生在该学科投入的时间与精力决定了一门学科的实际效果。思想政治理论课与其他学科有着较大的区别,不是所谓的"作业完成课""减负休闲课",而是一门可以提高政治理论素养、塑造价值观和灵魂的课程。为了让学生喜欢思想政治理论课,需要教师维持好课堂纪律,让学生养成良好的学习习惯,只有这样,思想政治理论课的意义才能得到学生的高度认同,从而在课堂中更好地体现其主体定位。

②体现教师的主导定位

在翻转课堂的实施过程中教师占据了重要地位,不仅是课程的设计者,也是整个微课教学过程的主导者。首先,分离知识的传授和内化是翻转课堂模式的核心。实施该教学模式时,教师应提高对课前学生自学的重视,为学生提供学习资源,如微课视频等,以学生为切入点,设计符合学生实际需求的教学活动,充分发挥教师的引导作用,提高学生的自主学习能力。其次,教师在实施翻转课堂教学时,应结合课堂教学内容,优化教学活动设计,防止出现教学活动形式化的问题,因此,教师应不断丰富教学活动,结合教学手段,调动学生的兴趣,在课堂教学中为学生遇到的问题提供解决办法,指导学生学习知识并利用知识解决问题,从而提升教学效果。此外,教师在进行教学活动设计的过程中,应进行综合考虑,包括学生的年龄特征等,设计与学生认知规律相符的教学活动,从而提高学生在学习中的自主性,有利于激发学生的学习积极性,促进学生自主学习能力的提升。

③落实学校的重视推广

从目前我国的教育现状来看，绝大多数高校仍采用传统教学方式，对于翻转课堂模式，学生的学习热情得不到充分调动，对课堂的参与度较低。所以，为了提高学生对课堂的参与性，提升教学效果，高校应加大对翻转教学模式的推广力度，实现该模式在教育领域的广泛应用。学校根据思想政治理论课程的实际内容、实际需求，利用信息化技术，对翻转课程所具备的"本课化"以及"本校化"进行全面优化与完善。

（2）选择合适的翻转教学方式

教师要充分利用现代信息技术，积极探索翻转教学方式。教师选择合适的翻转教学方式是进行翻转教学设计过程中需要重点解决的问题。翻转教学模式下，教师在课前要先制作好与教学内容相匹配的微视频，然后将教学内容录制成微视频上传到网络平台上供学生学习。由于学生在课前已经进行了自主学习，教师在课堂上就可以少花时间准备课程内容。

通过本课题组近两年的四次思政翻转课堂教学实践，我们深刻认识到，仅依赖课堂时空的翻转难以持久激发学生的积极性，亦难以将碎片式学习转化为系统化学习。经过初步的探索与实践，课题组逐渐将关注点转向整体教学设计，并以首要教学原理为指导，不断优化翻转模式，形成了结合SPOC在线教学与课堂教学的混合式教学模式。该模式秉持"以学生为中心，以学习为中心"的教学理念，采用线上线下相结合的方式，实现知识的传授与内化、理论与实践的有机融合，旨在提高教学质量，并提升学生的学习成效。

①SPOC支持下的翻转模式整体规划

翻转课堂是一种创新的教学方式，它建立在教师对所授课程的全面规划基础上，并通过持续完善和创新来实现。在实施过程中，需要明确课程的核心问题、知识结构以及整体教学安排。

首先，确定课程的焦点。高校思政课是一门源于实践并指导实践的学科，其核心目的是解答和应对学生所面临的现实问题。在翻转课堂模式下，教师可以把教材中的章节转化为一系列问题，以提高学生探究问题的兴趣并增强其自学能力。问题的整合必须紧紧围绕教学大纲和教材内容，形成具有内在逻辑的问题链，并具有一定深度以激发学生深入探究的欲望。

以笔者团队所教授的"毛泽东思想与中国特色社会主义理论体系概论"（以下简称"概论"）为例，该课程旨在密切结合实际阐释理论，提升学生的理论思维能力，增强他们对社会主义的自信和积极投身于社会主义建设实践的决心。为此，我们设计了 16 个层层递进的问题集，每个问题集都由 2～3 个由易到难的问题组成，以满足不同层次学生的需求，锻炼他们的知识迁移和高层次思考能力。在明确课程焦点和构建知识结构的基础上，教师需要制订详细的教学计划。这包括确定教学目标、设计教学过程、选择教学方法和教学资源等。在教学安排上，要充分尊重学生的主体地位和教师的主导作用，同时关注学生的个体差异和多元化需求。

其次，绘制知识结构图。由于"概论"课程具有极高的综合性，其内容既丰富又广泛，但各部分并非独立存在，而是相互之间具有一定的联系。通过整合各章节形成的问题链，这种联系更加紧密。为了使学生能够从整体上把握课程体系的结构，我们设计了一个问题链知识结构图。首要教学原则强调对旧知识的激活，使用旧知识来理解新知识，然后使用新知识来巩固旧知识。知识结构图有助于学生在新旧知识之间建立逻辑联系，并在不断的回顾和总结中深化对知识的理解，提升理论水平。这里需要指出的是，激活旧知识并不等同于简单重复旧知识，而是要通过知识迁移来构建知识链。

最后，设计线上和线下的教学活动。一个完整的翻转课堂模式包括线上 SPOC 和课堂讨论两部分。在教学设计时，需要围绕每个问题链制订整体实施方案。具体包括在线上如何设计、阐释哪些问题点，线下如何与线上衔接、深入推进哪些问题，以及在线上和线下分别采用什么教学方法。根据首要教学原则的四个环节，在线教学主要承担激活旧知、示证新知的任务，而课堂讨论则主要完成应用新知、融会贯通的任务。这些环节并非完全独立，而是相互联系、不可分割的。在示证新知的过程中，要培养学生的理解能力和应用新知的能力；在应用新知、融会贯通的过程中，也要激发和迁移旧知，证实和理解新知。

② 实施 SPOC 在线教学

SPOC 被视为学生自主学习的网络平台，该平台是课堂讨论的基础，其有效性将直接影响到讨论的有序度和深度。为了提高在线教学效果，本研究设计了四个阶段：

首先，根据首要教学原则强调协作学习，学生们被分成不同的学习小组。这些小组以互补性原则为基础，根据学生的学习积极性、学业水平和能力特点进行划分，每个小组通常由 6 名学生组成。在这些小组中，学习积极性较高的学生能够自我驱动学习，而非受到外部压力的推动；学业水平较高的学生更容易在视频学习和阅读材料中发现核心知识，并在讨论中发挥引领作用，提出反思性的见解；每个学生的特长各不相同，一些学生擅长团队组织和协调，一些学生擅长资料搜集和整理，还有一些学生擅长议题表达和辩驳。这种多元化的学生组合有助于实现学生之间的优势互补，形成团队合作。通过这种方式实施 SPOC 在线教学，可以有效地提高教学效果，同时培养学生的团队协作能力和自主学习能力。

其次，激活以前的知识。激活旧知并不是对已学知识进行简单重复，而是梳理新旧知识的逻辑关系，为学生对新知识的理解搭建一个良好的平台。SPOC 在线课堂通常采用两种方式来激发已有的知识，一是上传已学知识结构图到平台，直接帮助学生建立知识体系；二是设置回顾性提问，唤起学生对已有知识的回顾与思考。以"如何理解初步探索社会主义建设道路的理论成就和意义"为例，需要激活的旧知识主要有两个知识结构图：一是新中国成立后建立社会主义基本制度的过程，即社会主义改造道路和经验的逻辑结构图；二是对于马克思辩证法中矛盾原理和否定规律的认识。

再次，对新知识的诠释。解释新知识与论证新知识是密切相关的，它们合称为展示新知识。然而，这两种方法在促进学生深度学习方面的作用存在差异。解释新知识主要侧重于对问题背景进行简明扼要的阐述，并对主要内容进行简单罗列，以激发学生的浅层记忆。对简单知识的掌握为学生进一步探究奠定了基础，增强了学生的自信心，并加深了对旧知识的理解。在激活旧知之后，对新知的解释首先需要建立新旧知识结构之间的联系，学生将新知识融入自己的知识系统中，通过新旧知识的联系与整合而熟悉新知识。教师在"如何认识初步探讨社会主义建设道路的理论成就及意义"这一系列问题中，首先简要回答了第一个问题，即"初步探索有哪些代表著作"，然后引出了毛泽东的《论十大关系》和《关于正确处理人民内部矛盾的问题》。通过分析这些论文的架构和主要观点，教师帮助学生了解了这些著作的时代背景和历史意义。

最后，论证新知识。论证新知识侧重于对内容进行深入阐释和实证论证，以提高学生的逻辑思辨能力和政治理论素养。在获得新知识的基础上，学生可以紧密围绕感兴趣的问题进行深入研究，充分运用基本原理、官方数据、客观事实等进行论证。逻辑严密、具有说服力的论证能够吸引学生的注意力，同时培养学生的批判性思考能力。在"如何认识初步探讨社会主义建设道路的理论成就及意义"的问题链教学中，教师通过深入解读两项有代表性的成果，详细阐述了毛泽东、邓小平对社会主义社会矛盾的认识。本书以研究成果中总结的矛盾表现为主要内容，并结合史实资料进行论证。通过这种方式，学生能够加深对马克思主义基本原理的理解，并构建起自己的理论框架。这不仅有助于促进课堂讨论的深入，而且还能使理论知识在实践中得到应用。

③实施课堂讨论

课堂讨论作为课堂前学习的延伸与深化，是网络教学中基本知识应用与创新的关键。在这一环节中，学生运用新知识，融会贯通，具体包括四个环节：课堂导学，小组讨论，总结报告，教学反思。

首先，课堂导学。课堂导学主要是为了解决学生在课前自学和课堂讨论时间上的时间差，使学生在课堂上保持学习的积极性。在课堂教学过程中，教师要对学生进行答疑解惑，强调重点难点和目标任务，才能达到课堂教学的有效衔接。小组组长将学生在自主学习过程中遇到的理解难题汇总给教师，然后教师针对共性的问题进行集中解答；教师可借由画出线上内容的逻辑关系图或通过学习影像资料，讲解重点、难点、易错之处，加强学生的记忆与了解；根据课前公布的学生网上教学与课堂教学目标任务分解图（包含讨论焦点），重点突出将要探讨的问题以及达到的目的等。

其次，小组讨论。小组讨论是在教师的指导下，学生以小组的形式深入探讨和研究课堂引导中提出的问题。小组讨论旨在培养学生的合作学习和交流能力，同时帮助他们更深入地理解和掌握知识。在小组讨论中，学生可以自由表达自己的观点和看法，并对其他同学的观点进行质疑和反驳。通过小组讨论，学生可以逐渐培养批判性思维和创新能力。

再次，总结报告。总结报告是课堂讨论的重要环节之一，由每个小组的代表向全班同学汇报本组的讨论成果和结论。在总结报告中，学生需要用简洁明了的语言表述自己的观点和看法，并回答其他同学的质疑和反驳。通过总结报告，可以促进全班同学的知识共享和交流，同时帮助学生提高口语表达能力和自信心。

由于课时有限，教师将随机选取 2～3 组学生代表进行报告。被选出的小组代表将在规定的时间内发表自己的看法和论点。教师将对小组的阐述进行简短的点评，赞赏其优点，指出其不足，并提供改进意见。其他小组将根据各组的表现进行量化评估。课后，将根据教师和学生的评分权重，对各组的得分进行综合计算。此外，为了提高课堂讨论的效果和效率，教师可以考虑采用以下策略：在讨论前明确讨论的议题和指导原则；鼓励学生在讨论中积极参与，提出有建设性的意见；合理分配讨论时间，避免讨论时间过长或过短；对于复杂的问题，可以引导学生进行深入思考和分析；在讨论过程中，教师可以适时地给予指导和反馈，帮助学生更好地理解和掌握知识。

最后，教学反思。教学反思是教师对教学全过程的反思与总结，为以后的教学工作提供借鉴与参考。主要包括对研讨问题的思考、研讨形式的思考和研讨过程的反思。其中，以内容反思为主，聚焦问题，通过归纳问题之间的逻辑关系和核心观点，实现价值的升华，提高学生的精神境界与价值追求。在融会贯通的学习过程中，学生会获得更大的成就感，促使他们去探究自己不了解的或者不知道的东西，这样就能把外在压力下的被动学习逐步转变成内在的自我需要。

④ **课后活动的延续**

课后活动是课堂讨论的延续和深化，它能够促进学生的思考和探索能力，帮助他们更好地理解和应用所学知识。通过课后的线上交流和沟通辩论，学生可以继续探讨课堂上的问题，深入思考现实问题的背景和解决方案。这种延续不仅有助于巩固课堂所学知识，而且能够培养学生的批判性思维和解决问题的能力。

在课后活动中，教师可以引导学生进行拓展学习，推荐相关的学习资料、文章或视频，鼓励学生自主学习和探索。学生可以通过自主学习和交流，进一步拓宽自己的视野和知识面。此外，教师还可以组织学生进行小组合作项目或研究性学习，促进学生的团队合作和自主创新能力。

（3）精心设计制作教学视频

翻转课堂的特点是将教师传授知识和学生自主学习相分离，因此在翻转课堂中，教学视频起着至关重要的作用。优质的教学视频能激发学生的学习兴趣，让学生更好地理解和掌握知识。所以，教师要精心设计和制作教学视频，提高视频质量。要从以下几方面着手：

①从教材出发，根据不同章节特点、重难点、教学目标等设计出适合学生学习的微课视频。第一，微课视频选题要符合学科特点和本门课程的定位。高校思政课是高校学生思想政治教育的主渠道和主阵地，是对学生进行社会主义核心价值观教育的重要途径之一，从本门课程定位出发来确定微课视频选题。思政课教师不能只按照教材内容进行讲解，而应该根据高校思政课程定位和教学目标要求来确定微课视频选题。第二，微课视频选题要符合学生学习规律和认知规律。在微课视频选题方面，要考虑各专业学生的知识基础和认知能力。第三，微课视频选题要符合教材内容。思政课教材是由多个专题组成的体系，每章都有自己的教材内容、知识点和重难点。如果教师将整个章节的内容都进行视频讲解的话，学生很难在有限的时间内消化掌握这些内容。因此在微课视频选题时要注意每一章节内容的相对独立性，即每一章都有重难点，要考虑如何将这些内容与其他章节进行有机结合。

②根据学生的实际情况设计出有针对性的微课视频，如在微课视频中融入具体案例或具体实验，来帮助学生更好地理解和掌握知识。

③利用网络上的优质资源设计制作出具有针对性、实用性和趣味性的微课视频，让学生在观看视频后更容易掌握和理解知识。

（4）合理安排课堂学习时间

翻转课堂的另一个重点就是合理安排学生在课堂上的学习时间。传统的教学方式是将知识点的梳理、复习与练习都放到课下进行，而翻转课堂则要求教师将课堂时间交给学生，让学生在课上自由支配，根据自身情况来安排学习时间。在课上，教师应对学生进行一些必要的引导，如重点知识应该多讲解几遍，把难点留给学生。对于一些基础性知识，教师可以让学生自己阅读相关资料，或者通过网络查询相关资料，然后进行总结。对于一些概念性知识和原理类知识，教师可以直接放在课堂上进行讲解。对于一些理论性较强、逻辑性较强的知识点，教师可以安排学生课下进行预习。这样做不仅能够提高课堂教学效率，而且还能培养学生自主学习、合作学习和探究学习的能力。

（5）增强翻转课堂的师生互动

翻转课堂中教师与学生的互动是非常重要的，主要体现在以下几个方面：

第一，教师可以通过课前布置任务、讲解题目、回答问题等方式，鼓励学生积极思考，让学生主动参与课堂活动，实现师生互动。

第二，教师可以通过课上小组合作学习的方式，引导学生积极思考，培养学生的合作意识和团队精神。

第三，教师可以通过课上小组讨论、抢答问题等方式，激发学生参与课堂活动的热情。

第四，教师可以通过布置课后作业的方式，让学生在课后完成课堂练习或课后作业，从而实现师生互动。

第五，教师可以通过课前知识测试的方式，让学生对所学知识进行复习和巩固，同时在测试中也可以采用抢答、连线等方式来提升学生的学习兴趣和热情。

（6）加强翻转课堂的有效评价

在传统教学模式中，教师会定期对学生进行测试，根据测试成绩，对学生进行评价。而翻转课堂中的评价环节则要灵活得多。首先，在翻转课堂中，教师可以设置测试题目，学生可以在网络上通过搜索相关的资料和答案进行解答。其次，教师还可以把课堂讨论、小组活动、作品展示等评价环节融入教学过程中，从而提高评价的科学性和公正性。当然，教师也可以采取多种评价方式，比如前文提到的采用过程性评价和终结性评价相结合的方法；采用学生自评和互评相结合的方法；采用教师自评和学生互评相结合的方法等。另外，为了保证学生评价的真实性，教师还可以采用随机抽查和抽样等方法进行。

5.4.2 基于深度学习理论的自主学习任务单设计

"自主学习任务单"作为一种新型的学习模式，是在教师指导下，学生围绕一定的问题开展主动探究式学习，并在完成任务过程中获得新知、生成新知、运用新知的过程。"自主学习任务单"作为一种新型的教学模式，为我们开展学生自主学习提供了新思路。

(1) 任务单的设计必须明确学习目标

学习目标的设计是"自主学习任务单"设计的关键，是帮助学生形成正确学习理念、明确学习方向的重要前提。因此，教师要认真研读课程标准，准确把握各个学段的目标要求，结合本学段学生的实际情况和能力水平，对学生进行分析和定位，在此基础上确定自主学习任务单的内容。

(2) 任务单的设计要以学生为主体

在高校思政课教学中，学生的自主学习能力是其核心能力之一，但目前大多数教师在设计自主学习任务单时，往往只考虑如何提升学生的课堂参与度和提高学生对课堂的兴趣，而忽视了任务单对学生自主学习能力的培养和提升。自主学习任务单的设计目的是让学生通过自主学习的方式实现思政课教学目标，是以学生为中心、教师为主导的教学活动。

因此，在设计过程中，教师应以"知识目标为纲，能力目标为目"，使自主学习任务单成为学生认识、理解和掌握知识理论的有效载体和工具，使学生在完成任务过程中实现对相关理论知识的掌握、运用和深化，最终实现提升其自主学习能力的目标。同时，教师应充分认识到自主学习对思政课教学的促进作用，为思政课教学改革提供新思路和新方法。

通过自主学习任务单，学生能够在完成任务的过程中掌握理论知识，提高自主学习能力，从而实现思政课教学目标。任务单以"任务"为载体，将教学内容巧妙地融入其中，将教学重点、难点巧妙地隐藏在问题中，使学生在完成任务过程中主动参与、积极思考，使思政课课堂真正活起来。同时，教师通过设计任务单这一载体，将自己的知识传授和能力培养融入其中，在引导学生完成任务的过程中实现对相关理论知识的掌握、运用和深化。在此过程中，教师也能对自己的教学设计、教学思路和教学方法进行反思和改进。此外，自主学习任务单也为教师了解学生、掌握学生学习情况提供了依据和平台，促进了教师与学生之间的交流与沟通。

在设计"自主学习任务单"时，教师要做到以学生为主体，要让学生做学习的主人。"自主学习任务单"的设计要符合学生的认知水平和知识结构，同时要符合学生的兴趣爱好，使其能真正发挥作用。在设计时要遵循以下原则：

第一，针对性原则，根据思政课课程目标和任务确定任务单的总体目标，并按照一定的层次和逻辑关系将总体目标分解为若干子目标。同时根据不同层次的学生实际水平设定不同层次的任务目标，使每个层次的学生都有明确的学习方向。还要根据学生在不同阶段的学习需求，设计出相应的"自主学习任务单"。

第二，趣味性原则，即创设一些趣味性强、富有吸引力的学习任务，思政课学习具有一定的枯燥性，教师可以将书本知识与时事热点相结合进行讲解，让学生在主动参与讨论中感受到思政课学习是一件有趣和有意义的事情，运用多样化、丰富性且生动的情境案例来提高学生的学习兴趣。

第三，自主性原则，思政课的教学目标之一就是培养学生的问题解决能力，因此，在任务单设计时，应考虑到学生主动探究学习的问题，让学生自主选择所要完成的任务内容，实现学生自主学习基础理论知识的同时，又在主动探究中形成了对知识点的理解。

第四，操作性原则，即明确设计的具体要求。在设计思政课自主学习任务单的具体操作时要注意以下几点：一是将理论知识与实践活动相结合，既能使学生获得理论知识，又能增强大学生的实践能力；二是难度，任务单的难度要与学生的认知能力水平相适应，对学生有一定的挑战，从而激发大学生参与思政课学习的积极性和主动性；三是数量，在设计自主学习任务单时，要充分考虑思政课课程内容和特点，按照学生认知水平和兴趣爱好等因素设置不同数量的自主学习任务单；四是质量，在设计自主学习任务单时，要保证思政课自主学习任务单内容完整、形式新颖、质量较高，让学生从不同角度思考问题、分析问题和解决问题。

（3）任务单的设计要体现人文关怀

在开展思政教育教学活动时，由于学生的生活和成长的环境不同，形成的思想观念和价值体系也存在一定差异，所以在分析问题时，通常也会产生认知差异。教师应尊重这种客观差异，在设计任务单时进行全面的考虑，结合学生的个体差异，设计每个学生都可以参与的任务单。

教师应对学生形成全面的了解，包括学生的个性特长和行为习惯等，充分掌握学生的学习问题及不足，根据学生的实际情况，提出合理的解决办法，培养学生利用所学知识解决现实问题的能力。教师可以通过问卷调查的方式了解学生的学习情况，在此基础上，制订相应的教学目标，从而提高教学效率。例如，如果学生具有看时事新闻和评论的兴趣爱好，教师可以利用学生这一兴趣，设计任务单，增强学生的学习兴趣，使学生在完成学习任务的过程中更好地理解知识。

（4）任务单的设计要符合学生认知规律

在实际教学中设计任务单时，以学生为设计中心，尊重学生的主体地位，符合学生认知规律，确保学生的参与程度，使学生在完成任务单的过程中获得提升。

设计任务单的过程中，应合理设置问题的难度，建立问题的梯度体系，一些问题并不具有普遍性，不能适应所有学生。比如以马克思主义基本原理为例，部分学生在学习该知识时，如果没能理解透彻该知识原理就贸然去做训练题，反而会影响这些学生的学习效果，不利于这些学生对知识的理解。而且，一些学生由于不能全面掌握该知识，就会丧失对该知识的学习兴趣和信心，导致这些学生放弃对该知识的学习。所以，设置任务单中的问题时，应结合学生对知识的实际掌握情况，体现出问题的梯度性和层次性。对一些抽象的知识，应设置层次性的问题引导学生思考，帮助学生理解该知识；对一些复杂且具有一定难度的知识，应设置较为简单的问题引导解读，树立学生的自信心。通过这种具有梯度性和层次性设置问题的方式，结合知识的难易程度，设置针对性的问题，可以使学生在解决问题的过程中获得成就感。

（5）任务单的设计应遵循循序渐进的原则

学习任务单是课程中的重要学习资源，是学生学习知识、形成能力、养成良好品质的重要工具。任务单的设计必须遵循循序渐进的原则，根据学生的认知规律和能力特点，根据学生的认知水平和需求逐步设置不同层次的自主学习任务单，使大学生在一定时间内能完成规定任务并有所收获。将学生的认知过程分为三个阶段：理解知识，形成技能，养成习惯。

①理解知识是任务单设计的关键

理解知识必须明确教学目的以及学习内容的重难点，让学生知道通过完成这份任务单应该达到的学习目标是什么，哪些知识内容需要掌握。

在设计任务单时要明确避免"读"的方式而采用"讲"的方式。首先，"读"的方式更多地体现了教师的一种单方面灌输，教师通过反复地强调，让学生被动接受。教师所说的话都是对学生进行思想灌输的过程中形成的结论，而学生并不能通过教师反复强调理解这部分知识。其次，"讲"也就是一般意义上的讲解、解释和说明。但是"讲"更多地体现在学生对教师所讲内容的理解上。因此"讲"并不能解决该部分知识的重点问题。因此在设计任务单时，要避免将任务单变成一个单纯的知识点讲解过程。教师应从教材内容出发，将所涉及的知识点进行归纳整理，形成一个完整且有逻辑结构的知识体系，并在此基础上向学生展开讲解和说明。该过程应贯穿整个教学过程，通过这个过程使学生真正理解和掌握所学知识。

②形成技能是任务单设计的核心

在学习过程中，学生要学会自主探究，通过查阅资料、小组讨论、课堂讨论等多种方式来获取知识，在这个过程中，学生需要付出自己的努力和汗水，培养自身的自主学习能力和自主探究能力。同时，在这个过程中，学生也需要团队合作和分享的能力。在教学过程中，教师应发挥积极引导的作用，教师在教学之前要做好课前准备，即制定教学计划，明确每节课的教学目标，设计出科学合理的教学流程。在课中，教师可以利用多媒体演示、案例分析等多种教学方法来引导学生自主探究并在讨论中交流加强学习，在这个过程中，学生可以通过相互分享学习方法、相互探讨问题形成小组合作意识、分享意识，提高学习效率和综合素质。另外，课后任务单是对课堂知识的补充和延伸，是对课堂教学的再一次升华和提高。课后任务单可以包括以下几个方面：首先是巩固性练习。教师在设计课后任务单时，要在课前组织学生进行巩固性练习，如填写调查问卷、撰写小论文、开展社会实践等。其次是拓展性练习。在设计课后任务单时，教师应引导学生进行一些拓展性的练习，如利用网络查阅资料、参观博物馆、走访图书馆等，通过这种方式拓展学生的视野和知识面。最后是总结反思。教师在设计课后任务单时，应引导学生对课堂知识进行总结和反思，如对课堂知识进行整理归纳，并对自己在课堂上的表现进行总结和反思。最终，任务单的完成让学生在思考问题的同时分析问题、解决问题，培养其独立思考能力、创新意识和创新能力，最终将知识内化，形成技能。

③养成习惯是任务单设计的目的

任务单的设计和使用并不是一成不变的，而需要教师根据学生的反馈不断进行调整。在任务单教学过程中，教师需要不断观察学生完成任务的情况，及时对任务单进行调整和完善，引导学生养成良好的学习习惯。

首先，教师要结合学生实际和教材内容，遵循循序渐进的原则，有针对性地设计任务单。教师可以根据教学内容的特点、学生学习情况等合理选择任务单的类型，例如，针对教材中的理论知识点和分析问题的能力强弱，选择不同类型的任务单。教师也要结合学生学习情况设计不同类型的任务单。例如，对于一些基础较好、学习积极性高、阅读能力强的学生布置阅读类任务单；对于一些基础较差、学习积极性不高、自主学习能力差、阅读能力弱的学生布置背诵类任务单；对于一些基础理论知识很好的学生布置社会调查类任务单。

其次，教师要注重引导学生利用网络资源，激发学生自主学习的积极性。大学生已经成为网络使用的主力军，他们普遍拥有较高的网络素养。在思政课教学中，教师要注重引导学生利用网络资源，激发学生自主学习的积极性。教师还可以利用互联网平台将与教材内容相关的课件、视频等资源发布到网络平台上。这样不仅可以帮助学生学习相关知识，还可以使学生在课余时间充分利用这些资源进行自主学习。

5.4.3 基于深度学习理论的微课设计与应用

随着信息技术的发展，微课已成为一种全新的学习方式和学习资源。微课具有短、精、实的特点，更重要的是微课的应用可以提升教育教学效果。微课是指针对某个知识点或教学环节而设计开发的一种微课视频。它具有较强的针对性、实用性和灵活性，能够帮助教师突破教学难点、简化教学过程，并能使教师在课堂上有效地组织和调控课堂教学，提高课堂教学效果。微课的应用，能够让学生在更短的时间内学习到更多、更新的知识，对教师和学生都具有较高的应用价值。

  微课在课堂教学中的应用，首先要考虑的是微课内容设计是否适合教学。教师在设计微课时，应明确微课的设计思路，让学生在微课学习中，既能了解学习内容，又能通过微课视频学习到与本节课程相关的知识。其次是要考虑微课视频的时长和容量。如果微课视频过长，学生在观看时会产生视觉疲劳，从而降低学生对知识的记忆效果；如果微课视频过短，学生在观看时会感觉不够透彻，不能掌握所学知识。因此，教师在设计微课时，要充分考虑微课视频的时长和容量，让学生在有限时间内能掌握更多、更准确的知识。最后要考虑微课视频是否符合学生的认知规律和特点。教师要根据不同学科、不同阶段学生的认知规律和特点设计微课视频。

  教学视频是微课的主要组成部分，也是微课的核心内容。微课教学视频集知识点讲解、案例分析、操作演示、资源展示等内容于一体，可以作为一个完整的教学视频呈现给学生。教学视频以微课为核心，有必要结合传统课堂教学进行设计。在传统课堂教学中，教师往往会通过讲解、演示和互动等方式来向学生传授知识。这种模式比较容易使学生感到枯燥乏味，从而导致学习效果不佳。而微课的出现为解决这一问题提供了新的思路和方法。它不仅能有效地吸引学生注意力，激发学习兴趣，而且还能很好地解决传统课堂教学中出现的问题。教师可以通过微课教学视频来传授知识，并引导学生深入探究、深入理解。

  微课视频制作要注意以下几个方面：

（1）选取教学内容

教学内容要符合学生的认知规律，所选教学内容要具有针对性、启发性和实践性。

  第一，内容要选取与课程相关的知识点，思政课是一门理论性和实践性都很强的课程，因此，在微课选取教学内容时，要选择与课程相关的知识点。教师在选取教学内容时要以教材为基础，充分考虑到思政课的课程特点和教学要求，选取一些与课程相关的知识点进行教学。在教学过程中，教师可以将知识点以微视频的形式呈现给学生，帮助学生更好地理解知识，加深学生对课程知识的理解和掌握。同时，微课要有针对性，思政课教师在课前要了解学生对知识点的掌握程度和他们的关注点，对所需要材料的内容进行全面分析，对其中的各个章节进行深入的探究，为学生挖掘其中规定重点内容以及具体的理论热点，这一部分的内容对于学生而言有着重要意义，属于针对性较为突出的知识内容。对此，教师应当将这一部分当作重点学习的内容，并且，将每一个知识点进行深刻探讨，详细地划分相关知识内容，以确保课程内容的有效性。换句话来说，教师应当以学生的实际情况、教学目标、教学计划等因素为核心，合理地设计并实施微课。此外，在选择课程资源时，应当多选择一些活泼性与生动性较强的资源，使课程内容更加丰富、多彩，合理地安排问题情景，并利用任务驱动、操作演示、小组讨论等多种方式，让每个环节的时间更加合理，提高微课设计的水平，增强课堂教学的效果，激发学生的兴趣。

第二，选取理论与实际相结合的内容。教师在选取教学内容时要考虑到学生的实际情况，从学生的角度出发，选取理论与实际相结合的内容。教师可以把一些时事新闻通过视频的方式呈现给学生，教师在讲述过程中要把书本中的知识点与社会热点相结合，让学生在学习中感受到理论与实际的关系，从而更好地掌握理论知识，这样不仅能提高学生学习思政课的兴趣，也有利于让学生了解大政方针、社会发展动态、关注时事新闻，从而更好地融入课堂学习中。

第三，高校思政课是一门理论性很强的课程，对于思政课教师来说，如何让学生对思政课产生兴趣，如何让学生在学习过程中对所学内容产生共鸣是需要研究的问题。针对这一问题，教师在选取教学内容时应该考虑学生的实际情况。首先，教师要了解学生对思政课的学习兴趣，在教学中找到学生的痛点和难点，这样才能抓住学生的注意力。其次，教师在选取教学内容时要注意选取的问题须抓住学生对国家社会发展的实际关切点，引导学生正确认识社会发展中存在的一些现象和问题，并能运用理论来解读这些问题。最后，教师在选取教学内容时要注意结合学生生活实际以及运用身边人、身边事进行讲解，让学生产生情感上的共鸣，让学生更容易理解和接受所学知识。

第四，思政课教师要结合当代大学生的思想实际和生活实际，从时代背景、政治背景、社会背景等多个方面出发，选取具有时代性、科学性和艺术性的教学内容。比如，在教学"毛泽东思想和中国特色社会主义理论体系概论"这门课时，教师可以选取《苦难辉煌》《中国道路》《我们走在大路上》等具有时代性和科学性的视频，让学生能够深入了解党百年奋斗历程和新中国70多年取得的伟大成就。讲改革开放时，教师还可以选取一些与思政课相关的经典歌曲或诗歌等，让学生在欣赏艺术作品中深刻感受到改革开放以来国家取得的巨大成就。这样不仅能够调动学生学习思政课的兴趣，还能提升教学效果。

第五，选取能够引发学生思考的内容。如果有些教学内容不能引发学生的思考，这样的教学内容也是无效的。因此，微课内容选取应该能启动学生的思考，这样才能使微课更好地为教学服务。比如，在讲到"当代青年要树立远大理想"时，教师可以选取一些新时代青年楷模的典型事例来引发学生思考"新时代青年应该是什么样的？""新时代给了青年哪些优势？"等问题，这样既让学生对相关理论知识有更深刻的理解，也能让学生增强历史使命感，以真理引领思想，以思想引领行动。

（2）精心设计制作

视频制作要遵循教学规律，运用科学的技术手段进行设计，在内容安排、设计形式等方面力求做到精练、短小精悍。一般的视频可以分为3类：①视频短片：时间为10分钟以内，主要是用来呈现教学内容；②微课程：时间为20～30分钟，主要用于讲授知识点或解题思路；③课堂实录：时间为30分钟左右，主要用于呈现教师的教学过程和学生的学习过程。制作微视频时要注意：使用标准普通话；吐字清晰，语速适中；声音清晰响亮；画面清晰完整。

（3）注意剪辑和衔接

在视频制作过程中，要注意镜头的切换与衔接。此外，还要注意背景音乐和配音的选择，不要使用过多的背景音乐，以免分散学生的注意力。

（4）微课的管理与维护也是很重要的

由于微课具有较强的开放性和互动性，所以需要教师进行有效的管理和维护。教师可以在互联网上建立自己的微课资源库，供学生进行观看；也可以把微课制作成微视频，上传到网络上进行共享。在学生观看微课时，教师可以进行适当的引导，让学生更好地理解微课内容。当然，教师也要及时更新微课资源,让微课资源更好地服务于教学。同时,教师还应注重对微课的管理和维护,对微课资源进行分类整理、加工处理,使其成为可以共享的课程资源。此外,还可以通过一些网络平台发布微课资源,如慕课堂、网络课堂等,为学生提供丰富多样的学习资源,使学生更好地学习。

(5)微课在高校思政教学当中的应用措施

思政课教师在设计微课时还要制作自主学习任务表,以便于学生学习,确保学生能够在规定的时间内完成课程任务,还能激发学生的主动性与积极性,让学生更容易地接收学习内容,将自身所具备的主观能动性充分地发挥出来,以保证学生能够积极自主地探索。教师可以采用正确的方式来指引学生进行合作学习,并且,合理利用手机等提前对微课内容进行预习。具体来说,学生可以通过自学任务,来明确本次微课的内容以及重点、难点等,同时,在课程学习后对内容进行反思,对相关知识点进行整合与归纳,提高学生自主学习的能力。与此同时,教师应指引学生将自主预习时产生的一些疑问与不懂的地方大胆提出来,通过这种方式能够使微课教学的效果大幅度提升。例如,在讲授"思想道德、修养与法治基础"一课时,可以先让学生通过观看视频的方式对课程内容提前进行预习,让学生更直观地了解其中的含义。利用这种教学方式,能够让课堂更生动、更简洁、更高效,教师以此为核心来开展教学活动,能够更好地制作探究类型的问题,使学生理解起来更加方便,并从中受到启发,确保学生更高效地学习。

5.4.4 基于深度学习理论的对分课堂设计

对分课堂是近年来新兴的一种教学模式,主要特点是以教师讲授和学生讨论为主,教师在课前完成教学内容的讲授和知识传授,学生在课上进行讨论、思考和内化,课堂后教师进行总结和评价。这种模式突破了传统课堂教学模式的一些弊端,有利于培养学生独立思考能力、创新能力、团队协作能力等综合素质。在高校思想政治理论课教学中探索对分课堂教学模式,能够发挥教师主导作用和学生主体作用,有利于提高教学效果。

(1)对分课堂的内涵和特点

对分课堂是指在高校思想政治理论课教学中,以讲授式教学为主,穿插讨论式教学，并结合学生的实际情况采取差异化教学策略，让学生在课堂上既能学习知识、掌握技能，又能锻炼能力、培养习惯的一种课堂教学模式。

首先，对分课堂突破了传统的"教师讲、学生听"的授课模式，采取"讲授+讨论"的讲授与内化相结合的模式。将讲授时间压缩为50分钟左右，并用20分钟时间进行讨论交流。其次，对分课堂强调教师主导作用和学生主体作用相结合，即教师在课堂上只负责讲授知识和引导讨论，并根据教学内容提出问题或布置作业；学生在课前进行自主学习、课上进行讨论、讨论后进行内化吸收。最后，对分课堂突出学生自主学习和合作学习的重要性。教师布置预习作业、布置研讨课题并提出问题要求学生课前自主学习；在课上组织学生进行分组讨论、组内合作交流并对讨论结果进行评价；课堂上教师通过提问、小组讨论、学生汇报等方式了解和掌握学生学习情况。对分课堂对传统讲授式教学起到了一定的补充作用，有利于提高学生自主学习能力和合作交流能力。

（2）对分课堂的实施

对分课堂是一种创新的教学方式，强调以学生为中心，突出教学互动和学生的全方位参与，从教学流程重构、教学内容调整的角度探索课程建设的路径，以促进深度学习，提升课堂教学质量。在思政课教学实践中，对对分课堂进行优化调整，可以有效地提高教学效果和学生的学习效果。从教学框架上来看，对分课堂可以分为线上和线下两部分。每个教学单元依次包括P－A－D－P（Presentation—Assimilation—Discussion—Presentation）四个环节。其中，前三个环节（P－A－D）在线下课堂进行，最后一个环节（P）在线上进行。这种教学方式将传统的教学方式与现代信息技术相结合，可以更好地满足学生的学习需求和提高教学效果。

在第一个环节（P），教师需要精讲核心知识点和重点内容，引导学生了解和掌握相关知识点。这个环节是线下进行的，可以充分发挥教师的主导作用，同时也可以让学生更好地参与到教学中来。

在第二个环节（A），学生需要在课堂上进行讨论和交流，分享自己的看法和观点，进行合作学习和探究。这个环节可以培养学生的批判性思维和解决问题的能力，同时也可以促进学生的思考和创新。

在第三个环节（D），教师需要对学生的学习情况进行总结和反馈，帮助学生梳理思路、加深对教学内容的理解和记忆。这个环节也是线下进行的，可以充分发挥教师的主导作用，同时也可以让学生更好地参与到教学中来。

最后一个环节（P）是在线上进行的，学生需要在课后进行自主学习和拓展学习，以加深对教学内容的理解和应用。这个环节可以培养学生的自主学习能力和探究能力，同时也可以让教师更好地了解学生的学习情况和反馈。

①思政课对分课堂的讲授环节（Presentation，P）主要包括教师对教学内容的框架结构进行概括，并讲解其中的重点和难点。在这一环节中，教师采用"精讲留白"的形式，引导学生思考和分析问题，培养他们的辩证思维能力。同时，这一环节也注重通过情感和意志的触动，培养学生的价值观。

以"思想道德与法治"课程第五章第一节"社会主义道德的核心和原则"为例，这一小节的内容框架是：通过对道德的起源、本质、功能、作用、变化发展等基本理论的深入学习，使学生形成正确的马克思主义道德观，实现正确的道德认知。在此基础上，坚持社会主义道德的"以为人民服务为核心""以集体主义为原则"，培育正确的道德判断和道德责任的养成，提高道德实践能力。

在这一小节中，重点和难点包括："社会主义道德是崭新类型的道德，其特点是什么？为人民服务在社会主义道德中的核心地位是如何体现的？如何全面理解集体主义道德原则的内涵？"为了解决这些问题，教师可以采用多种方法进行讲解和引导，例如："通过历史和现实生活中的例子来说明社会主义道德的特点和优势；通过课堂讨论和案例分析来引导学生深入思考为人民服务和集体主义的意义；通过布置思考题和阅读相关文献来加深学生对社会主义道德的理解。"

在实际教学中，教师可采用以下方法开展对分课堂教学：第一，通过提问形式开展对分课堂教学。在讲授新知识前或结束后进行提问，让学生更好地理解所学知识并运用到实际生活中；第二，通过小组讨论形式开展对分课堂教学。教师通过小组讨论的形式引导学生思考问题、分析问题并解决问题；第三，通过总结环节开展对分课堂教学。在讨论结束后教师要进行总结和评价。

②思政课对分课堂的内化吸收环节（Assimilation，A）是学生在课后进

行自主学习和思考的过程。学生结合教材、多元化教学资源以及教师讲授的内容进行思辨性学习，自主完成课后作业，以实现个性化内化吸收。

教师应引导学生把阅读教材和浏览网络资源结合起来，不仅要了解教材知识、掌握理论概念，还要了解国内外时事热点以及相关研究成果。通过阅读教材、浏览网络资源等方式，学生可以了解国内外时事热点、掌握理论概念和相关研究成果，并对自己所学知识进行内化和建构。教师还可以利用网络资源引导学生完成课堂讨论，如在讲解"中国梦"时，可以让学生结合当下中国的发展现状和国际国内形势进行讨论，帮助学生理解"中国梦"的内涵和意义。

在课外作业的设置方面，应遵循基本性、挑战性和梯度性相结合的原则。每位学生根据自身的学科背景、理解能力和需求完成相应的作业，同时可以在现有水平基础上进行充分的发挥。这样的作业设计可以使每一位学生都有自我实现的获得感。在作业形式上，可以包含客观题的设置，以达到对学生基本理论知识的考核目的。同时，也可以设置一些主观题的题目，让学生结合自己的理解和思考进行回答，以更好地考查学生的思辨能力和应用能力。这一环节要避免"一言堂"或者"满堂灌"等教学模式。在课堂讨论中，学生要学会倾听他人意见，通过小组合作的方式来完成讨论任务，在交流讨论过程中激发思维火花、学会合作与分享。

③思政课对分课堂讨论（Discussion，D）环节。讨论是学生在课堂上分享自己在内化吸收环节中对知识的理解、感悟以及疑惑，并进行生生、师生间的交流，以达到解惑释疑的目的。在讨论形式上，通常采用分组讨论的形式，然后由小组选派代表发言。由于前期学生已经对理论知识进行了思考和理解，因此在课堂上他们会积极展示自己的成果并提出自己的疑惑。

教师可以通过选取紧扣各章节学习主题的典型案例、研究前沿、社会热点、校园文化等内容，供学生思考并讨论，以激发学生继续深入学习的兴趣。这种环节的设置为学生之间、师生之间的相互交流创造了有利环境，不仅培养和提升了学生的团队协作意识和能力，还有利于构建和谐的师生关系。

在学习"社会主义道德的核心和原则"这一节中，学生可以在小组中讨论自己在内化吸收环节中形成的思想困惑，然后由教师进行回应和解答，体现出思政课的理论性。最后，教师可以展示一些社会热点问题，例如2014年央视春晚小品《扶不扶》片段和2018年的高铁"霸座"事件，引导学生思考道德对人生的影响，进一步激发学生的思考和探讨。

总之，思政课对分课堂的讨论环节是学生在课堂上分享、交流和思考的过程。通过这种形式，学生可以更好地理解教学内容，培养自己的团队协作能力和人际交往能力，同时也可以提高自己的学习效果和学习体验。

④讲授（Presentation，P）环节。思政课对分课堂的讲授环节是学生依据自身学科背景和需求自主选择的重要环节。在这个环节中，教师针对学生疑问率不高但仍然存在的问题，不再占用宝贵的课堂时间，而是采用现代化的教学工具和学习平台，如学习通等，将相关内容录制成微课视频，供有需要的同学进行自主学习。

通过这种方式，学生可以更加灵活地安排自己的学习时间和进度，同时也可以根据自己的需求和兴趣进行有针对性的学习。微课视频的内容涵盖了各种主题和知识点，包括对基本理论知识的讲解、案例分析、研究前沿和社会热点问题的探讨等等。

教师会根据学生的学习情况和反馈，不断优化和更新微课视频的内容和形式，确保内容的准确性和权威性。此外，教师还会在学习通等平台上提供相关的学习资源和链接，帮助学生更好地扩展自己的学习范围和深度。通过这种精细化的学习指导方式，学生可以更加全面地掌握教学内容，提高自己的学习效果和学习体验。

（3）对分课堂实施中的瓶颈解决

① 小组网格化策略

针对规模瓶颈的大班讨论问题，当无法实现小班化教学时，可以采用小组网格化策略。具体而言，通过设立5～6人或最多7～8人的小组，可以有效地将大班划分为较小、易于管理的小组，从而更好地回收学生提出的问题、布置讨论任务、确定问题的讨论域，并落实对学生个体的评价等。

在设立小组的过程中，需要充分考虑学生的个性和能力，确保每个小组的成员能够互补、协调并共同完成任务。同时，可以征求自愿做秘书的同学两名，一正一副，正秘书负有主要责任，副秘书负责配合正秘书做好工作。

例如，正秘书可以负责做好考勤、评价统计工作，副秘书负责对同学们的平时成绩做好登记工作。这种可见的组织化措施能够有效地化解大班教学中讨论或展示的无序性难题。

此外，为了进一步促进小组合作和交流，可以采用多种形式的活动。例如，每个小组可以选择一名代表，在课堂讨论中发言或展示小组讨论成果；或者通过小组间的辩论、模拟等方式，加强小组间的合作和交流。教师也可以为每个小组提供必要的支持和指导，如分配专门的讨论空间、提供相关资料或建议等。

② 巧设问题域

针对"灌输"的"瓶颈"，教师应从"问题域"设计、"组织"和"评估"三个方面进行"引导"。在分科教学模式中，"教学问题"实质上就是师生之间为之展开的一场"战场"。在教学中，教师们也提出了构建学生问题库的需要，重点是要通过问题领域的设置，对学生自主讨论进行规范化指导。

在课堂教学中，教师要认真筛选学生的问题，并组织学生开展开放式的讨论。此外，教师还可以在学生的问题基础上，亲自设计问题领域，引导学生进行讨论。题目的难度要适中。如果题目难度太大，学生将无从下手；如果题目难度太低，则会影响学生的思维和讨论效果。

教师需要仔细甄别和筛选学生提出的问题，并组织学生进行公开讨论。此外，教师还可以在学生提出的问题之外亲自设计问题域，以驾驭学生讨论的方向。问题域的宽窄要适中。如果问题域过宽，学生将无从下手；如果问题域过窄，则会限制学生的思考和讨论范围。

在"马克思主义基本原理概论"课程中，可以设计以下一些问题域：人与动物的区别是什么；如何理解理论与实践的结合；对苏联解体的思考；读完马克思的著作后有何感想；什么是物质，什么是意识；认识是在行动之前还是行动在认识之前；读万卷书重要，还是行万里路重要；历史是由英雄决定的还是由人民决定的；在现代社会的发展中，资本和劳动哪个更重要；随着科技的进步，人们是变得更快乐还是更悲惨，或者科技的进步与人们的快乐无关；防疫工作的重点应该放在社会治理上还是科研上。通过以上问题领域的设计，教师可以引导学生深入思考和讨论相关的理论和实践问题，培养学生的批判性思维和自主学习能力。

问题领域的设置基本上限定了讨论的范畴，在讨论或争论中阐述各自的看法，真相与原则只会更清晰。当然，在讨论的时候，教师也可以在组织、评估等方面进行持续的指导。组织导向指的是将某些不适宜的主题进行适当的组织安排以供讨论；评导是指借助教师评鉴的权威，批判、诱导某些观点；对其进行评估与指导，必须牢牢把握并坚守其正确的理论导向。

5.4.5 基于深度学习理论的小组研讨活动设计

小组研讨活动是教学的一种新的组织形式，它通过教师在教学中的主导作用和学生在学习中的主体作用相结合，为学生创设一种有意义的学习情境，使学生在学习活动中成为真正的主人。小组研讨活动有利于学生掌握知识，培养能力，发展智力，养成良好的学习习惯。

小组研讨活动可以根据教学内容、学生特点、学习能力等因素，灵活地安排形式，以便能适应学生的发展水平和不同层次学生的学习需要。研讨内容要具有适当的梯度，逐步递进，避免单一。要使小组研讨活动有序地进行，首先，教师要根据学生的实际情况，设计有梯度的研讨内容，可以把研讨内容分成几个层次，让不同层次的学生都能在规定的时间内完成任务。其次，每一个层次的学生所完成的任务要有一定的难度，是需要经过努力才能完成的。通过这种研讨活动，学生不仅巩固了知识，还锻炼了思维能力和语言表达能力。最后再把小组研讨活动的过程展现在全班同学面前，让他们体验成功。这种形式不仅提高了学生学习的兴趣，更重要的是让学生尝到了学习的成功感和满足感。

在小组研讨活动中，教师要把握好时机，适时地给予指导，帮助学生解决问题，使学生在交流中学会求异，在思维碰撞中生成创新思想，培养学生分析问题、解决问题的能力。在小组研讨活动中，教师还应及时将学生的想法、观点记录下来，并加以引导，使学生掌握分析问题、解决问题的方法。

由于学生的年龄特征，其思维的独特性和思考性是他们思维发展的重要特征。教师要把培养学生的创新意识作为小组研讨活动的首要任务。首先要充分调动学生的学习积极性，使学生在学习中始终保持高昂的情绪和积极进取的精神状态；其次要创设机会让学生大胆发言、畅所欲言，培养学生的创新意识。在学习过程中，对一些有个性、有独特见解的想法和做法，教师不要急于否定，而要鼓励他们大胆表达自己的见解；再次，要把学生所发表的意见及时地记录下来，在课堂上进行交流。这样，在小组研讨活动中就形成了民主和谐、相互尊重、相互学习的课堂气氛。在这样轻松和谐的氛围中，学生就能畅所欲言，提出自己独到的见解。教师在评价学生的研讨活动时，应注意引导学生形成正确的认识，鼓励学生有不同的看法和观点，不要把对某一个问题的讨论变成一种竞赛。特别是在教学中，教师应注意培养学生实事求是、辩证分析的科学态度。当学生提出不同看法时，让他们说说自己的理由，并引导他们从不同角度考虑问题。这样既有利于学生思维能力、创造能力和逻辑能力的提高，又能增强学生的学习兴趣和积极性。另外，小组研讨活动在一定程度上会影响教学时间，因此，要给学生留出足够的时间来进行交流与讨论。

小组研讨教学模式的重要性与意义体现在以下三个方面：

第一，有助于提高思想政治理论课的实效性。传统教学模式中，教师进行填鸭式授课，而学生进行灌输式的学习，一直处于被动的地位，而小组研讨教学模式打破了传统教学模式，学生不再处于被动地位，而是整个学习过程的主导者，整个学习过程都由学生自己完成，学生在学习过程中，由发现问题到分析问题，再到最后的解决问题，整个过程不断思考与整理，围绕着研讨主题展开深入思考，通过查找各种文献资料，而不断进行总结与梳理，加深课程知识的理解。在这一过程中，教师不再是一个理论宣讲者，而是学生的指导者，鼓励学生根据研讨主题进行深入研究，针对学生立场观念模糊的地方作出针对性的指导，对于学生思想观念问题作出系统的解答。不仅如此，思想政治教育教学活动还要充分体现在线上，线下学生自主完成教学任务，线上学生与教师之间可以进行更好的交流，提高了学生的理解效率与能力，既完成了教师的"教"，同时也完成了学生的"学"，这大大提高了教学效率与教学效果。

第二，有助于提高大学生的综合素质。小组研讨教学模式主要分为五个环节，一是大学生自主选题，二是大学生自行甄别资料，三是大学生自行制作课件，四是上台进行演讲，五是现场问答。这五个环节共同构成了一个完整的学习过程，整个学习过程中，小组成员分工明确，可以相互交流，共同协作，不仅有助于培养大学生的集体意识，很大程度上也有助于提高大学生的团队协作精神。在信息时代背景下，大学生的获取信息的渠道越来越宽泛，而铺天盖地的网络信息对于大学生价值观的形成具有十分重要的影响，而作为教师，应当严格规范大学生信息来源，树立良好的风气，并督促学生关注社会热点问题与深层次的理论热点，基于这些鼓励学生展开深入思考，透过表面现象看本质，用理性思维去挖掘事件背后所隐藏的内在逻辑，从而培养学生的政治涵养。

第三，有助于提高教师的教学水平与科研水平。小组研讨式教学模式要求教师不仅要精准地把握思政课知识体系，还要对重大问题从宏观的层面去分析，并对社会舆论焦点与宏观理论难点具有敏捷的关注度；不但要用马克思主义的思想角度去分析问题，又要以马克思主义为基础充分解读社会问题；既要善于发现学生的知识盲点，而且还要具有高深的见解。而在小组研讨式教学模式中，教师不仅要充分把握研讨节奏，还要充分调节整个学习氛围，并对学生的立场问题给予一定的指导，这非常考验思政教育教师的教学能力与政治理论功底，促使教师不断地提升自身教学能力与科研能力，使教师得到进一步发展。

5.4.6 基于深度学习理论的案例探究活动设计

"案例探究"是指以学生为主体，教师为主导，以问题为中心，以培养学生综合实践能力为核心，以培养创新精神和实践能力为重点，引导学生围绕某一案例进行阅读、思考、讨论，并最终解决问题的一种教学模式。案例探究活动是课堂教学的有效补充，它是在教师指导下学生自己去发现问题、分析问题、解决问题的过程。这种教学模式对教师提出了更高的要求，即要对案例进行合理的筛选与改编，使其更适合于课堂教学。在案例探究活动中，教师应以生为本、因材施教、因势利导，在教学过程中可通过运用案例，引导学生自主学习，在案例探究活动结束后，教师要让学生回顾案例探究的全过程，通过交流总结，深化对知识的理解，用自己喜欢的方式展示自己的探究成果，最终达到让学生运用所学知识、技能和方法解决问题的目的。

因此，在课堂教学中，教师应积极开展案例探究活动，具体有以下几个方面：

（1）精心选择案例内容

案例是案例教学法赖以实施的基础，案例的选择是否恰当适宜直接关乎案例教学法的实际效果，是成功实施案例教学的重要前提。高校思政课教师应充分认识到一个好的案例对于成功实施案例教学的重要性，在选择案例时应着力做到以下几个方面：第一，紧扣教材，突出思想性和政治性。思政课不同于一般的知识性学科，它具有强烈的思想、政治和道德的价值定向作用，具有突出的意识形态属性，因此，教师选取教学案例时应该服务于这一教学目的，以教材为本，突出思想性和政治性。第二，贴紧社会，突出时代性和新颖性。有些教师选择的案例内容陈旧，没有顺应社会发展变化，激发不起学生的学习兴趣，因此，教师选取教学案例要始终站在前沿，与时俱进，常教常新，突出时代特征，关注热点问题，以此来增强教学的吸引力。第三，贴近学生，突出针对性和典型性。教师选取教学案例还应针对学生的思想和生活实际，想方设法把握大学生的思想动态和研究大学生感到迷惑不解的问题，以学生身边新近发生的典型事例来深入分析和讲解，真正做到有的放矢，使教学更富有说服力。

（2）选取案例以学生为本

本着上文提到选择案例的第三点要求，教师在选择案例时应根据学生的认知水平和知识储备量，充分体现学生为主体，选择学生熟悉的或者具有一定趣味性和代表性的案例。比如：在讲述中国共产党建党百年历史时，教师可以选取《建党伟业》这部电影中的片段进行讲解；在讲述中国特色社会主义现代化建设时，可以选取《厉害了我的国》这部电影中的片段进行讲解等。

（3）注重案例与理论知识结合

教师在对课程内容充分了解的基础上，对课堂教学内容进行延伸，确保理论与实际相结合，体现思政课的时效性和时代性，并对知识点进行重新解读和分析，对与本课内容相关的案例进行筛选和改编，将与本课内容相关的案例与本课理论知识相结合。由于思政课的内容会使得学生觉得思政课内容枯燥乏味、兴趣不高，教师通过创设特定的教学情境，结合现阶段的时事政治、文化社会现象等，提出与学生生活相关、感兴趣的问题，引发学生探究问题的欲望，激发学生学习兴趣，让学生带着问题去阅读教材和思考，激发他们探究问题的欲望。

（4）增加并优化案例评析

案例分析结束后，教师可以要求学生对案例进行简要评析。教师可以要求学生根据自己的学习经验和知识储备，围绕案例所反映的现实问题，从不同角度提出自己的看法与见解。同时教师要鼓励学生畅所欲言，发表自己的观点，让他们充分表达对案例的认识和理解。在此过程中，教师要注意对学生进行价值导向引导。对一些观点与事实不一致或者与主流思想相冲突的内容，教师要引导学生理性思考、辩证看待；对于那些与主流思想不一致或者不符合社会发展规律的内容，教师要引导学生多看一些相关的报道和评论。比如，在讲解中国梦时，教师可以让学生回顾中国梦提出的背景以及发展历程；讲到改革开放以来中国取得的成就时，教师可以让学生了解改革开放对中国和世界产生了哪些影响；讲到当代大学生树立什么样的理想信念时，教师可以让学生思考理想信念教育应如何进行；讲到当代大学生价值观存在哪些问题时，教师可以让学生了解社会主义核心价值观形成的背景与过程。通过这些分析与引导活动，可以让学生逐渐形成正确、理性、客观、科学地认识事物的能力。

（5）灵活掌握案例的呈现时间

灵活掌握案例的呈现时间，是成功实施案例教学的基本要求。笔者以为，思政课教学案例的使用应着重把握以下四个时机：第一，案例宜于激发学生学习兴趣时使用。兴趣是最好的老师，理论性强、抽象枯燥的高校思政课教学尤其需要通过有效的教学手段调动学生的学习兴趣，营造良好的教学氛围。因此，思政课教师可以在导入新课时通过选用恰当的案例来创设问题情境、烘托课堂气氛、引发学生兴趣。第二，案例宜于强化教学重点时使用。思政课教学由于课时紧、内容多，不可能对每部分内容都平均用力，教师要在吃准吃透教材的基础上，突出教学重点，把握好邓小平同志关于"学马列要精、要管用"的原则。教学实践表明，典型案例的运用正是思政课强化教学重点、阐明理论要点的有效之举。第三，案例宜于突破教学难点时使用。思政课教师根据大学生的认知水平与特点对教学难点进行准确恰当的剖析是实现教学目的、保证教学效果的关键之举。传统的讲授教学法对于突破教学难点效果不明显，而案例的引证和解析却能够帮助学生对于难点问题有更清晰的认知和深刻的领悟。第四，案例宜于强化激励引导时使用。高校思政课教学的特殊性在于知识的传授必须服务于思想政治教育的目的，服务于社会主义意识形态的需要，促使大学生把党的执政方针、国家意识形态和社会道德规范内化为自己的理想、信念、世界观和道德品质。因此，在思政课教学中，应当运用具有启发、导向、矫正、激励和警示等育人功能的典型事例来帮助学生明晰道理，为学生树立榜样、作出正确价值引导，体现思想政治理论课的价值和功能。

5.4.7 基于深度学习理论的问题链教学

"问题链"教学模式是一种非常有效的教学方法，它通过精心设置问题，构建相互关联、层层递进的问题体系，从而引导学生进行深入思考和探究。在高校思政课中运用"问题链"教学模式，可以更好地聚焦学生的思考过程，逐渐将问题引向深入，引发学生深入思考，帮助学生形成正确的思想观念和价值观。

（1）明确目标选题，以问题切入为重点

问题切入式的教学方式是教师在教学活动开始之前，围绕当前思政理论中的重点问题，以问题的形式引入教学内容。它通常可以分为以下五个阶段，即承上启下（复习引入），教师回顾之前学习的内容，引导学生思考与新内容相关的议题；提出问题，教师根据教学内容和目标，提出一个具有启发性和吸引力的问题，引发学生的思考和探究；营造氛围，教师创造一个积极、宽松的教学环境，鼓励学生积极参与讨论，自由发表观点；引导讨论，教师引导学生深入探讨问题，帮助学生形成正确的思想观念和价值观；总结评价，教师对讨论进行总结和评价，帮助学生更好地理解和掌握知识。

在优质思政课教学中，问题切入方式需要具有新颖性、精确性和灵活性。首先，高品质的思想政治课教学模式以"问题为中心"，是一种创新。教师需要对问题的提问方式、角度和方式进行精心设计，使问题具有启发性和吸引力，同时将深奥难懂的思政理论转化为易于理解的语言表述，创造一个宽松的教学氛围。其次，高品质的思想政治课"问题切入"的教学方式是"精准"的。思政课教师需要充分了解新时期的大环境和学生特点，根据不同的教学目标和对象，有针对性地设计和实施教学活动。最后，以"问题为中心"的高品质思想政治课教学模式是弹性的。教师在教学中需要针对不同类型的学生开展针对性的教学，使学生更好地理解和掌握知识。

（2）推动师生协作，以课题研讨为线

课题探讨式教学方式是一种以学生为主体、教师为主导的新型教学方式。在这种教学方式中，教师根据教学大纲和学生的实际情况，将与课程内容相关的时政热点或系统理论确定为特定的主题，由学生自主选择课题，分组讨论并开展研究。这种教学方式突破了传统的知识传授模式，使学生成为真正意义上的"学习主体"，使教师教育的主体得到最大程度的解放。

在实际教学中，课题探讨式教学方式大致可以分为以下几个步骤：首先，教师提出选题内容，为学生提供参考和指导；其次，学生根据兴趣和能力选择研究课题，并进行分组讨论；随后，学生进行分工调研，收集和分析相关资料，对课题进行深入探讨；在此过程中，教师进行全程式引导，为学生提供必要的指导和帮助；最后，学生对课题进行整体总结，撰写总结报告并提交给教师进行评价。通过课题探讨式教学方式，可以激发学生的学习兴趣和主动性，提高学生的自主学习能力和团队协作能力。

课题探讨式教学模式是一种将教学性与科研性相结合的教学模式，旨在鼓励教师将研究成果融入教育教学，增强学生对各类课题的理解与领悟，提高思政课的理论高度和深度。这种教学模式不仅要求教师充分结合自身的科研情况和成果，将科研理论系统性地融入教学过程，还鼓励学生自主选择课题，进行分组讨论和调研，实现生生合作、师生交流。

通过课题探讨式教学模式的应用，可以促进马克思主义理论课程与社会生活实践的有机结合，使思政理论问题真正做到入脑、入心，架构起理论与实际相互结合的桥梁。因此，在新时代下的思政课教学改革中，以课题探讨为主体，充分开展生生合作、师生交流，不断对思政理论教学改革进行系统优化，以适应时代发展的需要。在实践过程中，思政课教师可以根据教学大纲和学生的实际情况，将与课程内容相关的时政热点或系统理论确定为特定的主题，引导学生自主选择课题并进行深入探讨。通过组织学生进行分组讨论和调研，帮助学生深入理解课程内容，提高他们的综合素质和创新能力。

（3）展开总结归纳，以专题讲述为突破

专题讲述式教学是一种教师根据培养计划和方案的需求，在逻辑上对教学内容进行整合，创建出多个专题，并通过多种途径提高学生的综合素质的教学方法。思政课教师通过深入研究，选取具有代表性的主题，将教材体系深入转化为教学体系，让学生充分吸收理论精华并转化为自身意识。专题教学模式在完成教学任务过程中具有显著优点，其实践性有助于解决学生内在学习动机不足的问题，并增强学生的学习兴趣。专题讲述式教学的实施流程为：任课教师充分准备教学→采用多元化课堂授课形式→实施过程与终结性评价方法→对学生进行综合教学评价。

在高校思政课的教学实践中，"专题讲解式"是一种将指导性、整体性和实效性相结合的教学方式。首先，在专题教学中，必须坚持马克思主义的指导思想。思政课程与一般课程的不同之处在于，它不仅关注知识的传授，更注重价值观的引导和塑造，是一门政治性和理论性很强的课程。因此，坚持马克思主义基本原理，加强高校思政课建设，开展专题教育，培养学生正确的人生观，是巩固马克思主义在思想上的主导地位的关键。

其次，在思政课教学过程中，应注重项目的整合。整体式专业教学强调对理论内容的整体把握。在专题设计过程中，要关注各个主题之间的内在逻辑和统一性，将各个章节的知识视为一个有机的整体，以防止出现零散和无序的教学方式。

最后，以实践为导向的教学模式。在进行思政课教学工作时，专题式教学紧密联系当前的国际和国内形势，结合国情、世情、党情，与学生思想实际相结合，以实现思政课的预期目的。在百年未有之大变局的背景下，思政课专题式教学日益凸显其思想意识的重要作用，更加关注对当代大学生进行全面的思想和行为教育。

基于深度学习的问题链教学将"问题+课题+专题"联系起来，是思政课教学发展的态势和必然选择，不仅符合当前思政课教学的发展特点，也正逐渐成为未来思政课教学的必然选择。

第6章 深度学习视域下高校思政课"三度式"教学的评价设计

6.1 深度学习视域下"三度式"教学评价体系构建的指导思想

科学有效的教学评价可以考查"三度式"教学效果,从而促进立德树人根本任务的实现。具体而言,"三度式"教学评价体系构建的指导思想主要包括以下三个方面:

6.1.1 遵循"六个要"和"八个相统一"

在进行"三度式"教学时,需要综合考虑多个方面,包括教育者、教学目标、教学内容、教学方式和教学情境等,并对这些方面进行综合评价。习近平总书记在高校思想政治理论课教师座谈会上提出"六个要"和"八个相统一"的要求。

高校思政课教师是思政课教学的主导者,他们的教学素养和能力对教学质量和效果有着至关重要的影响。因此,对高校思政课教师进行评价是非常重要的。

在评价高校思政课教师时,应该将"六个要"要求作为重要的评价指标。具体而言,这"六个要"包括:政治要强,思政课教师必须具备坚定的马克思主义信仰、社会主义和共产主义信念,以及实现民族复兴的信心。他们应该对党和国家的路线、方针、政策有深刻的理解和认同,并能够将其融入教学中;情怀要深,思政课教师应该具备家国情怀,将这种情感融入教学中,感染和启发学生。他们应该具备深厚的人文素养和历史意识，关注社会现实和民生问题，并能够将其融入教学中；思维要新，思政课教师应该具备创新思维、辩证思维和历史思维，能够运用多种思维方式开展教学，具备批判性思维和问题解决能力，能够引导学生思考和分析问题；视野要广，思政课教师应该具备宽广的知识视野、国际视野和历史视野，能够将多种学科的知识和国际国内的最新动态融入教学中；自律要严，思政课教师应该具备良好的师德师风，严格遵守教师职业道德规范和教育法律法规；人格要正，思政课教师应该具备良好的精神品质和行为风范，能够做到诚实守信、勤奋努力、团结协作、乐观向上等，应具备积极向上的人格魅力和良好的人际关系，能够对学生产生积极的影响。在对高校思政课教师进行评价时，应该根据这些指标进行具体的考察和评估，以全面了解教师的素养和能力，促进其不断提高教学水平和职业素养。

"八个相统一"是思想政治教育课程改革的基本原则和必然要求，在进行教育目的与内容的评估时，应考虑政治与学理、价值与知识、建构性与批判性、整体性与差异性的关系。高校思政课的目标是实现政治引领和价值塑造，因此教学内容应具备政治性、学理性、价值性和知识性。同时，应评估不同思想文化交流、融合、交锋下青年学生思想观念的多样性和统一性、建设性和批判性的结合情况。教学目标应因地制宜、因时制宜、因材施教，教学内容要传递主流意识形态、直面各种错误观点和思潮。评估教师与学生的关系时，应从主体间性角度出发，考察教师和学生的合作关系与平等交流。大学思政课教学是一种师生共同建构的教育实践活动，评价教学成果的重要指标是主体性与客体性相统一，塑造和谐的教学关系。

在评价方法上，应评估灌输与启发相结合的情况。教学方式是评估新时代高校思政课教学与时俱进、守正创新状况的重要参考，结合数字化时代背景和国内外复杂多变的形势，以灌输式教学和启发式教学的结合程度为评价依据。最后，应对教学情境进行评估，检验理论与实践、显性与隐性的结合情况。大学思政课教学是一项将理论教学与实践教学融为一体、对人进行政治引导与价值塑造的活动。在评估中，应考虑理论授课与实践体验相互融合、显性教育与隐性教育协同育人的教学情境的创设情况。

6.1.2 以思政课"金课"标准为主要参照

把思想政治教育"六个要"与思想政治教育"八个相统一"的要求有机地结合起来,在思想政治教育的"金课"标准中得到了集中反映。思政课"金课"是对高质量思想政治教育课程的统称,它是含金量更高的马克思主义立场观点方法教育。在新时期,用"金课"标准来指导思政课教学评估系统的构建,对提高思政课教学质量具有重要的理论和实践意义。

思政课中的"金课"是什么概念,至今没有一个公认的标准。学界对"金课"的定义,多以时任教育部高教司司长吴岩提出的"金课"的"两性一度"(高阶性、创新性和挑战度)标准进行界定。本书针对大学思政课程的特点,提出了以"高内涵、高获得感"为其"金课"的设计思路。思政课"金课"建设的基本原则是:要有较高的内涵,要有较强的政治性,要有较高的层次,要有较强的创新能力。相应地,在大学思想政治课程的教学中,必须突出"政治"的重要性,确保教育的指导性;大学思政课教学作为为党育人、为国育才的主渠道,它的特殊性与其他课程的教学相比较,突出体现在教学过程中,必须将知识传授与政治引导结合起来,从而让学生真正地达到政治认同。其次,需要关注提高思想政治课程教师的教学水平,以确保教学质量。在复杂多变的国际、国内环境下,大学思政课程应注重培养学生的高层次思考与综合能力,以应对复杂问题的认知与解决。最后,为了适应教育的发展,对思想政治教育的改革提出了更高的要求。运动、改变、发展是一种永恒的法则。应该注重如何生成具有先进性和交动性的教育内容,如何更新具有先进性和交动性的教育方式,以及如何创造具有探究性和个人化的教育环境。

思政课的"金课"评价应以"获得感"为评判尺度。在新时期,"00后"大学生作为思想政治教育的主体,需以其获得感为中心进行评估。作为"互联网土著",当今互联网信息环境中的"00后"大学生主体意识越来越强,具备迅速接受与革新互联网中大量错综复杂资讯的能力与特点。在大学中,思政课的教学评价应结合时代特色与学生的现实生活,利用新媒体新技术,让工作变得更有活力,让思想政治工作的传统优势与信息技术高度结合,具有更强的时代感和吸引力。在满足学生需求的前提下,将信息化技术的优点融入教学评价的各个环节和整个过程中，以提升学生的获得感。

6.1.3 以落实"立德树人"为基本使命和价值旨归

"立德树人"作为大学思政课程的基本使命和价值取向，在新时期应以之为指导，以之作为目标，对大学思政课程评估系统建设的各个层面和各个环节进行全面考量。

将"立德树人"理念引入大学思想政治教育评估的核心在于，依据中国国情对"立何德"与"树何人"进行准确认识。人作为有道德意识的生物，既需处理好与群体的关系，亦需处理好与个人的关系。所立之德应是一种广泛的合一之德，包含三个层面：对国家的大德、对社会的公德以及对个人的私德。在新的历史条件下，"以人为本"的和谐之德可视为具有中国特色的"以人为本"。在"立德树人"过程中，树立何种道德便决定要树立何种人，即要树立具有"有理想，敢担当，能吃苦，肯奋斗"特质的新时代好青年。另外，站在新时期经济社会发展的战略高度和时代大局角度，立德树人的实践亦需展现拔尖创优的特点。因此，在课堂教学中，应注重提高学习的挑战性，着重培养学生的创造力，努力将青年大学生培养成为具有明大德、守公德、严私德的高素质人才，使其能够自觉地将自身成长成才与国家未来和命运紧密联系在一起。

新时代下，大学思政课教学评价体系构建的三方面指导思想是一个有机统一的整体，它们从不同维度规范着大学思政课教学评价体系建设的方向。"六个要"是思政课教学工作的主力军，"八个相统一"是思想政治教育工作必须遵守的基本原理和基本准则，"金课"是思想政治教育工作与思想政治教育工作合一的最大体现；不管是"六个要"的要求、"八个相统一"的标准，还是"金课"的目标，归根结底，都必须为"以人为本"的教育目的服务。这三个方面是新时期我国大学思政课程改革的重要内容，也是新时期大学思政课程改革的重要内容。

6.2 深度学习视域下"三度式"教学评价体系需把握好的三对矛盾

6.2.1 把握好教师主体评价与学生主体评价的矛盾

在大学思想政治教育中,教师和学生是两种不同的评价主体,他们对教学中的许多问题有着完全不一样的看法,存在着天然差异,这就是构建大学思政课教学评价体系时,必须要解决的问题。具体来说,可以从两个层面展开:

首先,要准确把握教师和学生这两个评价主体的评判尺度。教师主体包括高校管理者、教学督导和思政课教师,而学生主体则是参与高校思政课教学的在籍学生。不同的评价主体,例如各级各类教师和广大在校学生,会受到自身学识素养、认知水平、身心成熟度、人生阅历等因素的影响,对高校思政课教学效果的评价存在一定差异。因此,在评价高校思政课教学效果时,应考虑到更深层次的教学目标以及教学内容的适恰性、内在逻辑性和说理性。此外,学生主体往往更倾向于在评价时考虑外显的教学内容与自己目前的思想困惑的贴合度以及教学形式的新颖性等因素。由于客观存在的矛盾,导致教师和学生两个评价主体之间可能存在不一致的情况,例如在实际的评价过程中,可能出现教师评价得分较高而学生评价得分较低,或学生评价得分较高而教师评价得分较低的情况。

因此,为了解决这一问题,需要以立德树人的目标为核心,建立一套科学、合理的大学思政课教学评价标准。在制定这一标准时,应考虑到教师和学生两个主体的自身特点,从不同方面进行设计,从而减少两者之间的评价差异。

其次,要把握好教师评价和学生评价的比例关系。虽然当前我国大学思想政治教育课程评估中主要依赖于教师评估,但实际上学生也是一个受过正规系统教育背景的群体。相对而言,学生往往对高校思政课教学目标、教学内容和教学方法有着更为独到的见解。因此,高校思政课教学评价过分重视教师主体而忽略学生主体会影响评价结果的全面性、真实性和可信度。同时,它也会削弱教师主体从各个方面进行自我剖析、自我反思和自我提高的力量。因此,在建立思政课教学评价体系时,需要根据具体学校的情况,准确、客观地权衡教师评价和学生评价所占的比例，以确保教学评价的公正性、公平性和真实性，并推动立德树人目标的实现。

6.2.2 处理好定量评价与定性评价之间的矛盾

当前，对思想政治课程进行评价时，总体上采取了定性评价与定量评价相结合的方法。然而，伴随着课程改革的不断深化，课程评价中出现了质与量的矛盾。定量评价依赖于数据和实验，侧重于通过量化数据来评估学生的学习成果，通常以测量和预测为主要目标，希望通过数据来反映学生的学习效果。而定性评价则更关注学生的个人发展和学习过程，会使用更为灵活的评价方法，强调学生的个体差异和独特性。一来说定量评价可以提供客观、准确的数据，有助于对教学活动进行可操作性的解释和预测，但过度强调量化可能会导致忽视一些重要的、非量化的因素，如学生的思维能力、学习态度、道德品质等。而定性评价则可以深入到教学活动的内部，关注学生的个体差异和学习过程，但主观性较强，难以进行准确的测量和比较。

当前，由于定量评价在理论上的准确性和可操作性，被广泛应用于解释教学活动中某些变量之间的关系。然而，在具体应用中，定量评价过分强调了一些可测量的、能度量的指标，例如出勤率、及格率、优秀率等。此外，在学生评价指标方面，思政课教学评价过度关注量化指标，导致指标划分细致且复杂，使得定量指标的有效性和适用性难以掌握。同时，实际工作中也存在一种以经验、感性感知等主观感受为基础，对学生进行程序化的满意度评价的倾向。这种倾向具有很大的主观色彩，仅对思政课的外部行为进行浅显的逻辑化表达，而未能深入到思政课的内在，对教学进行深层次的逻辑性挖掘。

思政课教学评价是一个涉及诸多因素的复杂体系，只有将定量和定性两种评估方式的优点相结合，才能开展全面的评价，并确保教学评价在理论上的科学性和实际效果上的合理性。首先，在制定评价指标时，应兼顾量化指标和质性指标。我们应避免过度强调可测量的、能度量的指标，同时也要避免以经验、感性感知等主观感受为基础的评价。量化指标可以提供客观的数据支持，帮助我们了解学生的学习情况和课程效果，而质性指标则可以提供更丰富、更深入的信息，帮助我们理解学生的需求和感受。只有将两者结合起来，才能制定出更为全面、准确的评价指标体系。

其次，教师应保持开放和灵活的心态，根据具体的教学内容和学生的学习需求，灵活地选择评价方法。这需要教师不断反思和改进评价方法，以实现更好的教学效果。同时，教师还需要关注学生的学习过程和体验，采用多种评价方法，如观察、访谈、问卷调查等，以更全面地了解学生的学习情况。

最后，思政课教学评价内容多种多样，包括课程设计、课堂教学、课后指导、课程构建等方面。针对不同的评价内容，我们应选择适当的评价方法。在总体上，我们要平衡好定量评价与定性评价的比重。定量评价可以提供客观、准确的数据支持，帮助我们了解学生的学习情况和课程效果；而定性评价则可以提供更丰富、更深入的信息，帮助我们理解学生的需求和感受。只有将两者结合起来，才能全面了解思政课教学的实际情况。

6.2.3 处理好总结性评价和过程性评价的矛盾

总结性评价是一种对思政课教学效果和质量进行全面评估的评价方式，旨在明确课程的目标是否达成以及课程的效果如何。它能够对思政课教学进行整体性的评价，客观地反映课程的目标达成情况。同时，总结性评价也能够对学生学习成果进行评价，为考核、选拔或推荐提供依据，发现学生的学习问题，及时改进并提高。然而，仅注重总结性评价存在一定的问题。某些教师可能认为在教学中只要将知识点讲清楚就可以了，没有必要对学生进行情感态度和价值观目标的评价，从而导致情感态度和价值观目标无法达成。此外，总结性评价的重点是知识，而不是思想政治素质，更不是学生的人格。因此，仅仅依靠总结性评价无法全面反映学生的综合素质和社会发展需求。

与总结性评价不同，生成性评价是一种更具动态性和多元性的评价方式。它强调在课程进行过程中进行评价，旨在促进课程的改进和完善。在思政课评价中，应该注重平衡总结性评价和生成性评价的关系，充分发挥它们的作用，使评价更具全面性和有效性。

教育是一个动态的过程，在思政课教学中也必然会发生一些变化。这就需要我们在教学中更加注重过程性和过程性的评价，而不是仅仅停留在结果上。过程性评价强调学生在学习过程中的参与和体验，体现了以学生为主体、教师为主导的教学理念。在思政课教学中实施过程性评价，既要关注结果又要关注过程。结果是对学生知识掌握程度进行考查和衡量，过程则是在对学生学习过程进行考察和衡量时产生的信息。

这就要求我们必须要结合教学内容和学生实际情况对思政课教学进行反思和总结，并对教学效果进行有效评估。

首先，从评价的目标出发，将思政课程的构建视为一个不断发展的过程，而评价作为这个过程中的一个重要环节，其结果应被视为促进思想政治教育发展的重要因素。因此，评价不仅仅是对过去的课程进行总结，更是为了发现课程中的不足和问题，进而推动课程的改进和思想政治教育事业的发展。其次，在评价内容方面，将评价融入思政课程构建的每一个要素和每一个环节中。这意味着评价不仅是对学生的学习成果进行评价，还需要对课程的整体设计、教学内容、教学方法、教学资源等多个方面进行评价。只有通过对这些方面的全面评价，才能使评价成为一个完整的过程。再次，就评价成果而言，将思政课程的评价视为一个持续发展的过程。对于思政课教学成果的评价，既要关注当前的、短期的成果，也要关注长期的、发展性的成果。换言之，评价不应只关注学生的成绩和课堂表现等表面现象，更需要通过评价来发现深层次的问题和不足，从而为改进课程和促进学生的发展提供依据。最后，从评价主体来看，将思政课程的评价视为一个内部的评价过程，即更加重视同行专家和教师自己对课程评价的影响。这意味着评价的主体不应该是单一的，而应该是多元化的。同行专家和教师自身都应该成为评价的主体之一，通过他们的评价和建议，来发现课程中的不足和问题，进而推动课程的改进和发展。

6.3 深度学习视域下"三度式"教学评价制定依据

6.3.1 理论依据

"三度式"教学要求学生不再仅限于学习书本上的知识，还要深刻地理解符号知识背后蕴含的价值、逻辑和意义等，并在此基础上进行迁移，运用，创新。

从学生视角出发，通过对"三度式"教学进行深入研究，不仅可以提高思政课的质量，而且可以提高学生的认知水平。也就是说，"三度式"教学是一种有利于学生掌握知识能力和自我全面化发展的教学方法，符合推进人的全面发展或人本主义理论思想内涵。

在教育的主体性上，建构主义主张，学生要想掌握新的知识，必须以先前的积累为基础，才能完成对新的知识的建构。深层教育就是要通过知识的符号层面，进入知识的内部。因此，建构主义理论也是深度学习标准制定的理论依据之一。

（1）人本主义

人本主义理论是"三度式"深度学习标准的重要理论基础之一，因为它强调了人在发展过程中的主观能动性、自我实现和自我超越。具体来说，人本主义理论主张个体具有自我意识和独特的情感体验，并且有自我实现的内在需求。在教育领域，该理论强调教育应以学生的个人需求和兴趣为出发点，关注学生全面发展的培养，包括智力、情感、社交和身体等方面的能力。

以人为本，促进人的全面发展，这是马克思主义的重要思想。根据马克思主义的观点，人的全面发展指的是人在智力、体力、才能、道德、志趣等多方面得到充分发展和统一。这是一种全面性的发展，涉及人的各个方面的提升，而不仅仅是掌握知识。

根据马克思主义的观点，哲学的最终目标是实现人的自由、自主和全面发展。他认为每个人都应具有自由的发展空间，并能自主选择自己的生活方式和发展路径。这种促进人的全面发展的理念在教育领域也得到了广泛认可。例如，捷克共和国教育家赞美纽斯提出了"普世教育"的概念，旨在为所有人提供完善的教育，帮助他们得到全面的发展和成为一个和谐的人。他强调教育应该关注人的各个方面的提升，包括智力、体力、才能、道德、志趣等。法国哲学家卢梭认为教育的目的是促进人的天性，即自由、理性和善良。他强调教育应该注重个体的独特性和需求，注重因材施教而不是采取一刀切的教育模式。通过教育，个体可以发展自己的潜能，成为更好的自己。瑞士教育家裴斯泰洛齐主张教育应该以人的潜能的和谐发展为主要内容,其中包括善良、意志、理性、自由等方面。他强调教育应该注重培养人的全面素质,包括道德、智力、情感和社交等方面。

罗杰斯是另一位人本主义理论的代表人物,他主张教育应以人为本,尊重、依靠、为了并解放学生。他批评传统的理智训练,强调教育应满足学生的情感需求。他提倡培养学生的品格和能力,这些不仅包括对所学知识的掌握,更重要的是获得终身发展和社会发展所需的各种品格和关键能力。这些品格和关键能力包括创新能力、合作能力、解决问题的能力、自我管理能力、沟通能力、适应能力等,从而促进学生的智力、情感、社会技能、道德等多个方面的发展,实现全面发展的人。

大学教育作为我国高等教育发展的一个重要阶段,承担着教育事业发展的重任。这个阶段的学生经历了中学教育,开始步入成人的行列。大学阶段是学生身体和心理发育的关键期,是他们认识知识、认识事物以及自我认识成熟的重要时期。思想政治理论课作为必修课程,对促进学生身心发展、提高综合素质起着举足轻重的作用。

从人本主义的角度来看,高校思政课同样是以学生为本,其目标不仅仅是重视学生的知识获得,更重要的是通过系统的教学,促使学生身心健康、品格与价值观的全面发展。因此,从这一阶段的教学来看,探究如何在教学内容的基础上进行深化与创新,而非简单的重复,以促进学生身心健康发展、提高综合素质,是高校思政课教学需要关注的重要问题。

(2)建构主义

除人本主义外,建构主义为"三度式"教学评价提供了另一种理论基础。建构主义是一种关于知识的本质、获取以及学习本质的理论,又译作结构主义。皮亚杰是第一个提出建构论的人,他认为人们通过与外界的互动,对外界的认识逐渐形成,并推动自己的认识不断发展。之后,这一理论得以进一步发展,并获得了普遍的认同和运用。这一理论指出,学习的过程就是学生对已有的知识经验所进行的创造和理解的过程,而这个过程往往伴随着与社会文化的相互作用。主要有两个方面:第一,建构论主张个人拥有建构知识的能力;二是学生获取的知识,它是学生主观能动性的产物,它和学生原有的知识经验有着密切的联系。

建构主义认为，在教学过程中，教师应以学生为主体，对合作、对话、情境、示范等进行合理运用，充分调动学生的主观能动性，使其成为一种有效的学习方式。因此，"三度式"教学评价也应该考虑到学生是知识的积极建构者和创造者，重视学生在学习过程中的主体性地位和作用。

在高校思政课教学过程中，每个学生都是独特的个体，他们基于原有的知识体系，通过加工和理解新知识，形成自己的认知和理解。因此，教学应激发学生的知识学习主观能动性，通过合作、会话、情境等多元化教学方式，帮助他们将已有的生活和思维经验持续地构建和拓展，同时将新知识内化到自己的知识体系中。为了激发学生的求知欲，应注重采用师生互动、对话和解释的教学方法，并提倡学生的主体参与、情感体验、学法指导和自主创设。特别是针对大学生阶段思政课内容重复性高的现状，需通过满足学生的好奇心，解释他们的困惑点，来进一步吸引他们投入学习中。

根据建构主义的观点，大学生需要运用思维来构建意义。他们需要在不断思考的过程中，对各种信息进行加工和转换，并在现有经验的基础上，进行综合和概括，以构建新知识。因此，教师需要依据教学内容，设计出有思考价值和意义的线上线下融合的问题链，以引导学生积极尝试解答。在此过程中，教师可以给予指导和协助，并组织学生进行讨论。学生运用原有经验进行推理，对学习中出现的问题进行分析，从而形成相应的解决方案，进而促进学生系统性经验的获得。

6.3.2 政策依据

政策是指国家机关、组织等为实现多代表阶层的利益，以权威形式颁布、出台的在一定时期内具有明确任务的措施。自20世纪末以来，我国颁布了一系列的政策文件，用以改革和发展高校思想政治教育工作，以实现学生的健康成长。这些相关的政策主要有以下几个方面：

2010年，中共中央、国务院颁布《国家中长期教育改革和发展规划纲要（2010—2020年）》，其中强调要"坚持以人为本、全面实施素质教育是教育改革发展的战略主题"，并指出要坚持"德育为先""能力为重""全面发展"。

该文件对学生主体进行了强调，指出务必把育人为本作为教育工作的根本要求，要以学生为主体，教师为主导，充分发挥学生的主动性，把促进学生的健康成长作为学校一切工作的出发和落脚点。在提高教育质量方面，强调要深化课程与教学改革。这些要求的实现，从教学的主阵地——课堂教学来看，教学方式的改革至关重要。

2016年《中国学生发展核心素养》发布。该文件提出了学生需要发展的六大素养，包括人文底蕴、科学精神、学会学习、健康生活、责任担当和实践创新。这些素养是培养学生必备品格和关键能力的综合要求，不仅注重学生的学习过程和体悟，还具有稳定性和开放性，能够促进学生未来的发展。该文件的发布对教师的专业发展具有引领作用，同时也促进了"学科本位""知识本位"现象的改变，重塑学生未来发展的基本方向。

2020年教育部颁布的《高等学校课程思政建设指导纲要》提出了推进教材内容进人才培养方案、进教案课件、进考试的具体措施，强调创新课堂教学模式、推进现代信息技术在课程思政教学中的应用、激发学生学习兴趣、引导学生深入思考等方面的重要性。此外，还提出了健全高校课堂教学管理体系、改进课堂教学过程管理、提高课程思政内涵融入课堂教学的水平等措施，通过综合运用第一课堂和第二课堂、组织开展系列讲堂、开展社会实践、志愿服务、实习实训活动等方法和途径，不断拓展课程思政建设。

中央宣传部、教育部于2022年发布了《普通高校思想政治理论课建设体系创新计划》，明确提出思想政治理论课在巩固马克思主义在高校意识形态领域的指导地位、坚持社会主义办学方向中的重要性。该课程作为全面贯彻落实党的教育方针、培养中国特色社会主义事业合格建设者和可靠接班人、落实立德树人根本任务的主干渠道，同时还是进行社会主义核心价值观教育、帮助大学生树立正确世界观人生观价值观的核心课程，必须始终占据重要地位，并持之以恒、常抓不懈。该计划特别强调了加强高校思政课评价体系建设的关键作用，并提出了构建全面、系统、科学的评价机制。这一机制不仅包括制定涵盖教学内容、教学方法、教学效果等多个方面的评价标准，还确定了建立包括学生、教师、专家、社会等多方面多元化的评价主体，并采用考试、考核、调查、评估等多种评价方法等确保评价的客观性和准确性。

6.4 深度学习视域下"三度式"教学评价体系的修订与完善

6.4.1 "三度式"教学评价体系的方法选择

在社会学研究中,常用的筛选指标的方法主要有经验选择法、德尔菲法、理论分析法等。本书从现实出发,以大学生思政课程的深层教学为切入点,以理论分析为依据,综合应用了经验选择法和德尔菲法,制定了相应的评价指标。

(1) 经验选择法

经验选择法是基于现有资料,有针对性地进行分析与综合的方法。分析主要涉及对评价指标进行划分,形成不同层级的系统或功能模块,直至每个系统可以对其进行描述和实现。通常情况下,该分析可分为两个步骤进行。第一步为明确评估的内涵和外延,明晰评估的概念结构,确定评估的总体指标和相应的次级指标;这一环节是实施方案的关键环节,将直接影响到后续工作的开展。例如,在构建"深层次的大学思政课教育标准体系"时,必须有清晰明确的概念:什么是大学思政课教育的深层次教学?具体表现在哪些维度?第二步是根据在第一步中确定的总体目标和次要目标的要求,选取具体的评价指标。综合则是将现有的指数组按照一定的规范进行聚类,以达到系统化的目的。

(2) 德尔菲法

德尔菲法是一种决策方法,最早由 O. 赫尔姆和 N. 达尔克在 20 世纪 40 年代提出,后来经过 T. J. 戈尔登和兰德公司进一步发展。该方法的名称来源于古希腊神话中的德尔菲,相传阿波罗在此地杀死了一条巨蟒,成了德尔菲的主人。德尔菲法本质上是一种反馈匿名函询法,通过多轮调查和反馈,使专家的意见逐渐趋于一致,最终作出集体决策。

在德尔菲法中,专家们被匿名邀请,以书面形式对特定问题作出答复。他们的意见和评论经过整理、归纳和反馈给所有专家,以便他们再次进行评估和修改。这个过程重复进行多轮,直到专家们的意见达成一致,最终作出集体决策。

德尔菲法可以用于任何需要集体决策的情况，例如制定标准、评估项目、预测等。该方法的优点包括匿名性、反馈性和统计性，可以使专家们在没有面对面交流的情况下，通过多轮讨论和反馈逐渐达成共识。同时，德尔菲法还可以通过统计方法对专家的意见进行量化分析，从而提高决策的准确性和可靠性。研究利用德尔菲法，选取了大学思政课深层次评价的指标，并在每次专家评审结束后，按照评价结果对指标进行了修正和反馈，然后再由专家评审。这样，经过了两轮的专家评审，才确定了深度学习理论视域下"三度式"教学评价体系。

6.4.2 教学评价标准指标确定

通过对有关理论和文献的回顾，本书对"三度式"教学评价中一级指标和二级指标的设计进行了初步的探讨。为提高科研工作的效率，在初步构架确定之后，分别利用网络和电话咨询了8名专家，其中有教务处主任2名，教务处副主任2名，学院院长2名，学院教学副主任2名。8名专家认为，该指标体系不存在任何原则上的错误与问题，该指标的覆盖面较广。初步的指标体系有如下几个方面（见表6-1）：

（1）思政课深度学习目标

教学目标是教学过程中的核心要素，是指在一定的学习阶段内，学生应达到的学习成果或能力水平，它指导着教师的教学内容和教学方法，同时也是评估学习效果的重要参照。近年来，随着教育改革的不断推进，教学目标的制定与实现受到了广泛关注。教育改革的目标是提高学生的综合素质和能力，教学目标的制定与实现恰好是这一目标达成的重要手段之一。明确的教学目标有利于教师更好地组织教学内容和选择合适的教学方法，提高教学质量，帮助学生更明了所要掌握的知识和技能，同时也能更好地评估自己的学习成果。

教学目标是教学过程中的关键要素，它指的是学生在特定学习阶段应达到的知识或能力水平。教学目标对教学内容和教学方法具有指导作用，同时也是评估教学效果的重要依据。随着教育改革的推进，教学目标的制订与实现受到了广泛关注。教育改革的目标是提高学生的综合素质和能力，而教学目标的制订与实现是这一目标实现的重要途径之一。明确的教学目标有利于教师更好地组织教学内容和选择适合的教学方法，提高教学质量，帮助学生明确所需掌握的知识和技能，同时也能更好地评估自己的学习成果。

在制定二级指标时，首先要考虑如何全面综合地确定与课标、教材、学情等相关的教学目标；其次，必须考虑教学目标的表述方式，以准确清晰地表述每一课的教学目标，这不仅影响教学过程的设计，而且很大程度上也制约着最终的学习效果，因此，构建清晰的教学目标并贯彻始终是实现高效课堂的关键；最后，教学目标达成是教学活动中的重要环节，它反映了学生的学习成果和水平，也是教师评估自己教学效果的重要依据。可以通过学生的学习成果、行为表现、情感态度等方面来衡量教学目标的达成情况。

（2）思政课深度学习内容

思政课教学内容是高校思想政治教育的重要组成部分，其核心是马克思主义、毛泽东思想、邓小平理论等基本原理。这些内容对于学生正确世界观、人生观和价值观的形成具有重要影响，同时还能强化国家意识形态教育，提高学生思想道德素质，引导学生积极参与社会实践。当前，思政课教学内容存在一些问题和挑战，如内容单一、形式化、缺乏时代性等。这些问题导致学生对思政课的学习兴趣不高，学习效果不佳，无法真正实现思政课的教育功能。

（3）思政课深度学习组织设计

许多研究者认为，思政课组织教学的重要性在于提高学生的学习兴趣和参与度，促进学生的思考和能力提升，提高教学的效率和效果，同时也可以促进教师自身的发展和提升。例如，王晓荣和王建国（2016）认为，通过组织多种形式的教学活动，可以让学生更好地参与课堂，激发学生的学习兴趣和积极性。[1] 张春梅（2017）认为，采用多种教学方法和手段，可以让学生更好地理解和掌握课程内容，提高教学效果。[2] 大多数研究者认为，思政课组织教学应遵循以下几个原则：一是以学生为中心，注重学生的需求和问题；二是理论与实践相结合，注重实践环节；三是多种教学方法相结合，注重互动

---

[1] 王晓荣，王建国. 高校思想政治理论课教学内容整合研究[J]. 思想理论教育导刊，2016（12）：97-101.

[2] 张春梅. 高校思想政治理论课教学方法创新研究[J]. 思想教育研究，2017（1）：60-63.

和参与。

(4) 思政课深度学习学生评价

由国家和各地教育主管部门发起并实施的"质量工程",是一项以提高大学教学质量为目的,通过改革与研究,引导大学在改革过程中强化自身的内涵,提高大学的教学质量与水平,其中教学评价是教学改革各个环节中最必不可少的,对于调动大学师生的积极性与主动性,引导大学改革与发展具有显著的效果。教学评价是教学管理的重要组成部分,可以反馈教学信息,帮助教师了解学生的学习情况、困难和需求,及时调整教学策略,提高教学效果。"教"的质量必须由"学"的结果提供或反映,由于教育的终极目的是培养人,因此,教学质量的优良要通过学习质量来体现,以学生为核心的教育,是学校发展模式的一种战略性的转型,在改革过程中,要将学生的发展、学生的学习和学习的结果作为核心。学生中心本身并不是最终目标,"过程重于结果""一个没有结果或者结果不佳的过程"对学生来说是没有多大的意义的,最主要的是学生在学习过程中的收获,所以教学评价应更多关注来自学生的信息反馈、学习过程。

(5) 思政课深度学习反思

教学反思是对教学活动进行深入思考和评估,旨在发现潜在问题、改进教学方法和提高教学效果的过程。思政课教学反思有利于提高教学质量。在当前社会,人才是推动社会发展的关键因素。思政课教学不仅应传授知识,更要培养学生的爱国主义情感、社会主义信仰和民族精神,为学生成为社会主义建设人才奠定坚实的基础。通过教学反思,教师能够更好地把握教学方向,了解学生的需求和困难,有针对性地开展教学,发现自身教学方法的不足,提高自身教学技能。

表6-1 高校思政课深度学习综合评价指标体系框架(初稿)

一级指标	二级指标	三级指标
1. 思政课深度学习目标	1.1 目标靶向	1.1.1 知识点明确,重难点突出 1.1.2 综合考虑教材、学情 1.1.3 凸显情感、态度、价值观的引领 1.1.4 学习方法明晰
	1.2 目标达成	1.2.1 注重对错误言论的驳斥 1.2.2 凸显课堂知识与社会生活现实相结合

(续表)

一级指标	二级指标	三级指标
2. 思政课深度学习内容	2.1 内容选择	2.1.1 综合考虑学情，把教材体系转换为教学体系 2.1.2 教学内容与学生困惑、迷茫相关联
	2.2 内容设计	2.2.1 教学内容以问题链的形式展开 2.2.2 教学内容的设计、讲解符合学生知识迁移规律
	2.3 方法选择	2.3.1 能够科学运用合理的教法、模式 2.3.2 注重学生自学方法
3. 思政课深度学习组织设计	3.1 情境创设	3.1.1 师生关系和谐、生生关系融洽 3.1.2 积极创设沉浸式学习情境 3.1.3 融入中华优秀传统文化 3.1.4 融入地方特色文化和社会主义先进文化
	3.2 时间分配	3.2.1 教师能很好把握讲授时间，善于给课堂留白 3.2.2 学生活动时间科学
4. 思政课深度学习学生评价	4.1 信息反馈	4.1.1 学生对教师的授课内容反馈及时有效 4.1.2 教师能够对学生的表现给予积极反馈
	4.2 评价内容	4.2.1 评价内容有效 4.2.2 评价内容全面
	4.3 评价方式	4.3.1 定量评价与定性评价相结合 4.3.2 过程性评价与形成性评价相结合 4.3.3 评价主体多元、多样
5. 思政课深度学习反思	5.1 目标反思	5.1.1 教学目标是否具有适用性 5.1.2 教学目标是否具有实现性
	5.2 内容反思	5.2.1 教学内容是否具有超越性 5.2.2 教学内容是否具有适应性
	5.3 学法反思	5.3.1 指导学生学习的方法是否科学 5.3.2 学生学习体验是否良好 5.3.3 学生的到课率、抬头率、点头率情况

6.4.3 基于第一轮德尔菲法的分析和指标体系修订

（1）问卷情况

调查问卷由专家基本信息表和指标调查表两部分构成，专家基本情况调查表中具体包含了专家基本信息、研究和熟悉的领域、对指标体系的熟悉程度等；指标体系由一级指标、二级指标、三级指标（观测点）构成。专家以自己的理论研究、实践经验和个人意见为依据，对指标体系的重要程度展开评价。专家需要首先对具体二级指标、三级指标是否属于相应一级指标进行评价。其次，根据李克特五级评分体系，进行重要性评价，评价规则采用李克特五级评分制，区分为很重要、较重要、一般、较不重要、很不重要，对应分值分别为 5、4、3、2、1，在完成调查后将对均值小于 4 的指标进行删除；并邀请专家对该指标体系的初步构架进行修订，以确定是否有必要在该指标中添加新的内容。

（2）专家基本情况

本研究邀请了河北省 4 所高校中对教育、教学管理等方面有一定的了解的正副院长、资深教师组成的专家组成员。另外，专家组的专业技术职务必须是教学类的高级职称，或具有 10 年以上工作经验的教师。课题组联络了 25 名相关专家，按期返回调查结果的有 20 位。专家具体情况如表 6-2 所示，专家组职称组成方面教授、副教授占比为 88%，博士、硕士占比为 80% 以上，具有 10 年以上工作经验的占比 80%，保证了专家的代表性和权威性。

表 6-2 专家基本信息统计表

统计内容	类别	人数	占比
职务	院长、副院长	14	56%
职称	教授	12	48%
	副教授	10	40%
学历	博士	16	64%
	硕士	6	24%
工作年限	10 年以上	20	80%

此外，专家对思想政治理论课都很熟悉，对思政课的教学方法、评价方法都非常了解，专家判断结果可信度较高，依靠专家判断具有较强的科学性。

（3）调查结果分析

① 一级指标结果分析

由表 6-3 来看，在一级指标方面，5 个一级指标中有 3 个一级指标的认可率达到了 100%，剩余 2 个也达到了均值 4.8 以上。对于一级指标的增加或删除建议方面，调查结果显示没有教师提出增加建议或删除建议，说明 5 个一级指标得到了专家及资深教师的认可，能够全面涵盖高校思政课深度学习。

表 6-3 一级指标调查表

一级指标	很重要	较重要	一般	较不重要	很不重要	均值
思政课深度学习目标	17	3	0	0	0	4.85
思政课深度学习内容	20	0	0	0	0	5
思政课深度学习组织设计	18	2	0	0	0	4.9

(续表)

一级指标	很重要	较重要	一般	较不重要	很不重要	均值
思政课深度学习学生评价	20	0	0	0	0	5
思政课深度学习反思	20	0	0	0	0	5

一些学者提出"思政课深度学习组织设计"和"思政课深度学习过程"哪一个更恰当,"教学设计"是不是应该纳入一级指标的建议。针对前者,应根据不同的教学流程、不同的组织形式,选择哪一种指标更为恰当,本课题组经过和专家讨论后一致认为这取决于具体的教学过程和组织方式。如果教学组织是影响教学质量的重要因素,那么将其作为一级指标是合理的。如果教学过程是关键因素,那么将其作为一级指标可能更合适。需要根据具体的教学情况和目标来决定。

对于是否应增加一级指标"教学设计",这也需要根据具体的教学需求和评估目的来决定。如果教学设计是影响教学质量的重要因素,并且在此方面的评估对于教学质量的提高具有重要性,那么增加"教学设计"作为一级指标可能是合理的。总之,决定一级指标的增减需要基于具体的教学需求和评估目的,并进行充分的考虑和权衡。

②二级指标结果分析

二级指标体系为一级指标体系内涵的具体化,参考各个高校的教学评价体系共涉及13项二级指标。从专家调研结果来看,二级指标整体认可度较高(详见表6-4二级指标调查结果均值)。13个二级指标中5个二级指标的认可率达到了100%,6个二级指标的均值大于等于4.9,时间分配和评价内容两个二级指标均值也大于等于4.8。这表明专家对围绕一级指标展开的二级指标认可度较高,能够全面反映一级指标内容。

表6-4 二级指标调查表

二级指标	很重要	较重要	一般	较不重要	很不重要	均值
目标靶向	18	2	0	0	0	4.9
目标达成	20	0	0	0	0	5
内容选择	18	2	0	0	0	4.9
内容设计	20	0	0	0	0	5
方法选择	20	0	0	0	0	5

（续表）

二级指标	很重要	较重要	一般	较不重要	很不重要	均值
情境创设	20	0	0	0	0	5
时间分配	16	4	0	0	0	4.8
信息反馈	18	2	0	0	0	4.9
评价内容	17	3	0	0	0	4.85
评价方式	18	2	0	0	0	4.9
目标反思	19	1	0	0	0	4.95
内容反思	20	0	0	0	0	5
学法反思	19	1	0	0	0	4.95

在二级指标的增加或删除建议方面，有专家认为应该考虑增加"反思叙写"这个指标。反思叙写是指学生对自己的学习过程和结果进行回顾、分析和总结，以文字形式表达出来。专家认为增加"反思叙写"这个指标，可以更好地反映学生的学习过程和思考能力，帮助学生提高自我认识和自我反思能力，从而更好地实现课程目标。因此，需要根据专家的建议来进一步思考和讨论，确定是否需要在二级指标中增加"反思叙写"这个指标，以及如何将其融入现有的指标体系中。根据课题组与专家沟通拟将"反思叙写"这个指标纳入二级指标之中，隶属于一级指标深度学习反思之中。反思叙写的二级指标中增设学习过程反思、学习结果反思、学习情感反思、学习环境反思。

③三级指标结果分析

从表 6-5 来看，三级指标整体认可度较高（详见表 6-5"三级指标调查结果均值"）。32 个三级指标中 11 个三级指标的认可率达到了 100%，17 个三级指标的均值达到了 4.8 及以上，其余三级指标均值也均达到了 4.5 及以上。在二级指标"内容设计"之下，增加三级指标"教学内容具有思想性、时代性、文化性和实践性"。在二级指标"情境创设"之下，将三级指标"融入中华优秀传统文化"和"融入地方特色文化和社会主义先进文化"归入二级指标"内容设计"之下的三级指标中。在二级指标"情境创设"中增加"情境创设贴合实际三级指标"。在二级指标"时间管理"之下，将三级指标"教师能很好把握讲授时间，善于给课堂留白"和"学生活动时间科学"进行细化，前者细化为"教师课堂讲授平均时间"，后者细化为"学生活动平均时间"和

"学生小测平均时间"。

表6-5 三级指标调查表

三级指标	很重要	较重要	一般	较不重要	很不重要	均值
知识点明确，重难点突出	20	0	0	0	0	5
综合考虑教材、学情	20	0	0	0	0	5
凸显情感、态度、价值观的引领	18	2	0	0	0	4.9
学习方法明晰	20	0	0	0	0	5
注重对错误言论的驳斥	20	0	0	0	0	5
凸显课堂知识与社会生活现实相结合	20	0	0	0	0	5
综合考虑学情，把教材体系转换为教学体系	20	0	0	0	0	5
教学内容与学生困惑、迷茫相关联	18	2	0	0	0	4.9
教学内容以问题链的形式展开	15	5	0	0	0	4.55
教学内容的设计、讲解符合学生知识迁移规律	18	2	0	0	0	4.9
能够科学运用合理的教法、模式	19	1	0	0	0	4.95
注重学生自学方法	20	0	0	0	0	5
师生关系和谐、生生关系融洽	19	1	0	0	0	4.95
积极创设沉浸式学习情境	16	4	0	0	0	4.8
融入中华优秀传统文化	18	2	0	0	0	4.9
融入地方特色文化和社会主义先进文化	16	4	0	0	0	4.8
教师能很好把握讲授时间，善于给课堂留白	16	4	0	0	0	4.8
学生活动时间科学	16	4	0	0	0	4.8
学生对教师的授课内容反馈及时有效	15	5	0	0	0	4.55
教师能够对学生的表现给予积极反馈	10	10	0	0	0	4.5
评价内容有效	15	5	0	0	0	4.55
评价内容全面	20	0	0	0	0	5
定量评价与定性评价相结合	20	0	0	0	0	5
过程性评价与形成性评价相结合	20	0	0	0	0	5
评价主体多元、多样	20	0	0	0	0	5
教学目标是否具有适用性	18	2	0	0	0	4.9
教学目标是否具有实现性	18	2	0	0	0	4.9
教学内容是否具有超越性	19	1	0	0	0	4.95
教学内容是否具有适应性	19	1	0	0	0	4.95
指导学生学习的方法是否科学	18	2	0	0	0	4.9
学生学习体验是否良好	18	2	0	0	0	4.9
学生的到课率、抬头率、点头率情况	18	2	0	0	0	4.9

6.4.4 第二轮德尔菲法的分析和指标体系完善

在第一轮德尔菲法专家评分和修改意见的基础上，对评价指标体系和观测点进行了调整和修改，并与第一轮德尔菲法专家评价结果一起，组织开展了第二轮德尔菲法的研究。在第一轮的基础上，增加了可行性评价，为指标方案最终确定奠定实践基础。总体来说，专家对一级指标、二级指标及三级指标的整体赞同度较高，说明他们在这些指标和观测点的必要性和可行性上达成了较高的共识，认为这些指标和观测点的基本结构和内容是合理的，增加了可行性评价，为指标方案最终确定奠定实践基础。在第二轮德尔菲法研究中，专家与第一轮德尔菲法专家名单相同，共发放调查材料20份，回收20份，有效问卷20份。这表明专家积极参与这个研究，并且对指标体系的评价非常认真和负责。

（1）第二轮专家调查指标修订介绍

根据第一轮专家的建议，通过本书课题组的再三沟通讨论，对初定指标框架进行修正。（详见表6-6 第二轮专家调查指标修订情况）修正调查问卷包括一级指标5个，二级指标13个，三级指标35个，各指标根据李克特问卷调查法分别设置了很重要、较重要、一般、较不重要和很不重要5个等级，并以分数5、4、3、2、1来表示，然后将修正后的指标体系问卷以书面形式呈送给20位专家。第二轮的专家调查，原则上不再要求提出新的指标（见表6-7）。

表6-6 第二轮专家调查指标修订情况

指标级别	指标数量	调整情况
一级指标	5	无
二级指标	13	无
三级指标	35	增加了2个指标，调整了5个指标

表6-7 第二轮专家调查指标框架

一级指标	二级指标	三级指标
1. 思政课深度学习目标	1.1 目标靶向	1.1.1 知识点明确，重难点突出 1.1.2 综合考虑教材、学情 1.1.3 凸显情感、态度、价值观的引领 1.1.4 学习方法明晰
	1.2 目标达成	1.2.1 注重对错误言论的驳斥 1.2.2 凸显课堂知识与社会生活现实相结合

(续表)

一级指标	二级指标	三级指标
2. 思政课深度学习内容	2.1 内容选择	2.1.1 综合考虑学情，把教材体系转换为教学体系 2.1.2 教学内容与学生困惑、迷茫相关联
	2.2 内容设计	2.2.1 教学内容以问题链的形式展开 2.2.2 教学内容的设计、讲解符合学生知识迁移规律 2.2.3 教学内容具有思想性、时代性、文化性和实践性
	2.3 方法选择	2.3.1 能够科学运用合理的教法、模式 2.3.2 注重学生自学方法
3. 思政课深度学习组织设计	3.1 情境创设	3.1.1 师生关系和谐、生生关系融洽 3.1.2 积极创设沉浸式学习情境 3.1.3 情境创设贴合实际 3.1.4 融入中华优秀传统文化 3.1.5 融入地方特色文化和社会主义先进文化
	3.2 时间分配	3.2.1 教师课堂讲授平均时间 3.2.2 学生活动平均时间 3.2.3 学生小测平均时间
4. 思政课深度学习学生评价	4.1 信息反馈	4.1.1 学生对教师的授课内容反馈及时有效 4.1.2 教师能够对学生的表现给予积极反馈
	4.2 评价内容	4.2.1 评价内容有效 4.2.2 评价内容全面
	4.3 评价方式	4.3.1 定量评价与定性评价相结合 4.3.2 过程性评价与形成性评价相结合 4.3.3 评价主体多元、多样
5. 思政课深度学习反思	5.1 目标反思	5.1.1 教学目标是否具有适用性 5.1.2 教学目标是否具有实现性
	5.2 内容反思	5.2.1 教学内容是否具有超越性 5.2.2 教学内容是否具有适应性
	5.3 学法反思	5.3.1 指导学生学习的方法是否科学 5.3.2 学生学习体验是否良好 5.3.3 学生的到课率、抬头率、点头率情况

（2）主要统计分析参数

① 标准差

在统计分析中，标准差是一种用来衡量数据点与平均值之间离散程度的统计量。它反映了一组数据分散离组的程度，即数据的波动大小。标准差越大，数据点的分布就越分散；标准差越小，数据点的分布就越集中。

标准差的公式为：$S = \sqrt{\dfrac{1}{n-1}\sum_{k=1}^{n}\left(X_K - \bar{X}\right)^2}$

其中，n 是数据点的个数，X_K 是每个数据点的值，$\bar{X}$ 是数据的平均值。

这个公式的意思是，将每个数据点与平均值之间的差值平方，然后将这些平方差值相加，再除以数据点的个数。最后，对这个商取平方根，得到的值就是标准差。标准差的单位与原始数据的单位相同，因此它可以用来比较不同数据组之间的离散程度。例如，如果两组数据的标准差较小，那么它们的数据分布就更加集中，数据之间的差异也更小；如果两组数据的标准差较大，那么它们的数据分布就更加分散，数据之间的差异也更大。

②变异系数

变异系数是指不同指标的标准差与其平均值之比，可以用来比较不同数据组的变异程度。在统计分析中，变异系数可以用来归一化概率分布的离散程度，以便更好地理解和比较不同数据之间的差异。在进行专家评估和协调性分析时，变异系数越小，意味着专家评价结果的离散程度越小，即专家之间的评价结果比较一致。一般情况下，如果变异系数大于0.25，就认为该指标的专家协调程度不高，即专家之间的评价结果存在较大的差异；而如果变异系数小于0.25，则表明专家协调程度高，即专家之间的评价结果比较一致。

$$变异系数\ CV = 标准差\ SD\ /\ 平均值\ MN$$

其中，标准差 SD 是各数据点与平均值之间差值的平方和的平均值，表示数据的离散程度；平均值 MN 是所有数据点的平均值，表示数据的集中趋势。

结果显示，CV 越小表明专家的协调度越高。

③指标筛选

利用德尔菲法进行指标的筛选过程中，对于专家意见的一致性标准，尚未有统一的规定。书中提到了两位学者对于一致性标准的观点。袁海霞认为，如果选择某一指标的专家人数大于50%，则可以选择该指标。而李银霞认为专家一致意见的选择要有不少于三分之二的专家判断等级在"大、很大、极大"以上。还有人认为，选取重要性的得分应该以70分以上为界，作为研究的评价指标。参考以上专家意见，在第二轮筛选中主要依据两个方面，一是指标的变异系数小于0.25，二是标准差小于1，专家评价一致性较好。

（3）第二轮专家调查统计结果

①一级指标统计结果

运用 Excel 和 SPSS 22.0 软件进行统计分析，得出一级指标参数和一致性结果，详见表6-8。

表6-8 第二轮专家一级评价标准指标统计分析结果

一级指标	均值	标准差	变异系数
思政课深度学习目标	5.0000	0.0000	0.0000
思政课深度学习内容	5.0000	0.0000	0.0000
思政课深度学习组织设计	4.7413	0.5511	0.1072
思政课深度学习学生评价	4.8561	0.6764	0.1392
思政课深度学习反思	5.0000	0.0000	0.0000

5个一级指标分别对均值、标准差和变异系数进行统计显示第二轮德尔菲法专家评价均值最低为4.7413（满分皆为5分），最高的三项为满分5分。标准差反映代表性较强，最高为思政课深度学习目标、思政课深度学习内容、思政课深度学习反思，这三项的变异系数分别为0，代表性较为充分。

② 二级指标统计结果

表6-9 第二轮专家二级评价标准指标统计分析结果

二级指标	均值	标准差	变异系数
目标靶向	4.8562	0.6765	0.1393
目标达成	5.0000	0.0000	0.0000
内容选择	4.6221	0.7364	0.1592
内容设计	4.5621	0.9585	0.2102
方法选择	5.0000	0.0000	0.0000
情境创设	4.6613	0.8045	0.1721
时间分配	4.7513	0.5611	0.1172
信息反馈	5.0000	0.0000	0.0000
评价内容	4.7232	0.7443	0.1612
评价方式	5.0000	0.0000	0.0000
目标反思	5.0000	0.0000	0.0000
内容反思	4.5231	0.7263	0.1492
学法反思	4.7513	0.5611	0.1172

13个二级指标分别对均值、标准差和变异系数进行统计，显示第二轮德尔菲法专家评价均值最低为4.5231（满分皆为5分），最高的五项为满分5分。目标达成、方法选择、信息反馈、评价方式、目标反思这5个二级指标的均值为5.0000，专家整体一致性较强。

③三级指标统计结果

表6-10　第二轮专家三级评价标准指标统计分析结果

三级指标	均值	标准差	变异系数
知识点明确，重难点突出	5.0000	0.0000	0.0000
综合考虑教材、学情	5.0000	0.0000	0.0000
凸显情感、态度、价值观的引领	4.3217	0.6385	0.4386
学习方法明晰	4.5621	0.9585	0.2102
注重对错误言论的驳斥	5.0000	0.0000	0.0000
凸显课堂知识与社会生活现实相结合	4.5709	0.6770	0.1481
综合考虑学情，把教材体系转换为教学体系	4.8639	0.8896	0.1735
教学内容与学生困惑、迷茫相关联	5.0000	0.0000	0.0000
教学内容以问题链的形式展开	4.7232	0.7443	0.1612
教学内容的设计、讲解符合学生知识迁移规律	5.0000	0.0000	0.0000
教学内容具有思想性、时代性、文化性和实践性	5.0000	0.0000	0.0000
能够科学运用合理的教法、模式	4.5846	0.7793	0.1693
注重学生自学方法	4.7513	0.5611	0.1172
师生关系和谐、生生关系融洽	4.7570	0.7001	0.1471
积极创设沉浸式学习情境	4.6352	0.7579	0.1635
情境创设贴合实际	4.8361	0.8515	0.1683
融入中华优秀传统文化	4.8561	1.0605	0.2183
融入地方特色文化和社会主义先进文化	4.7561	0.6358	0.1336
教师课堂讲授平均时间	4.4837	0.6910	0.1137
学生活动平均时间	4.3946	0.6945	0.1581
学生小测平均时间	4.3847	0.6923	0.1579
学生对教师的授课内容反馈及时有效	4.2767	0.7037	0.1744
教师能够对学生的表现给予积极反馈	4.3411	0.7961	0.1825
评价内容有效	5.0000	0.0000	0.0000
评价内容全面	4.2412	0.7862	0.1723
定量评价与定性评价相结合	5.0000	0.0000	0.0000
过程性评价与形成性评价相结合	5.0000	0.0000	0.0000
评价主体多元、多样	4.7462	0.7643	0.1683
教学目标是否具有适用性	4.4235	0.8887	0.2011
教学目标是否具有实现性	4.3411	0.7961	0.1825
教学内容是否具有超越性	4.0061	0.6314	0.2118
教学内容是否具有适应性	4.7551	0.6345	0.1326
指导学生学习的方法是否科学	4.8552	0.9286	0.1924

(续表)

三级指标	均值	标准差	变异系数
学生学习体验是否良好	4.2754	0.7038	0.1645
学生的到课率、抬头率、点头率情况	5.0000	0.0000	0.0000

35个三级指标分别对均值、标准差和变异系数进行统计显示第二轮德尔菲法专家评价均值最低为4.2412（满分皆为5分），最高的5项为满分5分。

知识点明确，重难点突出；综合考虑教材、学情；注重对错误言论的驳斥；教学内容的设计、讲解符合学生知识迁移规律；教学内容具有思想性、时代性、文化性和实践性；定量评价与定性评价相结合；过程性评价与形成性评价相结合；学生的到课率、抬头率、点头率情况等三级指标的均值为5.0000，专家整体一致性较强。

6.5 深度学习视域下"三度式"教学评价标准权重确定

在确定了指标体系的内容之后，接下来要做的就是对各个指标所对应的权重进行计算，权重代表着这个指标体系在整个指标体系中的地位和作用，当它的权重越大，这个指标在教学评价中的重要性也就越高。同时，权重系数体现了平行的不同指标体系之间的逻辑关系，使得所有的指标体系形成了一个统一的整体。最重要的是，不同的指标体系的权重系数可以对教学评价工作产生一定的指导作用，同时，权重系数越高的指标评价在最终结果评价中所占的比重也就越大。

6.5.1 教学评价标准权重确定方法

层次分析法（analytic hierarchy process，AHP）是一种定性和定量相结合的多准则决策分析方法，由美国运筹学家托马斯·L.塞蒂（T. L. Saaty）在20世纪70年代中期提出。层次分析法是一种基于系统、灵活、简洁等优势的方法，基本思想是将一个复杂问题按支承关系进行不同因素的分解，形成一个层级结构，然后对不同因素进行两两比较，确定不同层级因素的重要性，最后综合相关专家的判断，计算出因素的权重，并确定最终的总排序。层次分析法及其提出的两两比较判断矩阵的思想，是一种既能够适应各种对象评价又可以充分利用专家经验、智慧的有效方法，它通过层级化和数理化展现问题，并利用数学方法进行分析和计算，其应用可以使评价系统由无结构转向结构化的有序状态，具有重要的应用价值。

探究层次分析法的基本原理是对复杂问题进行分层，确定其中的隶属关系，按照不同层次进行聚类，最终形成一个多层次的模型，从而将问题归结为最底层相对于最高层的相对重要权值或相对优劣的次序。通过对每一层次的指标进行比较和判断，确定每个指标的相对重要性，从而得出每个指标的权重。这个过程可以利用数学方法进行定量化分析，使得决策过程更加科学和客观。

层次分析法的数学计算过程主要包括以下步骤：

第一，构建判断矩阵：将问题分解为多个层次，确定每个层次的因素，并构建判断矩阵。判断矩阵是一个 $n \times n$ 的矩阵（其中 n 是因素的数量）。

第二，计算权重向量：通过计算判断矩阵的特征向量，得到每个因素的权重向量。特征向量是一个 n 维向量，其中每个元素表示对应因素的权重。

第三，一致性检验：通过对判断矩阵的一致性进行检验，确定专家的判断是否符合逻辑。一致性检验是通过计算一致性指标和一致性随机变量来进行的。如果一致性指标小于 0.1，则认为专家的判断是一致的。

第四，总排序：按照每个因素在每个层次中的权重进行总排序，得到每个因素的最终权重。

6.5.2 教学评价标准权重处理过程与结果

根据层级分析法的要求，在前两轮问卷基础上，开展第三轮专家调查问卷，并对数据进行处理分析，最终计算出各指标权重值。第三轮问卷发放、处理具体情况如下：根据前两轮问卷的结果和专家意见，设计第三轮问卷（问卷包括对各指标的重要程度进行评分，以及专家对指标的意见和建议）。第三轮专家调查共发出调查问卷 15 份，回收 15 份，回收率为 100%；问卷数据填写全部合理有效，并通过一致性检验，有效问卷率为 100%。问卷数据的整理与计算，采用 Excel 软件进行处理。根据计算出的权重值，对各指标进行排序和分析，找出关键因素和优先级，为决策提供支持。同时，结合专家的意见和建议，对指标进行优化和完善，提高决策的有效性和可靠性。（详见表 6-11 教学评价标准指标综合权重表）

表 6-11 教学评价标准指标综合权重表

一级指标	权重	二级指标	权重	三级指标	权重
1. 思政课深度学习目标	0.2631	1.1 目标靶向	0.4896	C1 知识点明确，重难点突出	0.2687
				C2 综合考虑教材、学情	0.2489
				C3 凸显情感、态度、价值观的引领	0.2318
				C4 学习方法明晰	0.2506
		1.2 目标达成	0.5104	C5 注重对错误言论的驳斥	0.4325
				C6 凸显课堂知识与社会生活现实相结合	0.5675
2. 思政课深度学习内容	0.1631	2.1 内容选择	0.3849	C7 综合考虑学情，把教材体系转换为教学体系	0.5000
				C8 教学内容与学生困惑、迷茫相关联	0.5000
		2.2 内容设计	0.4211	C9 教学内容以问题链的形式展开	0.3446
				C10 教学内容的设计、讲解符合学生知识迁移规律	0.3558
				C11 教学内容具有思想性、时代性、文化性和实践性	0.2996
		2.3 方法选择	0.1940	C12 能够科学运用合理的教法、模式	0.5899
				C13 注重学生自学方法	0.4101
3. 思政课深度学习组织设计	0.1732	3.1 情境创设	0.4658	C14 师生关系和谐、生生关系融洽	0.1322
				C15 积极创设沉浸式学习情境	0.2621
				C16 情境创设贴合实际	0.1474
	0.1732	3.1 情境创设	0.4658	C17 融入中华优秀传统文化	0.1914
				C18 融入地方特色文化和社会主义先进文化	0.2669
		3.2 时间分配	0.5342	C19 教师课堂讲授平均时间	0.3103
				C20 学生活动平均时间	0.1899
				C21 学生小测平均时间	0.3899
4. 思政课深度学习学生评价	0.2328	4.1 信息反馈	0.2377	C22 学生对教师的授课内容反馈及时有效	0.5233
				C23 教师能够对学生的表现给予积极反馈	0.4767
		4.2 评价内容	0.4381	C24 评价内容有效	0.5754
				C25 评价内容全面	0.4246
		4.3 评价方式	0.3242	C26 定量评价与定性评价相结合	0.3266
				C27 过程性评价与形成性评价相结合	0.3803
				C28 评价主体多元、多样	0.2931

（续表）

一级指标	权重	二级指标	权重	三级指标	权重
5. 思政课深度学习反思	0.1678	5.1 目标反思	0.2932	C29 教学目标是否具有适用性	0.5000
				C30 教学目标是否具有实现性	0.5000
		5.2 内容反思	0.3093	C31 教学内容是否具有超越性	0.4623
				C32 教学内容是否具有适应性	0.5377
		5.3 学法反思	0.3975	C33 指导学生学习的方法是否科学	0.3311
				C34 学生学习体验是否良好	0.3201
				C35 学生的到课率、抬头率、点头率情况	0.3488

6.6 深度学习视域下"三度式"教学评价标准指标解释

6.6.1 思政课深度学习目标解释

思政课深度学习目标是思政课教学中师生预期共同达到的教学结果和标准，其在教学活动中具有重要作用。良好的教学目标有利于落实教学计划、组织教学内容、明确教学重难点、设计教学情境等。鉴于此，确定科学合理的思政课教学目标被视为教学设计的首要环节。2021年中央宣传部、教育部联合印发的《新时代学校思想政治理论课改革创新实施方案》提出在大学阶段思政课要重在增强学生的使命担当，强调"重点引导学生系统掌握马克思主义基本原理和马克思主义中国化理论成果，了解党史、新中国史、改革开放史、社会主义发展史，认识世情、国情、党情，深刻领会习近平新时代中国特色社会主义思想，培养运用马克思主义立场观点方法分析和解决问题的能力；自觉践行社会主义核心价值观，尊重和维护宪法法律权威，识大局、遵法治、修美德；矢志不渝听党话跟党走，争做社会主义合格建设者和可靠接班人"[①]。因此，根据教育部相关文件规定本书将教学目标确定为目标靶向和目标达成两个方面。

（1）目标靶向

思政课的教学目的不仅仅是传授知识，更是要在传授知识的过程中，凸

---

① 中央宣传部、教育部关于印发《新时代学校思想政治理论课改革创新实施方案》的通知[EB/OL].（2020-12-08）[2024-03-16]. https://www.gov.cn/gongbao/content/2021/content_5595931.htm.

显教材知识点对大学生情感、态度、价值观的引领。思政课通过讲授中国近现代史、马克思主义基本原理、思想道德修养等课程内容，对大学生的情感、态度、价值观产生积极影响。这些课程中包含了许多积极向上的价值观念，如爱国主义、集体主义、社会主义等，这些价值观念能够激发大学生的爱国热情，增强他们的民族自豪感和集体荣誉感。同时，思政课还通过讲解马克思主义基本原理，帮助大学生更好地认识社会、认识人类发展的规律，从而形成科学的世界观、人生观、价值观。

（2）目标达成

注重对错误言论的驳斥与学生困惑的回应，对于培养学生的思考能力和价值判断力非常重要。

课堂教学中，教师可以结合课程内容，引入一些常见的错误言论，通过引导学生进行思考、讨论和辨析，帮助学生认识到这些言论的错误性和危害性。同时，教师还可以针对学生困惑的问题进行回应，给予科学、合理的解释和指导。例如，在讲解社会主义时，会涉及对社会主义制度的看法和评价。有些学生可能会受到一些错误言论的影响，认为社会主义制度不如资本主义制度。此时，教师可以结合课程内容，引导学生进行思考和讨论，让学生认识到社会主义制度的历史必然性、优越性和现实问题，从而正确看待社会主义制度。又例如，在讲解爱国主义时，有些学生可能会对爱国主义的概念和意义产生困惑。此时，教师可以结合课程内容，阐述爱国的本质、意义和价值，让其认识到爱国主义是民族精神的核心，是每个公民都应该具备的基本素质。通过这样的教学，可以帮助学生更好地理解课程知识，同时也可以培养学生的思考能力和价值判断力，引导学生树立正确的世界观、人生观和价值观。

6.6.2 思政课深度学习内容解释

教学内容是学校为了实现学生的培养目标而开设的教学科目及其知识体系的范围。它反映了特定社会经济发展的需求、生产力、科技水平的发展程度，并与学生的身心发展相适应。思政课教学内容是教学活动开展和教学目的实现的重要保障之一，通过"中国近现代史纲要""马克思主义基本原理""思想道德修养""毛泽东思想和中国特色社会主义理论体系概论""习近平新时代中国特色社会主义理论体系概论"等课程培养学生的综合素质，帮助其更好地了解国家和社会的发展状况，增强他们的社会责任感和使命感。本书中思政课深度学习内容这个一级指标包含了内容选择、内容设计和方法选择三个二级指标。

（1）内容选择

内容选择是指思政课教师选择讲授的相关教学内容，包括"综合考虑学情，把教材体系转换为教学体系""教学内容与学生困惑、迷茫相关联"两个三级指标。

①综合考虑学情，把教材体系转换为教学体系

大学思政课深度学习内容的选择要依托于教材，教材是教学的基础和重要资源，是教师进行教学设计和授课的重要依据，也是学生进行自学和复习的重要参考。但教材内容往往比较固定，社会现实和形势变化却非常迅速，因此需要将教材内容与现实情况进行紧密结合，及时反映社会现实和形势变化，引导学生正确认识和应对当前形势。另外，教材内容往往比较抽象，学生不容易理解和掌握，因此需要将教材内容与实际案例、时事新闻等实例进行结合，将抽象的内容形象化、具体化，帮助学生更好地理解和掌握课程内容。如果教师仍然按照教材的安排选择教学内容，可能学生的抬头率就会降低。在这种情况下，就需要考虑学生、教学内容等实际情况，合理地选择基于教材的内容，并进行适当的超越和改编，将教材内容转化为教学体系。最后，不同专业、不同年级的学生，他们的认知水平、思维方式、兴趣爱好等都存在差异，因此需要针对不同学生的实际情况和需求，将教材内容进行重新组织和安排，以适应不同学生的需求和认知特点。

②教学内容与学生困惑、迷茫相关联

首先，与学生困惑、迷茫相关联的思政课教学内容能够引起学生的兴趣和注意力，提高他们的学习积极性和参与度。当思政课的教学内容能够解决学生现实生活中的问题时，学生更愿意倾听和接受课程内容，更好地理解和应用所学知识。这是因为学生感到课程内容与自己的生活和学习密切相关，能够解决自己面临的问题和困难。例如，如果学生在社交媒体上看到了许多

负面的信息和评论，他们可能会感到困惑和迷茫，不知道如何应对。在这种情况下，思政课可以通过讲解媒体素养、信息辨别和价值观等方面的内容，帮助学生理解媒体信息的本质和影响力，提高对信息的辨别能力和批判性思维，从而更好地应对负面信息和评论。

其次，与学生困惑、迷茫相关联的思政课教学内容能够引导学生探索和思考自己的价值观和人生观，帮助他们建立正确的世界观和人生目标。当学生感到课程内容与自己的困惑和迷茫相关时，他们更愿意思考和分析问题，并提出自己的见解和解决方案。通过不断的思考和分析，学生的批判性思维和问题解决能力将得到提高，这将有助于学生在未来的学习和生活中更好地应对挑战和困难，实现自我成长和发展。

（2）内容设计

内容设计是指对教学内容进行合理加工和设计，以使其能够更好地被学生理解和掌握，它是教学过程中的一个重要环节，直接影响着学生的学习效果。内容设计包含"教学内容以问题链的形式展开""教学内容的设计、讲解符合学生知识迁移规律""教学内容具有思想性、时代性和实践性"三个三级指标。

①教学内容以问题链的形式展开

问题链教学法提出过程可以追溯到20世纪90年代初期。当时，美国著名教育心理学家马杰提出了一种以问题为基础的教学方式，即问题式教学。这种教学方式强调通过一系列连贯的问题来引导学生学习，从而激发学生的学习兴趣和主动性，提高教学效果。人们在实践中逐渐发现，将问题式教学进一步发展和改进，使其成为一种链式的问题教学方式，能够更好地提高教学效果。于是，问题链教学法逐渐被提出并应用。在思想政治理论课中，中央财经大学冯秀军团队首次系统地将问题链教学法应用到思政课教学中，取得了很好的教学效果。因此，是否能以问题链的形式进行教学内容的设计是提升课堂温度、深度和活跃度的重要指标和抓手。

②教学内容设计、讲解符合学生知识迁移规律

教学内容设计、讲解符合学生知识迁移规律是教学设计中一个非常重要的原则。知识迁移是指学生在学习新知识和技能的过程中，受到原有知识和

技能的影响,从而对新知识的学习和理解产生帮助或阻碍的作用。

首先,符合学生知识迁移规律的设计能够提高思政课的教学效果。学生在学习过程中,往往会将原有的知识结构和经验与新学的知识相联系,从而形成知识迁移。如果教学内容设计符合学生的知识迁移规律,就能够更好地帮助学生理解和掌握新知识,从而提高教学效果。例如,在讲解某个政治概念时,如果能够将其与学生在日常生活中接触的相关概念进行对比和分析,就能够使学生更好地理解和掌握这个政治概念的含义和意义。

其次,符合学生知识迁移规律的设计能够激发学习兴趣。如果学生在学习过程中能够将所学知识应用于实际生活和其他课程的学习中,就能够更好地体会到学习的价值和意义,从而激发学习兴趣和动力。例如,在讲解某个历史事件时,如果能够将其与当今社会的相关问题进行分析和对比,就能够使学生更加深入地理解这个历史事件的意义和影响,从而激发他们对历史学习的兴趣和热情。

③教学内容具有思想性、时代性和实践性

一是,思政课的教学内容必须具备思想性,即传递正确的思想观念和价值观,引导学生树立正确的世界观、人生观和价值观。思想性作为思政课的灵魂和核心,决定了课程的方向和目标。具体而言,思政课应引导学生思考人类文明的发展和演变,理解不同文化间的共性和差异,培养学生的跨文化交流和理解能力;同时,应引导学生思考个人与社会、权利与义务、自由与平等、发展与可持续等基本问题,培养学生的社会责任感和公民意识;此外,还应引导学生思考人类面临的共同挑战和问题,如环境保护、人类命运等,培养学生的全球视野和人类命运共同体意识。这种深度思政课堂的塑造有助于实现教育目标。

二是,思政课的教学内容必须具有时代性,即要与当前的社会发展和时代特征相符合。时代性是思政课的生命力和活力,它决定了课程的内容和形式。通过反映时代发展的最新成果和趋势,思政课可以帮助学生了解当代社会的问题和挑战,增强社会责任感和使命感。课堂中教师应该引导学生关注当代中国的伟大实践,理解中国特色社会主义道路的优越性和必要性,增强学生的道路自信、理论自信和文化自信;引导学生关注全球化和信息化的发展趋势,了解世界政治、经济、文化等领域的最新动态,提升思政课堂的高度。

三是,思政课的教学内容必须具有实践性,即要与学生的实际生活和社会实践相结合。实践性是思政课的重要特征和优势,它决定了课程的影响力和实效性。通过实践性的内容,思政课可以帮助学生了解理论和实践之间的联系和差异,提高解决问题的实践能力和社会责任感。

(3)方法选择

教学方法对于教学效果的实现和教学目标的达成非常重要。合适的教学方法可以帮助学生更好地理解和掌握知识,提高学习效率和兴趣,发展能力和素养。在这级指标中本书重点考查了教法和学法"能够科学运用合理的教法、模式""注重学生自学方法"。

①能够科学运用合理的教法、模式

在高校思政课教学中,教学方法的选择与运用应综合考虑教学目标、教学内容、学生学习情况等多个方面的因素。思政课教学方法涵盖了多种类型,如讲授法、讨论法、案例分析法、情景模拟法、实践体验法、探究学习法、合作学习法等。

思政课教学模式是一种以一定教育理念为指导,以一定教育目标为指向,按照一定教学程序和步骤来组织教学活动的基本结构。它具有相对固定的教育流程结构,是组织教学活动的重要手段和方式,对于提高教学效果和实现教育目标具有重要的作用。思政课教学模式多种多样,包括大班上课小班讨论教学模式、发现式教学模式、拓展教育教学模式、个人社会责任教学模式等。思政课教师需根据教学内容、学生学习情况和不同的外在教学条件,选择合适的教学方法和模式来组织教学活动。

②注重学生自学方法

思政课中,学生自学方法的重要性不容忽视。通过自学,学生可以更好地理解和掌握知识点,扩大自身的知识面,培养独立思考能力,增强自信心。传统教学模式下,学生往往只是被动接受教师知识传授,缺乏主动性和积极性。而通过自学,学生可以充分发挥自身主观能动性,成为学习的主人,更好地理解和掌握知识点,了解更多的知识和信息,拓展知识面。只有当学生清楚地认识到自学的价值,才能够真正地做到自学,或者不用教师的监督也可以主动投入学习中。自学是人们生存不可或缺的基本手段，也是学会学习、终身学习的基础。在思政课教学中，教师要注意培养学生的自学能力，通过设置相应的自学方法，如质疑法、归纳法、拓展法和实践法等帮助提高大学生的自学能力。

6.6.3 思政课深度学习组织设计

李秉德教授在其著作中指出："只有当教学过程符合学生身体发育、大脑神经活动及心理发展规律时，才能充分发挥教学的教育功能，更好地促进学生整体发展。"[1] 思政课"三度式"教学是一个师生共同参与的过程，它也是一个师生为完成教学任务、实现教学目标而共同进行的教学行为过程。在此过程中，教师们要以学生的身体、心理的特点和规律为依据，对教学内容和教学进度进行合理的规划，运用行之有效的教学方法和策略，从而激发学生的学习兴趣和积极性。同时，师生之间的互动和交流也可以加深彼此之间的了解和信任，增强学生的合作意识和沟通能力，培养学生的自我认知和自我发展能力，从而更好地适应社会发展的需要。在思政课深度学习组织设计一级指标中，包含了"情境创设""时间分配"两个二级指标。

（1）情境创设

情境创设是指教师对教学情境的创造设计，教学过程是指教学过程中的情感氛围。而"境"则指代教学环境，包括学生所处的物理环境，学校的各种软硬件设施、教师的教学技能、责任心等。这些因素都会对学生的学习产生影响，因此需要教师进行创造设计，营造适宜的教学情境。在这一指标中包含了五个三级指标分别是"师生关系和谐、生生关系融洽""积极创设沉浸式学习情境""情境创设贴合实际""融入中华优秀传统文化""融入地方特色文化和社会主义先进文化"。

①师生关系和谐、生生关系融洽

师生关系和谐不仅可以为学生提供学习和学业成就的支持，还是教学交往、对话、反馈的前提，也是学生学习效果最大化的保障条件之一。在美国学者 Birk 等人的研究中，亲密的师生关系能够为学生提供学习和学业成就的

---

[1] 李秉德. 教学论 [M]. 北京：人民教育出版社，1993：28.

支持。在大学思政课教学中,师生互动、交往性是其特点之一,而师生关系的和谐则是实现这些特点的重要前提。

生生关系是教学情境创设的另一个影响因素,愉悦的生生关系能够增强学生之间的情感,增添良好的课堂学习氛围。生生关系通常表现在学生合作练习、讨论中,或者小组竞赛配合中。通过学生之间的合作、交流和竞赛,可以激发学生的学习兴趣和积极性,增强学生的合作意识和沟通能力,从而提高学生的学习效果和综合素质。因此,在思政课教学中,教师需要注意创造愉悦的生生关系,为学生提供更多的合作、交流机会,以促进学生的全面发展和学习效果的提高。

②积极创设沉浸式学习情境

思政课积极创设沉浸式学习情境是指通过创造身临其境的学习环境,让学生能够全方位地感受、体验和理解思政课中的知识点,从而更好地理解和掌握课程内容。通过情景模拟、案例分析、实践体验、互动讨论等多种方法,可以让学生更加直观地了解思想道德、法律法规等方面的知识点,增强学生的综合素质和学习能力。

③情境创设贴合实际

人类的认知过程通常是从具象到抽象、从实际到理论的过程。如果学习情境与现实生活脱节,学生将难以将所学知识应用到实际生活中,也难以理解和掌握抽象的概念和原理。反之,当学习情境贴近学生的生活实际时,学生能够更容易地进入角色,感受相关知识与其情感联系的关联,从而更好地理解和掌握课程内容。通过这种方式,学生可以更好地掌握相关知识和原理,并将所学知识应用到实际生活中,最终提高自身的实践能力和综合素质。

④融入中华优秀传统文化

中华优秀传统文化作为中华民族的珍贵宝藏和精神命脉,强调道德修养、人文情怀和人际交往等方面的人文素养。将优秀传统文化融入思政课情境创设中,不仅可以培养学生的道德观念、人文精神和合作精神,提高他们的人文素养和综合素质,同时也可以为学生提供丰富的文化资源和思想内涵,培养他们的文化创新能力和人文素养,为社会的发展提供更多的人才支持。

⑤融入地方特色文化和社会主义先进文化

地方特色文化是一个地区独特的文化资源和精神财富，具有浓郁的民族和地域特色。将地方特色文化融入思政课情境创设中，可以突出地方文化的特色和魅力，让学生更好地了解和传承地方文化，以增强文化自信和归属感。思政课教师可以根据当地的文化特色，创设具有地方特色的情境。例如，在介绍爱国主义时，可以结合当地的历史文化、革命历史、英雄故事等，让学生通过真实的历史场景和人物形象，感受爱国主义的深刻内涵和重要性。在介绍道德修养时，可以引用当地名人或优秀人物的事迹，让学生从身边的实际例子中学习道德标准和行为规范。组织学生参观当地的博物馆、纪念馆、历史文化遗址等社会资源，让学生通过亲身感受和体验，了解当地的历史文化和社会发展。这些措施可以使学生更好地了解地方文化的内涵和价值，从而更好地传承和弘扬地方特色文化。

社会主义先进文化是社会主义建设的重要内容，是推动社会发展的精神动力。将社会主义先进文化融入思政课情境创设中，可以引导学生树立正确的世界观、人生观和价值观，培养高尚的道德品质和人文素养。

在具体实践中，教师可以根据当地的文化特色和课程需求，创设具有地方特色和时代感的情境，让学生通过亲身感受和体验，深入理解课程内容的内涵和意义。教师也需要不断更新教学内容和方法，注重与学生的互动和交流，不断改进和优化教学策略，以提高教学效果和质量。

（2）时间分配

思政课教学中的时间分配指的是教师在课堂上合理地安排并有效地使用自己的教学时间。早在20世纪70年代，国外就有研究表明，合理地管理教学时间可以促进学生的学习成绩的提升。在现实生活中，如果教师把太多的时间用在课堂授课上，就会挤占学生自主学习、练习和交流的时间；同理，学生如果把更多的时间花在低级的学习上，就会挤占高级学习思考空间；学生用于接受性学习的时间越多，可能用于自主、合作探究的时间就越少。在这一指标中，本书安排了"教师课堂讲授平均时间""学生活动平均时间""学生小测平均时间"三个三级指标。

① 教师课堂讲授平均时间

在特定的教学单元或单节课时中,教师对教学内容进行讲解的时间与该单元或单节课时总时间的比值被称为讲解时间比值。这个比值可以用来评估教师在课堂上的讲授效率以及学生在课堂上的参与度和学习效果。

通常,教师讲解的平均时间是由教师在课堂上讲解的总时间与课堂总时间的比值来决定的。一般来说,教师在课堂上的讲解时间应合理分配,通常不应超过课堂总时间的三分之二。

需要强调的是,这个比值并不是越低越好,它应该根据具体的教学目标和学生的学习情况来定制。在某些特定情况下,如果教师需要更多的时间来详细解释重点和难点,这个比值可能会有所上升。因此,教师需要根据实际情况来灵活调整讲解时间,同时密切关注学生的反应和参与度,以便及时调整教学策略,以确保教学效果。

② 学生活动平均时间

学生活动平均时间是指在一个特定的教学单元或单节课时中,学生开展自主、合作探究学习以及小组讨论、案例分析、角色扮演等教学活动所消耗的时间与该单元或单节课时总时间的比值。这个比值可以用来评估学生在课堂上的学习方式、参与度以及教师引导学生进行自主、合作探究学习的实际情况。这些活动旨在通过实践体验的方式,加深学生对思政概念和理论的理解,进而提高其思政素养和综合能力。

③ 学生小测平均时间

学生小测平均时间是指学生在思政课堂进行小测验所需要时间的平均值。小测验是一种常见的课堂活动,可以帮助学生及时反馈学习情况,巩固所学的知识。思政课学生小测平均时间受多方面因素的影响。例如,小测验的难度和数量以及学生的个人能力等。通常情况下,思政课的小测验时间应该合理安排,并且不应超过整节课的三分之一。

6.6.4 思政课深度学习学生评价

思政课深度学习学生评价是对学生学习表现及其所达到的学习目标的程度进行的评定,评价学生现实中与终身学习所必需的知识技能,理解马克思主义基本原理和中国特色社会主义理论体系的知识，掌握道德、法律、历史、文化等方面的知识，同时能够将知识应用于不同场景中，运用于解决问题的过程中。高校深度学习的目的是对知识技能目标、过程方法目标和情感态度价值观目标的综合评价，因此，不应该以一种评价方式、一种评价方法、一个评价主体去评价。在此一级指标之下设置了"信息反馈""评价内容"和"评价方式"三个二级指标。

（1）信息反馈

在教育领域中，信息反馈是一个重要的概念，它指的是教师对学生学习表现的反应和反馈。这种反馈可以帮助学生了解自己的学习进度和表现，同时也可以帮助教师评估自己的教学方法和效果，从而进行改进和调整。美国学者詹森在他的研究中指出，对学生提供直接、引人注目的信息反馈是启发学生学习的重要方式。这种反馈可以促进学生大脑的发展和创造力，提高学生的学习效率和成绩。在认知科学教学心理学中，信息反馈也被认为是一个重要的因素。通过加强信息反馈，教师可以帮助学生更好地理解和掌握新知识，从而提高他们的学习效率和成绩。信息反馈包括两个三级指标"学生对教师的授课内容反馈及时有效""教师能够对学生的表现给予积极反馈"。

①学生对教师的授课内容反馈及时有效

学生课堂反馈是学生在课堂上对教师教学方式、教学内容、课堂氛围等作出的反应，以及对自己学习情况的评价和意见。教师可以通过提问、观察、互动等多种方式获取学生的反馈信息，根据反馈情况及时调整教学策略，提高教学质量。

②教师能够对学生的表现给予积极反馈

教师可以在学生表现出积极态度或作出正确回答时给予积极反馈，以鼓励学生继续努力，同时也可以指出学生需要改进的地方和如何改进，以帮助学生更好地进步。积极反馈可以是一种肯定、鼓励、赞扬或奖励，也可以是一种建设性的批评或建议，以帮助学生识别自己的优点和不足，并朝着更好的方向发展。

（2）评价内容

由于每个学生都是独特的个体，他们的学习过程和表现会有所不同。为了确保评价内容的有效性和全面性，教师需要对学生进行多个方面的评价，包括知识、品德、学习态度等。这种评估方法可以更全面、客观地反映学生的学习状况，有助于教师了解学生的需求和进步，从而更好地指导教学。在进行评估时，需要注意评估的准确性和全面性。评估的有效性主要体现在评估内容能否真实地反映出学生的状态和能力，以及评估结果能否提供有益的反馈和引导。全面性则是指评价内容是否涵盖了多个方面，能否全面评估学生的学习表现和进步。

①评价内容有效

评价内容有效主要指评价内容能够准确地反映学生的学习效果和进步，能够提供有价值的反馈和指导，从而帮助学生更好地了解自己知识掌握程度和思维能力提升，明确努力方向，促进个人发展。

②评价内容全面

思政课学生评价内容全面是指评价内容涵盖多个方面，包括思想表现、学习表现、社会工作表现、生活表现等，以及对党的领导和基本理论知识的掌握情况等。全面评价意味着评价内容不仅关注学生的知识掌握情况，还关注学生的思想表现、学习态度、社会工作能力、生活能力等多个方面，以更全面地了解学生的综合素质和发展潜力。

（3）评价方式

评价方式和评价主体的合理性和科学性是思政课学生评价的重要方面。评价方式指标主要包含"定量评价与定性评价相结合""过程性评价与形成性评价相结合""评价主体多元、多样"三个三级指标。

①定量评价与定性评价相结合

定量评价和定性评价是两种不同的评价方法，将二者相结合可以更全面、准确、客观地评价学生。定量评价是一种基于数据和指标的评价方法，具有客观性和可比较性。通过考试成绩、作业完成情况等具体数据来评价学生的学习成果和综合素质，可以更直观地反映学生的能力和水平。但是，定量评价往往只关注于结果和表面现象，无法深入了解学生的思想状态、学习过程和社会实践等方面的表现。定性评价在这方面具有一定优势。定性评价可以基于观察学生的课堂表现、作业思路、社交行为等方面，评价学生的综合素质和发展潜力，因此应尽量做到两种评价方式相结合。

②过程性评价与形成性评价相结合

过程性评价和形成性评价是两种不同的评价方法，它们关注的角度和评价时间点有所不同。过程性评价是在学习过程中进行的评价，关注学生在学习过程中的表现和进步，及时反馈学生的学习状况和问题；形成性评价则是在学习结束后进行的评价，旨在评估学生的学习成果和综合素质。将过程性评价与形成性评价相结合可以更全面地了解学生的学习状况和综合素质。例如，教师可以通过课堂表现评价、作业评价、社会实践评价和期末考试评价更全面地了解学生的参与度、课堂表现、实践能力和社会责任感等。

③评价主体多元、多样

思政课评价主体多元、多样是指评价主体应该包括多个方面，既有教师评价，又有学生自评和互评，还有家长和社会实践单位的评价等。这样的评价方式可以更全面、客观地了解学生的学习状况和综合素质，避免单一评价主体的片面性和主观性。

6.6.5 思政课深度学习反思

叶澜教授曾强调如果一个教师能够坚持写三年的教学反思，就有可能成为名师。教学反思不但有利于教师深入思考教学中的问题，探索更有效的教学方法，而且还可以为教师提供动力，激发其积极性和创造力。思政课深度学习反思包括"目标反思""内容反思""学法反思"三个三级指标。

（1）目标反思

教学目标反思是指教师在完成教学任务后，对所设定的教学目标进行评估和反思，以确定教学目标是否达到、是否合理、是否需要调整等问题。这里包括两个指标"教学目标是否具有适用性""教学目标是否具有实现性"。

①教学目标是否具有适用性

反思教学目标是否具有适用性，就是教师对课堂教学目标的适用性进行反思，思考学生所学知识的掌握程度是否符合教学目标要求，符合学生发展需求。如果教师设定的教学目标与课程总目标不一致，那么学生的掌握程度就可能会偏离课程的方向。因此，教师需要反思教学目标的适用性，确保教学目标与课程总目标相符合，从而更好地实现课程的目标和学生的发展目标。

②教学目标是否具有实现性

反思教学目标的达成性是指教师在完成整节教学任务后，反思是否达到了教学目标的预期。包括反思是否达到了教学计划中设定的教学目标，包括知识、技能、情感等方面的目标；是否实现了学生在知识、技能、情感态度等方面的目标；是否达到了学生在三维目标上的要求。

（2）内容反思

教学内容的反思是指教师对所教授的内容进行反思和评估，以确定其是否符合教学计划和课程目标，是否能够引起学生的兴趣和积极性，以及是否能够帮助学生掌握所需的知识和技能。其包含两个维度，即"教学内容是否具有超越性""教学内容是否具有适应性"。

①教学内容是否具有超越性

教学内容是否具有超越性是指教师在设计教学内容时需要考虑教学内容是否能够提高学生的思维能力和创新能力，是否具有挑战性和深度，以及是否能够引起学生的兴趣和好奇心。

②教学内容是否具有适应性

思政课教学内容是否具有适应性是指教师在设计思政课教学内容时需要考虑其是否能够适应学生的需求与社会变化和发展，包括适应国际形势、适应国内发展、适应学生需求、适应社会变化和发展以及适应教学质量提升等。

（3）学法反思

学法反思是指对学生学习方法的反思，是对学生学习过程中的思考、分析、总结和改进。包含三个三级指标，即"指导学生学习的方法是否科学""学生学习体验是否良好""学生的到课率、抬头率、点头率情况"。

①指导学生学习方法是否科学

这一维度要求教师对自身在教学过程中所采用的学习方法指导进行反思。教师需要反思自己是否设计了可供学生探究、协作的自主学习环节，这些环节是否具备有效性，是否能够帮助学生更好地掌握知识和技能。此外，教师还需要评估学生的学习方法是否产生了预期效果，是否能够提升学生的思维能力与创新能力，以及是否能够成功培养学生的合作精神与独立思考能力。

②学生学习体验是否良好

教师需要反思学生的学习体验,包括对课程的参与度、兴趣、注意力、理解和反馈等方面,以及对课程内容的情感反应、对学习过程的情感投入、对教师和同学的情感联系等方面,以确保学生能够积极参与到课程中,并获得积极的学习体验。

③学生的到课率、抬头率、点头率情况

反思学生的到课率、抬头率、点头率情况是教师反思教学活动中非常重要的一部分。这些数据可以直接反映学生对课程的学习兴趣和参与度,帮助教师发现问题并改进教学方法和策略。学生的到课率是反映学生对课程重视程度和参与度的重要指标;抬头率是反映学生对课程的兴趣和关注度的重要指标;点头率是反映学生对课程的理解和接受程度的重要指标。

第 7 章 深度学习理论视域下的高校思政课"三度式"教学实践案例——以 H 大学为例

7.1 H 大学相关情况介绍

7.1.1 H 大学学校情况简介

列宁曾经说过:"如果从事实的全部总和、从事实的联系去掌握事实,那么,事实不仅是'胜于雄辩的东西',而且是证据确凿的东西。如果不是从全部总和、不是从联系中去掌握事实,而是片段地随便挑出的,那么事实就只能是一种儿戏,或者甚至连儿戏都不如。"[①]著名学者王冀生认为:"大学的发展不仅是人类文化发展到一定阶段的产物,它还在长期办学实践的基础上,经过历史的积淀、自身的努力和外部环境的影响,逐步形成了一种独特的大学文化。"[②]H 大学进行思政课"三度式"教学探索不是凭空想象的,而是根据自己的悠久而光荣的办学传统和新时代大学肩负着责任和使命需要,更是实现学校"应用型本科"转型的一种有效探索和行动。

H 大学坚持教学的中心地位,教学管理严谨,培养目标明确,学生的创新能力和综合素质较强,历届毕业生深受用人单位好评,毕业生就业率一直在 95% 以上,居全省同类院校前列。学校在省内外具有较高的声誉及影响力,先后被上级部门授予"河北省党的建设工作先进高校""河北省普通高校招生

---

① 列宁. 列宁全集(第 23 卷)[M]. 北京:人民出版社,1990:279.
② 王冀生. 大学文化的科学内涵[J]. 高等教育研究,2005(10):5-10.

工作先进集体""河北省高校学生工作先进集体""河北省非师范类大中专毕业生就业和就业指导工作先进集体""河北省安全防范先进单位""河北省安全文明校园""社会实践先进高校""推行国家体育锻炼标准先进集体",并多次被沧州市委、市政府授予"沧州市文明单位""沧州市绿化先进单位"等称号。2006 年在高职高专院校人才培养工作水平评估中被评为优秀。

7.1.2 H 大学马克思主义学院"三度式"教学改革背景

首先,国家教育政策的变化是马克思主义学院教学改革的重要背景。国家教育政策的调整和改革,对高校教育教学提出了新的要求和挑战。马克思主义学院必须适应新的教育政策,更新教育观念,强化课程改革,改进教学方法,以提高教学质量。

其次,社会发展的需求是马克思主义学院教学改革的另一个背景。当前社会经济发展日新月异,信息技术广泛应用,对人才的需求也日益多元化。马克思主义学院必须紧跟时代发展,更新教学内容,注重实践能力的培养,以培育适应社会需求的高素质人才,为地方经济社会发展提供支持,扩大学校的社会影响力。

再次,学校发展的需要也是马克思主义学院教学改革的背景之一。H 大学作为一所高等工程学校,注重培养学生的实践能力和工程素质。马克思主义学院必须紧密结合学校发展需要,优化课程设置,强化实践教学,提高学生的综合素质和竞争力。同时,还要积极参与学校的事务,为学校的发展出谋划策,发挥学术引领作用。

最后,学科发展的要求也是马克思主义学院教学改革的背景之一。马克思主义理论是一门不断发展、深入的学科,新的理论、观点和研究成果不断涌现。马克思主义学院必须及时更新教学内容,关注学科发展动态,将最新的理论成果引入课堂,促进学科的不断发展。

综上所述,H 大学马克思主义学院教学改革是在国家教育政策、社会发展需求、学校发展和学科发展的要求下,进行的必要调整和改革,旨在提高教学质量,培养适应社会需求的高素质人才。

7.2 H大学思政课"三度式"教学改革介绍

在这一部分重点介绍深度学习视域下H大学"三度式"教学改革的内容，包括教学目标的设定、教学内容、教学组织、教学评价和教学反思等。

7.2.1 思政课"三度式"教学目标设定

7.2.1.1 教学目标整体描述

对应用型本科院校来说，思政课教学的总目标是培养合格的中国特色社会主义事业的建设者和接班人，这就要求对实践教学中的具体目标进行细化。从应用型本科院校的教学实际出发，马克思主义学院提出了四个方面的指导目标，各门课程根据具体情况再进行细化。

（1）提高学生的政治理论素养

提高学生的政治理论素养是应用型本科院校思政课教学的基本任务之一，除了要培养较高的职业素养外，还要培养学生的政治理论素养。从思政课教学实际出发，提高学生的政治理论素养主要有以下三个方面的设计：

①用马克思列宁主义毛泽东思想、中国特色社会主义理论，特别是习近平新时代中国特色社会主义思想武装学生。要提升应用型本科院校大学生的政治理论水平，就要用马克思列宁主义、毛泽东思想和中国特色社会主义理论，尤其是用习近平新时代中国特色社会主义思想来武装学生，让大学生们能够牢固地掌握和把握基本的政治理论，领悟其中的精髓，从而为自己的生活和发展提供指导，为解决实际问题提供依据。

②以科学的理论为基础，帮助学生形成正确的三观。提高学生的政治理论素养需要帮助学生树立正确的世界观、人生观和价值观。在帮助学生树立正确的世界观、人生观和价值观的过程中，做到以下三结合：

第一，结合学生的实际，了解学生的思想状况、生活方式和价值观念，结合学生的实际情况进行引导和教育，使学生能够从自身的实际出发，理解并认同正确的世界观、人生观和价值观。

第二，结合新时代中国特色社会主义建设的实际，要让学生了解新时代中国特色社会主义建设的伟大成就和历史使命，引导学生树立正确的国家观念和民族意识，以爱国主义为核心，增强学生的国家认同感和民族自豪感。

第三，结合职业发展的实际与职业教育人才培养的特点，引导学生树立正确的职业观念和职业道德观念，培养学生的职业素养和职业能力，为学生未来的职业发展打下坚实的基础。

③引导学生正确地理解现实问题，运用科学的理论来分析现实问题。

在中国特色社会主义的新时期，我们面临着一系列的国际和国内的问题。例如，对国内而言，要把握好"快"和"高质量"之间的关系；如何正确理解地区协调发展等问题。从国际角度看，中美两国之间的贸易摩擦是一个值得探讨的问题。怎样才能对我们所处的国际环境有一个正确的认识等问题。思政课教师在讲授过程中，必须运用马克思主义的基础理论，用习近平新时代中国特色社会主义的思想来指导学生，使他们能够对这些实际问题作出正确的判断，并且能够以一种正确的态度来对待。

（2）提高学生的思想道德素质

①通过有关内容的讲授，提升学生对于品德涵养的认知

从应用型本科院校的现实情况来看，很多学生更愿意追求"短平快"的事情，而忽略需要长期对于思想品德的涵养。部分学生认为，只要自身有一定的专业素养，有能力就可以。至于品行如何，并不会对以后的求职就业有太大影响。由于存在着这样一种误区，使得一些大学生不注重品德的培养，从而严重制约了职业生涯发展。思政课教师要在授课时，必须将其与有关课程内容相结合，使学生们意识到，增强道德修养，提升自己的道德素质，对于他们今后的事业发展，以及他们的人生价值的实现，都有着极其重要的意义。要充分认识到道德修养的重要意义，加强道德修养的内驱力，在学习和生活中自觉地进行道德培养。

②引导学生自觉践行社会主义核心价值观

引导学生自觉践行社会主义核心价值观，是每个高校教师应尽的责任。在应用型本科院校学生的道德修养方面，必须将社会主义核心价值观与学习、生活紧密联系，注重细节、微小、具体的实践。例如，在日常生活中，学生应该尊重他人的权利和自由，遵守班级和学校的规章制度，发扬团结互助的精神，树立正确的价值观和人生观。在学习中，学生应该积极参与课堂讨论，

认真完成作业和考试，遵守学术诚信和职业道德，将社会主义核心价值观融入学习和工作中。只有使社会主义核心价值观的要求成为学生的自觉行为，才能真正提高学生的思想道德素质。

(3) 提高学生的法律素养

随着社会的发展，法律素养已经成为现代社会必备的素质之一。在全面依法治国的背景下，高素质的技术技能型人才不仅要具备过硬的技术技能，还需要具备一定的法律素养。因此，应用型本科院校思政课教学的一个重要目标就是提高学生的法律素养。

①通过相关教学让学生掌握法律基本知识

大学生法律素养的提高，需要以基本的法律知识作为支撑。在思政课教学中，要通过相关内容的教学，让学生掌握以下三个方面的法律知识：一是社会主义法治的基本知识。包括宪法、公民的基本权利和义务、国家机构、立法程序等方面的知识。这些知识是学生对国家制度和社会秩序的基本认识，可以帮助他们更好地了解国家的政治体制和法律体系。二是与学生学习、生活密切相关的一些专门法的知识。例如，治安处罚法、刑法等方面的知识。这些知识是学生对法律的实际应用的认识，可以帮助他们更好地了解自己在日常生活中应该遵守的法律规范。三是法律诉讼方面的基本知识。包括诉讼程序、证据、辩护等方面的知识。这些知识是学生对法律诉讼程序和法律维权的基本认识，可以帮助他们更好地了解如何通过法律途径维护自己的权益。

②培养学生的法治思维

从应用型本科院校人才培养的实际情况来看，要想培养出高素质的技术技能型人才，最关键的一点是要培养学生的法治思维，了解法律法规的基本要求，学会用法律手段维护自己的合法权益，明确自己的权利和义务，做到守法、遵法、用法。

一是法律要求做的必须认真做好，法律不允许做的坚决不能做，否则就会受到法律的制裁。二是当自己的合法权益受到不法侵害时，要懂得用法律来捍卫自己的合法权益。这是培养学生法治思维的重要方面，学生需要了解相关的法律程序和法律途径，能够运用法律手段来维护自己的合法权益。三是明确作为中华人民共和国公民应享受的基本权利及应尽的基本义务，正确享受权利，自觉履行义务。

（4）帮助学生树立中国特色社会主义"四个自信"

改革开放以来，中国特色社会主义的发展成就斐然，体现出中国制度的优势，并由此而产生了一系列的理论自信、制度自信、道路自信和文化自信。"四个自信"是新时代中国特色社会主义所体现出的一个明显的时代特点。培养大学生对中国特色社会主义有信心，是新时期思想政治教育的根本目的。结合当前应用型本科院校思想政治教育的实践，对培养大学生坚定"四个自信"具有重要意义。

思政课教师在讲授时，应根据社会的发展规律和发展趋势，使学生明白，我们的社会主义制度是与社会的历史发展规律相一致的。只有坚持中国特色社会主义，坚持中国共产党的领导才能够取得今天的成绩。通过对中国特色社会主义的理论、制度、道路、文化等方面的分析，使学生对学习的理论、制度、道路、文化等方面的自信有更多的了解。

7.2.1.2 深度学习理论视域下思政课"三度式"教学目标设计

本部分将以"毛泽东思想和中国特色社会主义理论体系概论"课程为例，详细介绍 H 大学"三度式"教学目标设计。

对于思政课教师来说，课堂教学目标设计是一项非常细致的工作，不但要有扎实的专业知识，还需要掌握一些教学设计的原理和方法以及教育学心理学相关的知识。在深度学习理论的指导下，本课程的教学目标设计步骤如下：

（1）分解目标

目标系统是一个复杂且多层次的体系，涵盖了不同层次的教育目标，包括总教育目的、课程目标、单元目标以及课堂目标。这些目标自上而下逐层分解，不断具体化和细致化。为了实现这些目标，教师需要在熟悉国家以及专家制定的各层次目标内容的基础上，掌握各目标之间的内在联系，明确每一层次的目标在整个目标体系中的位置和逻辑关系，从而找出设定教学目标的依据和起点。

美国著名教育学家泰勒在其著作《课程与教学的基本原理》一书中提出了"目标导向"的教学理念，强调学校应当制定精简的目标而不是多而杂的目标。他认为实现教育目标需要投入时间，因此若试图在繁杂的教育计划中匆忙完成目标，这样的教育计划是无效的。因此，学校应当选取有限的目标并集中精力实现这些目标。这并不意味着目标数量少，而是要确保每个目标都是重要的、具体的、可衡量的，并能够在合理的时间内实现。通过逐步实现这些目标，学生可以逐步改变其行为模式，提高学习效果，同时也可以增强学生的自我价值和自尊心。

"毛泽东思想和中国特色社会主义理论体系概论"这门课程从知识目标、能力目标和情感目标三个维度进行设定，充分体现了有高度、有深度、有活跃度的思政课堂的要求。

（2）研究学生背景

确定教学目标的起点是至关重要的，因为它直接关系到教学目标和课堂教学的有效程度。如果起点太高，学生无法跟上，可能会使学生失去学习的热情，从而影响到教学效果。因此，在确定教学目标之前，需要对学习的出发点进行全面分析。

首先要对学生的知识储备、学习态度、行为习惯等方面进行分析。通过了解学生对已有知识的掌握程度、学习方式、学习习惯等方面，可以帮助教师制订合适的教学目标。

其次，应对学生的学习要求进行分析。了解学生的当前水平和应该达到的水平之间存在的差距，包括前期已学知识的达标情况会不会对本节课程目标的实现产生影响，以及如何安排学生的预期需求，对某些潜在问题进行补漏等。

（3）分析学习内容

学习内容分析是指对学生在学习过程中应掌握的知识与技能、学习方法以及情感培养等方面的目标进行分析，并确定这些目标在教材中的具体体现。这一分析有助于思政教师更好地把握教材内容，制订合理的教学目标，并影响学生的学习水平。

学习内容分析主要包括分析学习内容在教材中的重要性和作用，以及与前后内容的逻辑关系。同时，明确教学内容的重点和难点，明确知识技能及情感目标的实现所需的教学要素也是非常重要的。教学要素主要包括陈述性知识、程序性知识和策略性知识等不同性质的知识点。

为实现教学目标，选择和设计合适的教学要素非常重要。不同性质的知识点对于教学目标的达成度有不同的影响。因此，教师需要根据具体的教学目标和学生的学习需求，选择适合的教学要素，并设计相应的教学策略，以促进学生的知识吸收和能力提升。

（4）教学目标的表述

在进行了目标分解、学生背景研究、学习内容分析之后，对"毛泽东思想和中国特色社会主义理论体系概论"课程进行"知识与技能""过程与方法""情感态度与价值观"三个维度的教学目标设计，力求通过教学目标引领形成有高度、有深度、有活跃度的思政课堂。根据 2023 版教材，概论教研室按照章节逻辑进行了教学目标的设计（详见表 7-1）。

表 7-1 "毛泽东思想和中国特色社会主义理论体系概论"课程教学目标设计

章节	教学目标设计
专题一：怎样理解马克思主义中国化的历史进程及两大理论成果的关系？	知识与技能目标：使学生知道中国为什么选择马克思主义；掌握马克思主义中国化的科学内涵、马克思主义中国化的理论成果；理解毛泽东思想和中国特色社会主义理论体系的关系。 过程与方法目标：通过案例式教学法和系统讲授法，使学生能够学会用问题探究法和合作交流法归纳马克思主义中国化时代化的历程及其理论成果，增强中国特色社会主义的自觉自信。 情感态度与价值观目标：使学生在参与学习的过程中明确马克思主义只有实现中国化，解决中国的实际问题，才能体现其科学性和生命力。
专题二：如何认识毛泽东思想及其历史地位？	知识与技能目标：通过本章内容的学习，学生能够了解毛泽东思想的形成发展的社会历史条件及过程，掌握毛泽东思想的主要内容和活的灵魂，认识毛泽东思想的历史地位和指导意义。 过程与方法目标：通过混合式教学法，使学生初步掌握或运用从社会条件（经济、政治、文化）和历史唯物主义视角，解释和评价历史人物作用与影响的基本方法。 情感态度与价值观目标：使学生能正确评价毛泽东和毛泽东思想，感受毛泽东思想的理论魅力和精神力量，旗帜鲜明地反对"神化""妖魔化""非毛化"错误思想，抵制历史虚无主义，让毛泽东思想永放光芒。
专题三：如何理解新民主主义的独创性贡献？	知识与技能目标：通过本章内容的学习，使学生能够了解新民主主义革命理论形成的时代背景，即近代中国社会的基本国情和中国革命的时代特征、新民主主义革命理论形成的实践基础以及该理论形成的历史过程；了解党在新民主主义革命时期的总路线和基本纲领；了解经过长期武装斗争，先占乡村，后取城市，最后夺取全国胜利的革命道路的历史必然性及其基本内容；了解和把握新民主主义革命胜利的基本经验。 过程与方法目标：通过启发式教学法和案例式教学法使学生初步掌握和运用相应的史料或视角，认识新民主主义革命的发生和发展过程。 情感态度与价值观目标：通过学习使学生认识只有在新民主主义革命理论的指导下，中国才能摆脱民族危机，实现国家独立、民族解放，革命才能取得胜利。

(续表)

章节	教学目标设计
专题四：如何正确认识和把握社会主义改造的历史经验？	知识与技能目标：使学生了解新民主主义社会是一个过渡性的社会，掌握党在过渡时期总路线的内容及其理论依据，深刻理解过渡时期总路线提出的历史必然性和现实可行性；了解党对农业、手工业和资本主义工商业社会主义改造的方式和步骤，掌握社会主义改造的历史经验；理解社会主义基本制度确立的理论依据，掌握社会主义基本制度在中国确立的伟大意义。 过程与方法目标：通过讨论法和系统讲授法，学会用"论从史出，史论结合，史由证来"的方法来看待社会主义改造这一段历史。 情感态度与价值观目标：通过本章内容的学习，学生能够认识到，社会主义改造的成功实现了中国历史上从私有制到公有制的伟大变革，改变了中国历史发展的方向，为我们开辟了一条社会主义的光明大道。
专题五：如何认识社会主义建设初步探索的理论成果？	知识与技能目标：使学生了解初步探索的重要理论成果；掌握初步探索的意义和初步探索的经验教训。 过程与方法目标：基于混合式教学法，通过分析、综合、归纳、比较基本史实等方法，理解初步探索的重要理论成果和经验教训。 情感态度与价值观目标：在学习中，使学生认识到这一时期的经验教训是社会主义建设的宝贵财富，对社会主义初步探索时期有全面认识和正确评价。
专题六：如何认识中国特色社会主义理论体系的形成和发展？	知识与技能目标：使学生了解中国特色社会主义理论体系形成的国际背景、历史条件、实践基础；掌握中国特色社会主义理论体系形成发展过程。 过程与方法目标：基于讨论、合作交流，使学生能够通过分析、综合、归纳、概括等方法剖析中国特色社会主义理论体系形成。 情感态度与价值观目标：使学生认识到中国特色社会主义道路的来之不易，坚定"四个自信"。
专题七：如何正确理解邓小平理论是中国特色社会主义理论体系的开篇之作？	知识与技能目标：使学生能够把握邓小平理论的形成条件和形成过程，深刻理解邓小平理论回答的基本问题和主要内容，明确邓小平理论的历史地位。 过程与方法目标：通过启发为主的学生活动，并辅之以讲授法，培养学生掌握从经济状况、政治形态、社会生活等视角，较全面地解释邓小平理论形成这一过程。 情感态度与价值观目标：使学生能够明确，经过改革开放和现代化建设实践的检验，邓小平理论已经被证明是指导中国人民建设中国特色社会主义、保证中国在改革开放中实现国家繁荣富强和人民共同富裕的系统的科学理论，是改革开放和社会主义现代化建设的科学指南，是党和国家必须长期坚持的指导思想。
专题八：如何理解"三个代表"重要思想是中国特色社会主义的跨世纪发展？	知识与技能目标：使学生能够把握"三个代表"重要思想的形成条件和形成过程，深刻理解"三个代表"重要思想的核心观点和主要内容，明确"三个代表"重要思想的历史地位。 过程与方法目标：通过混合式教学法，教师提供历史资料，营造回到历史现场的情境，学生可以用归纳、综合的方法理解这一思想的形成过程，养成"史由证来，论从史出"的方法。 情感态度与价值观目标：是学生认识到"三个代表"重要思想是完整科学的理论体系，是中国特色社会主义理论体系的丰富发展，是加强和改进党的建设、推进我国社会主义自我完善和发展的强大理论武器，是党和国家必须长期坚持的指导思想。

(续表)

章节	教学目标设计
专题九：如何正确理解和认识科学发展观是中国特色社会主义的新发展？	知识与技能目标：学生能够了解科学发展观的形成条件和过程，理解和掌握科学发展观的科学内涵，把握科学发展观的主要内容和精神实质，明确科学发展观的历史地位。 过程与方法目标：通过线上线下相融合的教学方法提供历史资料，营造历史情境，进而使学生能够在解读经典材料的过程中把握科学发展观的形成过程等基本信息。 情感态度与价值观目标：正确认识科学发展观是中国特色社会主义理论体系的重要组成部分，对推进中国特色社会主义伟大事业的指导意义。

7.2.2 深度学习理论视域下思政课"三度式"课堂教学内容设计

教学内容设计上，"毛泽东思想和中国特色社会主义理论体系概论"教育部高等学校教学指导委员会在深度学习理论指导下通过专题教学设计尝试把教材体系转换为教学体系；通过问题链整合对教学内容抽丝剥茧，层层递进；通过对学生困惑的关注，使教学内容更具有思想性、时代性、文化性和实践性。根据教材内容和教指委印发的相关文件，H大学对该课程进行了专题化设计（详见表7-2）。

表7-2 "毛泽东思想和中国特色社会主义理论体系概论"专题设计

专题名称	专题内容
专题一：怎样理解马克思主义中国化的历史进程及两大理论成果的关系？	马克思主义中国化时代化是如何提出的？ 马克思主义中国化时代化的历史进程是怎样的？ 马克思主义中国化时代化的主要内容是什么？ 怎样理解马克思主义中国化时代化两大理论成果之间的关系？
专题二：如何认识毛泽东思想及其历史地位？	如何理解什么是毛泽东思想？ 如何正确把握毛泽东思想形成和发展的历史进程？ 如何认识毛泽东思想活动的灵魂？ 如何用历史唯物主义和辩证唯物主义的方法看待与评价毛泽东及毛泽东思想？ 如何正确认识和批驳关于毛泽东和毛泽东思想的错误言论？
专题三：如何理解新民主主义的独创性贡献？	新民主主义革命理论是在什么样条件下形成的？ 中国共产党为什么能从小到大、由弱到强，找到中国革命的正确道路？ 新民主主义革命理论有哪些创新之处？ 中国共产党走出"山沟沟"，走向全国执政的奥秘有哪些？ 新民主主义革命理论的意义和当代启示有哪些？
专题四：如何正确认识和把握社会主义改造的历史经验？	为什么要进行社会主义改造？ 如何进行社会主义改造？ 社会主义改造的历史经验有哪些？

（续表）

专题名称	专题内容
专题五：如何认识社会主义建设初步探索的理论成果？	新中国成立之初，党是如何以苏为鉴进行社会主义探索的？ 党在社会主义初步探索过程中形成的重要理论成果有哪些？ 如何认识党对社会主义建设道路初步探索的重要意义和经验教训？
专题六：如何认识中国特色社会主义理论体系的形成和发展？	中国特色社会主义形成发展的历史条件是什么？ 如何把握中国特色社会主义理论体系形成发展的过程？
专题七：如何正确理解邓小平理论是中国特色社会主义理论体系的开篇之作？	邓小平理论是在什么样的背景下提出的？ 邓小平理论是如何形成的？ 邓小平理论的精髓是什么？ 邓小平理论的主要内容有哪些？ 如何评价邓小平理论的历史地位？
专题八：如何理解"三个代表"重要思想是中国特色社会主义的跨世纪发展？	"三个代表"重要思想是如何在世纪之交形成的？ "三个代表"重要思想的核心观点有哪些？ "三个代表"重要思想的主要内容有哪些？ 如何理解"三个代表"重要思想的历史地位？
专题九：如何正确理解和认识科学发展观是中国特色社会主义的新发展？	科学发展观是在怎样的新的历史条件形成的？ 科学发展观的"新"体现在哪些方面？ 如何正确认识科学发展观的历史地位？

7.2.3 深度学习理论视域下思政课"三度式"课堂教学组织设计

深度学习理论视域下"三度式"课堂教学组织设计通过多媒体、党史资料、问题创设、口述史采集等方式创设情境有效组织教学。在教学形式上采用"大班上课、小班研讨""对分课堂""翻转课堂"等形式合理安排教师讲授与学生学习之间的关系（情境创设方法及内容详见表7-3）。

表7-3 "毛泽东思想和中国特色社会主义理论体系概论"情境创设方法及内容

专题	教学内容	情境创设方法及内容
专题一：怎样理解马克思主义中国化的历史进程及两大理论成果的关系？	1. 马克思主义中国化时代化是如何提出的？	通过多媒体创设情境：例如播放《觉醒年代》中的视频片段《我愿意，奋斗终生！》；通俗理论对话节目《马克思是对的》；视频《你好，马克思》。
	2. 马克思主义中国化时代化的历史进程是怎样的？	通过党史创设情境：教师系统梳理党史百年的历程。
	3. 马克思主义中国化时代化的主要内容是什么？	通过提问创设情境：例如介绍案例《"00后""10后"遭遇马克思的二次元进击》《三问马克思主义为什么它不会过时》，向学生提问"为什么百年之后，马克思仍然受到'00后''10后'的热捧？""马克思主义中国化时代化的内容是什么？"

(续表)

专题	教学内容	情境创设方法及内容
专题二：如何认识毛泽东思想及其历史地位？	1. 如何理解什么是毛泽东思想？	通过多媒体创设情境：例如播放视频《走进毛泽东》、纪录片《毛泽东》。 通过案例创设情境：例如介绍案例《毛泽东思想聚神铸魂开先河》。
	2. 如何正确把握毛泽东思想形成和发展的历史进程？	通过对党史的语言描述创造情境，运用党史资料系统讲述毛泽东思想形成的主客观条件。 通过多媒体创设情境：例如播放视频《建军大业》《建党大业》。 通过案例创设情境：例如《湖湘文化对青年毛泽东的影响》。
	3. 如何认识毛泽东思想活动的灵魂？	通过案例创设情境：介绍案例《习近平总书记在纪念毛泽东同志诞辰120周年座谈会上的讲话》《沂蒙精神是党践行群众路线的实践结晶》《三湾改编》《毛泽东心中的"实事求是"》等案例。 通过问题创设情境：例如实事求是是我们党思想路线的核心内容，也是毛泽东思想的精髓之一。怎样才能做到"实事求是"？
	4. 如何用历史唯物主义和辩证唯物主义的方法看待与评价毛泽东及毛泽东思想？	通过问题创设情境：例如"邓小平为什么说毛主席的画像要永远保留下去？""毛泽东曾说《毛选》是血的著作，我们应该如何理解这句话？""毛泽东思想既然不是毛泽东的个人思想，那么为何以他的名字来命名？" 通过案例创设情境：《邓小平天安门上的毛泽东像要永远保留下去》《毛泽东思想是毛泽东的个人思想吗？》。
专题三：如何理解新民主主义的独创性贡献？	1. 新民主主义革命理论是在什么样条件下形成的？	通过多媒体创设情境：《1911 辛亥革命：前夜》《党的新民主主义理论的系统阐述》《辛丑条约签约》等。 通过案例创设情境："马车铁路""日本第一条铁路"《从1840到1901》电视政论片〈复兴之路〉解说词》《五四运动为什么是新民主主义革命的开端？》《孔祥熙在国民政府中的敛财手段简记》等。 通过问题创设情境：例如"结合鸦片战争后的中国与世界情况，说一说什么是国情？"
	2. 新民主主义革命理论有哪些创新之处？	通过多媒体创设情境：例如视频《毛泽东与统一战线》。 通过案例创设情境：例如"三大法宝威力何在？""听到骂声以后""习近平总书记在庆祝中国共产党成立100周年大会上的讲话""浴血奋战百折不挠——新民主主义革命伟大成就""新民主主义革命时期党经历的磨难与取得的经验"。 通过问题创设情境：例如"通过××视频和××案例，说一说谁是我们的敌人，谁是我们的朋友？"新民主主义革命为什么必须是无产阶级领导的，人民大众的，反对帝国主义、封建主义和官僚资本主义的革命？

（续表）

专题	教学内容	情境创设方法及内容
专题四：如何正确认识和把握社会主义改造的历史经验？	1. 为什么要进行社会主义改造？	通过图片、数据展示创设情境：例如"个体农业分散经营，没有扩大再生产的能力""民族资本主义占比小，无法有利推进工业化发展"。 通过案例创设情境：例如"新民主主义革命胜利后不具备建立社会主义的基本条件""过渡时期总路线出台前后"。 通过口述历史创造情境：学生采访经历过社会主义改造的长辈整理成相关口述史报告。
	2. 如何进行社会主义改造？	通过案例创设情境：例如"河北唐山的三条驴腿的穷棒子社""朝梁子村发展农业生产合作社账本""荣毅仁带头实行公私合营""第一届全国人民代表大会第一次会议——人民当家作主落地生根"等。
专题五：如何认识社会主义建设初步探索的理论成果？	1. 新中国成立之初，党是如何以苏为鉴进行社会主义探索的？	通过案例创设情境：例如"苏共二十大赫鲁晓夫揭了盖子，捅了篓子""波匈动乱"。 通过多媒体创设情境："顶着大包来回跑的公共汽车""自力更生，遍地开花"。
	2. 党在社会主义初步探索过程中形成的重要理论成果有哪些？	通过案例创设情境："论十大关系""正确处理人民内部矛盾""毛泽东一生中所做的规模最大的一次经济工作调查"。
专题六：如何认识中国特色社会主义理论体系的形成和发展？	中国特色社会主义形成发展的历史条件是什么？	通过口述历史创造情境：学生分别采访"60后""70后""80后"和"90后"形成改革开放以来的口述史报告。 通过歌曲创设情境："春天的故事""走进新时代"。
专题七：如何正确理解邓小平理论是中国特色社会主义理论体系的开篇之作？	1. 邓小平理论是如何形成的？	通过图片、数据创设情境：1966年福建肉票和2022年我国人均肉类消费18.14千克。 通过案例创设情境：以党的十一届三中全会、党的十二大、党的十二届三中全会、党的十三大、南方谈话、党的十四大、党的十五大等。
	2. 邓小平理论的精髓及主要内容有哪些？	通过案例创设情境：例如介绍"邓小平三谈傻子瓜子""一国两制写华章""改革开放反腐第一案""改革开放40年大变化"等。
专题八：如何理解"三个代表"重要思想是中国特色社会主义的跨世纪发展？	1."三个代表"重要思想是如何在世纪之交形成的？ 2."三个代表"重要思想的主要内容有哪些？ 3."三个代表"重要思想的历史地位？	通过案例创设情境：例如20世纪80年代末90年代初美中的制裁与反制裁；党的十四届四中全会、党的十五大、党的十五届五中全会等；"科教兴国——为现代化建设注入第一动力"；"西部大开发战略"；"加入世界贸易组织：拥抱世界成绩斐然"。

(续表)

专题	教学内容	情境创设方法及内容
专题九：如何正确理解和认识科学发展观是中国特色社会主义的新发展？	1. 科学发展观是在怎样的新的历史条件形成的？ 2. 科学发展观的"新"体现在哪些方面？ 3. 如何正确认识科学发展观的历史地位？	通过案例创设情境：例如"美国《时代》周刊封面标题为《中国：一个新王朝的开端》""非典疫情的发生与启示""防治非典——把人民生命安全和身体健康放在第一位""科学发展观"和"十二五规划的灵魂"等。

7.2.4 深度学习理论视域下思政课"三度式"教学过程设计

根据深度学习路线，结合混合式教学，将"三度式"教学过程设定为如图 7-1 所示，即教学准备、浅层知识获取、深层知识加工、评价与反思四个过程；知识准备、问题前测、知识构建、师生交互、展示评价、综合测评六个环节。H 大学通过线上线下相结合的混合式教学设计，实现有温度、有深度、有活跃度的思政课堂，培养学生自主学习、知识应用与迁移、问题解决等高阶思维的形成。下面仍以"毛泽东思想和中国特色社会主义理论体系概论"课程为例阐释 H 大学的"三度式"教学过程。

（1）教学准备

教学准备是"三度式"教学的设计起点，在这一过程中要做好不同专题教学的细致解读，明确学习目标，准备教学资料，制定实现学习目标的教学策略和活动。通过与学生交流、查看学生成绩和问卷调查等方式来了解学生的背景、学习能力兴趣爱好以便更好地把握学生的学习需求和困难，有针对性地设计教学活动和教学方式。"毛泽东思想和中国特色社会主义理论体系概论"为公共必修课，课程将教学目标定位为引导学生增强中国特色社会主义道路自信、理论自信、制度自信、文化自信，努力培养德智体美劳全面发展的社会主义建设者和接班人。该课程是以强能力、提素质为主，应当增加知识建构、师生交互、展示评价的设计力度，提升课堂教学过程中知识的分析应用能力。

教学准备是混合式教学活动设计的起点，应做好对不同专题教学内容目标的细致解读。丰富、多元化的教学准备会为学生建构一个线上学习的良好氛围。在进行教学设计时，首先应该以学生的学情分析为基础，了解学生现有的学习水平、学习偏好等情况，以便更好地针对学生的需求和特点进行设计。

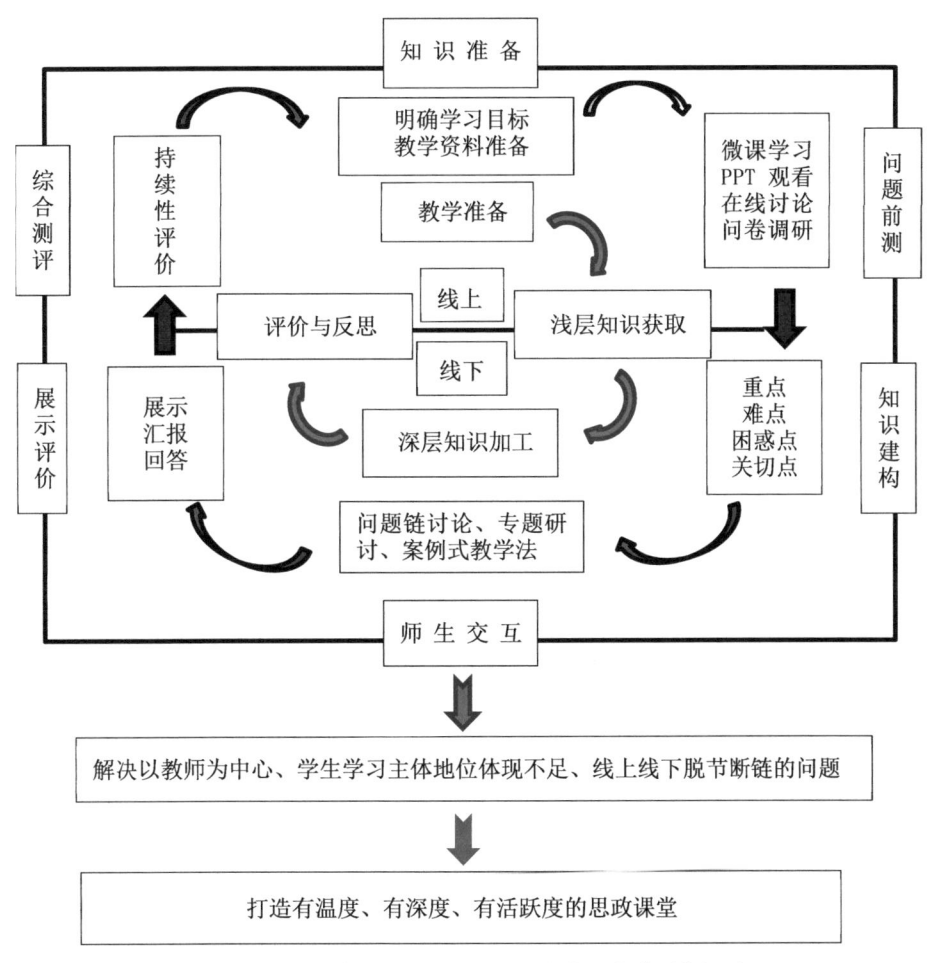

图 7-1　深度学习理论视域下"三度式"教学过程设计

为了营造自主、轻松的学习氛围，可以通过提供丰富多样的学习资源来实现。针对"00后"的学生，教师会在线提供可视化的资源，比如提供微课、PPT、图像、图表、视频等可视化资源，帮助学生更直观地理解学习内容，提高学习的效果；提供互动化的资源，通过在线讨论、交流、合作等，让学生能够相互交流、协作，增强学习的互动性和社交性。

（2）浅层知识获取

问题前测区是通过整理资源区域中的相关微课、课件等材料，指导学生们在网上进行自主学习，同时借助网络平台，对学生的认知情况、遇到的问题等进行数据统计，使教师们能了解到学生的认知程度和学习需求，为下一阶段的线下教学提供依据。在问题前测区，教师们需要在两个方面进行精心的教学设计。

首先，需要按照学生的不同程度来安排学习引导课程。在微课的核心内容基础上，应通过各种方式进行补充，使学生们能够更好地了解相关知识，并根据知识的广度，提供一个相对灵活的学习环境和内容。例如，在"专题四：如何正确认识和把握社会主义改造的历史经验？"这一专题的线上导学中，应包含"为什么进行社会主义改造""如何进行社会主义改造"等核心知识点的微视频，同时还可以分享学生采访家里长辈口述这段历史的视频、纪实资料等，使学生可根据丰富的资源围绕知识点进行个性化学习。在导学的任务布置中，H大学注重在核心知识点所提供的基础上做加法来满足学生个性化学习需要。

其次，前测内容要能反映出知识间的连贯性，有效地激发学生已有的知识，并且要体现出客观和主观的统一。由于导学是以加法形式出现的，因此在前测过程中，要包含对基础知识点的学习状况的检测，使学生能够通过这些检测来整理出知识的因果关系，这样教师能够准确地了解学生的在线学习状况，从而为课堂教学的顺利进行打下坚实的基础。

在完成问题前测后，以学生的在线学习情况为基础，对重点、难点知识以及学生遇到的问题进行深入分析。在此过程中，需要确定学生的困惑点和迷茫点，明确课堂讲解的侧重点并对课堂讲授内容的深度进行准确的定位和挖掘。在此基础上，要确定主要的辩论点或解释点，这些辩论点和解释点应以知识的核心要素为基础，使学生在获取知识的过程中能够达到"知其然，知其所以然"的水平。

此外，在教学过程中，教师需要指导和协助学生在自主学习时突破自身所面临的问题，强化和构建知识之间的有效联系，使知识不再零散地分布，而是真正地根植于学生的认知结构中。例如，根据学生"专题四：如何正确认识和把握社会主义改造的历史经验?"的前测结果，发现学生在理解"新中国成立后，中国的社会性质是社会主义社会吗?""新民主主义社会为什么是个过渡性质的社会?"等问题上还存在需要进一步提升的认识，特别是在"社会主义改造的措施有哪些?"这一知识点上还需要进一步的学习。因此，在课堂教学过程中，可以针对这些问题展开讨论和讲解，以帮助学生有效地理解该知识点。

（3）深层知识加工

师生交互与展示评价主要基于新知识的构建，并与现实中的问题或具体实践项目相融合。这些问题既包括优质的问题也包括劣质的问题，从而引导学生根据不同的情况对所学知识进行全面分析，并在此基础上进行深度探索。目的在于通过知识的全面分析，以增强知识的核心构建。

学生活动项目的开展注重将所学的知识应用于实践中。通过各种形式的项目设计，将构建的认知结构与课程所需的能力相结合，在实践操作演练的过程中，实现知识的迁移和运用。以"专题四：如何正确认识和把握社会主义改造的历史经验?"为例，可以通过不同人物（如荣毅仁、王国藩等）或不同阶级、阶层对待社会主义改造的故事以及相关党史资料对学生的知识综合分析能力进行强化。此外，也可以利用"问题链专题教学""专题研讨""大班上课小班讨论"等形式，加深对知识的理解应用。通过综合分析与实际应用两个维度，对学生知识的认知建构水平进行深化。

师生交互和评价展示的环节既要注重群体间的互动，也要注重个人的学习与情境间的互动，强调对学生的知识进行全面的解析与运用，以小组的形式进行课堂合作，并坚持"组内异质性、组间同质性"的理念，使学生能够在讨论中进行思维碰撞，从而提升学生的团队合作与交流能力。课上通过互动主要完成两项工作，一是小组讨论有关问题—综合—报告，使得对问题的分析呈现出多元化；二是运用"分析—整理—演示"的方法，通过实践活动中的"交流—协作"，培养学生的沟通、协调和解决问题的能力。个体学习与环境的交互重点在于，借助信息化、数字化的环境，比如雨课堂、学习通等平台。在学生讨论、实际操作的过程中，可以借助弹幕、直播、任务推送分享等功能，来完成信息化环境的构建，为学生学习的多维交互提供基础。

（4）评价与反思

在综合测评区，主要是以持续性评价方式，展示每一个小组的学生报告和作品，展示本身也是一个让学生进行深度学习的过程，从而提高了课程的互动性。小组内展示一般来讲对学生的学习有较大促进作用和较好的示范作用。在评价过程中通常采取组内自评、组间互评、教师点评的方式，对各组知识的应用、问题的解决、创新性思维等方面展开思考，以综合评价意见为依据，对自己的经验和缺陷进行反思，提出问题及解决措施等，从而引导学生形成反思性思维、批判性思维。

一方面，学生可以对所在小组的展示、作品等进行深入反思，并对其实施修改和完善。另一方面，各组的反思结果可以通过在线分享的方式进行进一步交流，同时他们也可以及时向同伴或教师反馈遇到的新问题。教师可以在课后针对相关知识点进行测试，并将每个学生的学习数据（包括测试分析、视频学习进度、答疑讨论次数等）进行共享，使学生能够清晰地了解自己的学习状况，从而增强他们的自我学习意识。无论是在课堂教学中进行深层次的思考反馈，还是在教学过程中与同学们进行数据共享，其目的都是提高学生的主体性，让他们对自己存在的问题进行反思，从而为后续的教学设计打下坚实的基础，实现混合式教学设计的闭环。

7.2.5 深度学习理论视域下思政课"三度式"教学学生评价

深度学习理论视域下"三度式"教学学生成绩评价在发展性原则、多样化原则、全程性原则指导下，采取学生互评与教师评价相结合、线上测评与线下评估相衔接、知识掌握程度与问题分析能力共同考量、理论学习与实践活动联合计分等评价方式。（详见图7-2）

由于教学模式的变化，相比传统线下教学，学生成绩评价要素和评价体系会发生相应变化。学生线上、线下学习的每个环节、每个活动都会被纳入成绩考察观测中，可以较全面地反映学生在课程进行过程中的学习状况。

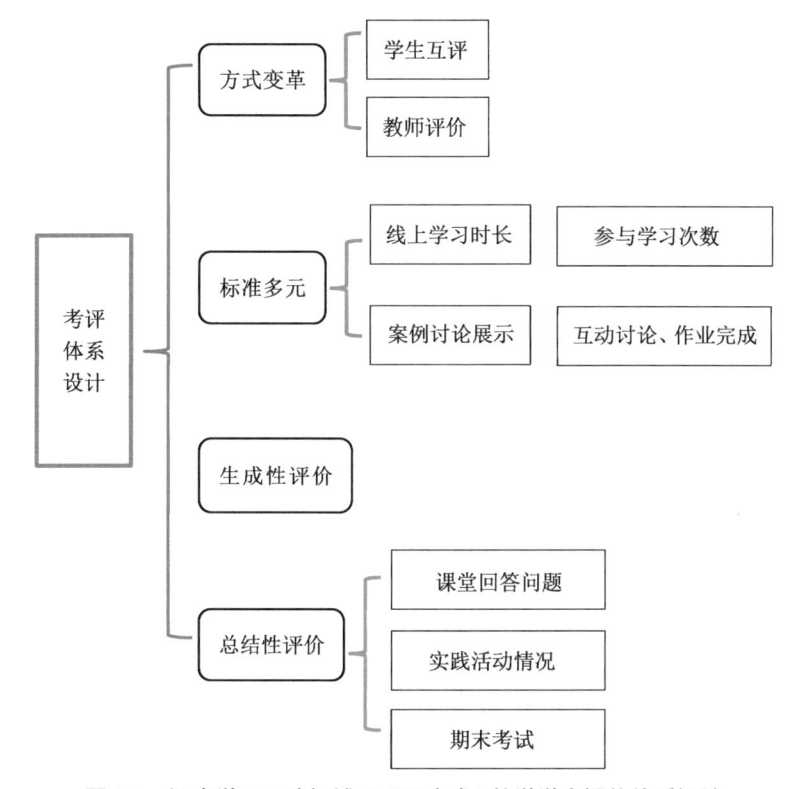

```
考评体系设计
├── 方式变革
│   ├── 学生互评
│   └── 教师评价
├── 标准多元
│   ├── 线上学习时长 ── 参与学习次数
│   └── 案例讨论展示 ── 互动讨论、作业完成
├── 生成性评价
└── 总结性评价
    ├── 课堂回答问题
    ├── 实践活动情况
    └── 期末考试
```

图 7-2　深度学习理论视域下"三度式"教学学生评价体系设计

（1）深度学习理论视域下"三度式"教学学生评价体系特点

① 成绩比例发生变化。深度学习理论视域下"三度式"教学学生评价体系改变了传统成绩评价中期末考试占比过高、成绩评价比较单一的情况。H大学"毛泽东思想和中国特色社会主义理论体系概论"课程期末考试成绩设定占总成绩的40%，平时成绩的比例提升到60%。这样可以更充分地反映出学生在全过程中的学习情况，防止由于"考前突击"或者"发挥失常"等原因，导致期末考试结果不能完全体现出学生的学习态度和状态。

②平时成绩评价内容增加。对学生平时成绩的评价不仅仅局限于线下的课堂中，而是要将线上内容一并纳入其中。在线上学习的情况，主要对学生的自学/预习/复习/讨论等环节进行考察。并且，借助互联网辅助教学手段，可以通过网络辅助平台，对线下课堂学习过程的评价进行自动记录、整理、评分和汇总。所以，相对于传统的教学方式，教师可以在平时的表现上，设

置更多的考核环节，这样就可以避免因为一次表现不好而对平时的表现造成影响的现象。

（2）深度学习理论视域下"三度式"教学学生评价体系的构成

①线上成绩主要包括三个方面，分别是线上学习视频的学习情况、线上测验和线上讨论区的活跃度情况，这些都可以被用来检验日常自学的情况。线上成绩的评价通常包括对学生在线学习过程中的多个方面进行评估，例如参与度、互动性、作业完成情况、测试成绩等。这些评估指标可以反映学生的学习态度、学习能力和学习效果。如果学生积极参与在线讨论、回答问题、完成作业和参与测试，那么他们的线上成绩就会相对较高，这表明他们在自学过程中表现出积极的态度和良好的学习能力。

②线下学习成绩主要由随堂测验、作业成绩和课堂表现三个方面构成。其中，随堂测验的主要目的是检测学生对单个知识点的掌握程度，它能够帮助学生及时了解自己的学习情况，发现自身的不足，同时也能让教师了解学生对知识点的掌握情况，从而适时调整教学进度。随堂测验可以通过互联网教学辅助工具实现自动批改、评分、统计，这大大节省了教师的手工批改时间，使他们能够有更多的精力投入教学资源建设。

作业成绩主要用于检测学生对知识点综合应用的能力，它能够反映学生对所学知识的理解和应用程度。作业通常需要在课后完成，涵盖对所学知识的复习、深化和应用，它能够帮助学生巩固所学知识，同时也能让教师了解学生对知识点的综合应用能力，从而更好地指导学生。

课堂表现则反映了学生在课堂上的参与度、互动性和表现情况。这些评估指标可以全面地反映学生的学习态度、学习能力和学习效果，帮助教师更好地了解学生的学习情况，及时调整教学策略，以提高教学质量。

"以教师为中心"向"以学生为中心"进行教学理念转变的具体体现在于翻转课堂等环节中。翻转课堂是一种线上线下学习过程的纽带，通过它将线上视频课程的学习与课堂教学有机地结合在一起，进一步深化学生的学习效果，同时培养学生的分析、表达和合作能力。

在翻转课堂中，学生首先在线上视频课程中进行自主学习，掌握基本知识和技能，然后回到课堂，由教师选取部分内容进行深入探讨和讨论。这样的教学方式能够给予学生更多的自主学习机会，激发学生的学习兴趣和主动性，提高学生的学习效果。同时，翻转课堂还能够培养学生的分析、表达和合作能力，提高学生的综合素质和技能水平。

③期末考试成绩在传统学习成绩评价体系中所占的比重通常较高，因此有些学生可能会只注重期末考试前的复习，而忽视平时的学习过程。为了解决这个问题，H大学和教师已经开始尝试降低期末考试成绩的比重，并将期末考试成绩的占比降至40%，从而引导学生更加重视课程学习的全过程。

通过降低期末考试成绩的比重，学生将不得不更加注重平时的学习、作业和参与课堂讨论等各个环节。这样可以帮助学生对学习过程有更全面的认识，同时也能够更好地发挥平时学习的价值。此外，这种改变还可以避免"一考定终身"的情况，让每个学生都能够在学习过程中得到更多的机会和挑战。

④思政课实践教学要有重点地进行考查。思政课实践教学重点考查学生在实践活动中是否积极参与，是否能够主动提出建设性意见和想法，是否能够主动完成任务；学生在实践活动中是否能够表现出符合社会主义核心价值观的思想品德和道德观念，是否能够运用所学知识解决实际问题；学生在实践活动中是否能够与团队成员合作，是否能够协调好团队内部的关系，是否能够为团队的成功作出贡献；学生在实践活动中是否能够通过分析、思考、实践等方法解决遇到的问题，是否能够运用所学知识进行深入思考和分析。

第 8 章　结论与展望

高校思政课深度学习理论视域下"三度式"教学有利于实现立德树人的教育根本任务，培养德智体美劳全面发展的学生，打造有温度、有深度、有活跃度的思政课课堂。深度学习可以改变现有浅层教学的不足，让学生从浅层的学习状态中解放出来，深入探究思政知识的内涵和本质，提高思政课学习的效果和效益。本书采用了文献资料法、德尔菲法、问卷调查法、层次分析法等多种研究方法，开展了高校课程思政深度学习内涵、维度、现状、策略、评价标准等方面的研究。

8.1 主要结论

基于深度学习理论的高校思政课"三度式"教学是指一种采用深度学习理论的教学模式，旨在提高高校思政课的教学效果。高校思政课知识碎片化和表层化现象亟须深度学习理论的赋能；深度学习理论和"三度式"思政课堂共同致力于立德树人目标的实现。

（1）深度学习理论对提升高校思政课堂实效性的优势。深度学习理论有利于优化思政课堂教学；高阶思维有利于增强思政课价值引领；知识迁移运用促进思政课教学知行合一。

高校思政课深度学习现状不佳，在不同方面均存在一些亟须解决的问题。在教学主体方面：部分教师职业认知存在偏差，自主教学发展有待提升，教学理论素养参差不齐，教学反思不够，教学学术研究有待加强。教学客体方面：对"00后"大学生的认知特征研究认识不深，对"00后"思维模式和学习需求的掌握有待加强。教学环境方面：百年未有之大变局对思政课提出了新要求，信息技术快速发展对思政课教学提出了新要求和新挑战，多元文化互相激荡、相互影响对思政课提出了新要求。

这些问题出现的原因有：

教学主体方面：教师供给侧和学生需求侧失衡，思政课教师比较重视教学内容的启发性、时代性、科学性，但较少关注教学内容的丰富性、现实性、组织和难易；对教学目标的确定和分层分类教学与考核需要持续提升；在思政课堂上传统教学方法占主导地位，教学改革仍然任重道远；案例教学、情境教学、翻转课堂教学等方面有待进一步探索。

教学客体方面：思政课教师的学情分析表层化、简单化，从而降低了思政课教学的针对性；思政课青年教师的教学资源呈现方式较为单一，其教育信息技术的水平亟待提高。

教学环境方面：实现师生之间的意义交流方面还需要加强。

（2）深度学习视域下高校思想政治理论课"三度式"教学的评价设计指导思想主要包括"六个要"和"八个相统一"；以思政课"金课"标准为主要参照；以落实"立德树人"为基本使命和价值旨归。

深度学习视域下思政课"三度式"教学评价体系需把握好的三对矛盾，包括把握好教师主体评价与学生主体评价的矛盾；处理好定量评价与定性评价之间的矛盾；处理好总结性评价和过程性评价的矛盾。

深度学习视域下思政课"三度式"教学评价体系的设计有利于广大教师在实践中评价深度学习情况。在评价体系设计中要遵循人本主义、建构主义和政策依据；在指标建构上设计了5个一级指标，即思政课深度学习目标、思政课深度学习内容、思政课深度学习组织设计、思政课深度学习学生评价、思政课深度学习反思。13个二级指标，即目标靶向、目标达成、内容选择、内容设计、方法选择、情境创设、时间分配、信息反馈、评价内容、评价方式、目标反思、内容反思、学法反思。32个三级指标，即知识点明确，重难点突出；综合考虑教材、学情；凸显情感、态度、价值观的引领；学习方法明晰；注重对错误言论的驳斥；凸显课堂知识与社会生活现实相结合；综合考虑学情，把教材体系转换为教学体系；教学内容与学生困惑、迷茫相关联；

教学内容以问题链的形式展开；教学内容的设计、讲解符合学生知识迁移规律；能够科学运用合理的教法、模式；注重学生自学方法；师生关系和谐、生生关系融洽；积极创设沉浸式学习情境；融入中华优秀传统文化；融入地方特色文化和社会主义先进文化；教师能很好把握讲授时间善于给课堂留白；学生活动时间科学；学生对教师的授课内容反馈及时有效；教师能够对学生的表现给予积极反馈；评价内容有效；评价内容全面；定量评价与定性评价相结合；过程性评价与形成性评价相结合；评价主体多元、多样；教学目标是否具有适用性；教学目标是否具有实现性；教学内容是否具有超越性；教学内容是否具有适应性；指导学生学习的方法是否科学；学生学习体验是否良好；学生的到课率、抬头率、点头率情况等。一、二、三级指标具有不同权重。

（3）H大学"三度式"教学目标设计通过分解目标、研究学生背景、分析学习内容、教学目标的表述等几个过程完成目标设计。在教学内容设计上，在深度学习理论指导下通过专题教学设计尝试把教材体系转换为教学体系；通过问题链整合对教学内容抽丝剥茧，层层递进；通过对学生困惑的关注，使教学内容更具有思想性、时代性、文化性和实践性。教学组织设计上通过多媒体、党史资料、问题创设、口述史采集等方式创设情境有效组织教学。在教学形式上采用"大班上课、小班研讨""对分课堂""翻转课堂"等形式合理安排教师讲授与学生学习之间的关系。在教学过程上形成了知识准备、问题前测、知识构建、师生交互、展示评价、综合测评六个环节。

8.2 研究展望

由于研究条件、研究者能力等限制，对高校思政课深度学习理论视域下"三度式"教学的研究可能存在一些不足之处。例如：调查样本的数量是一个可能存在的限制因素，样本数量不足可能会影响研究的可靠性和普遍性；"三度式"教学标准的完善也需要进一步探讨，因为不同地区、不同学校可能会有不同的标准，这可能会对研究的可比性造成影响。这些局限性需要研究者继续努力进行深入研究。因此，未来期望在以下几个方面进行进一步的突破：

（1）增加调查样本的数量：由于个人能力的限制，本研究只对河北部分高校的教师和学生进行了抽样问卷调查和分析。在调研地区和数量方面仍显不足，存在一定的局限性。这意味着本研究的结果可能不能代表所有高校思政教师和学生的情况，因此，需要在更广泛的地区和更多样化的学校中进行更全面的调查，以获得更准确和全面的结果。

此外，即使本研究的结果在一定范围内具有代表性，但由于个人能力的限制，仍可能存在其他因素影响结果的准确性和可靠性。因此，需要进一步的研究和探索，以深入了解高校思政课深度学习理论视域下"三度式"教学的现状和问题，并寻求更好的解决方案。

（2）完善"三度式"教学评价标准：完善"三度式"教学评价标准是十分重要的。尽管本课题组已经通过调研制定了相应的科学合理的原则、依据和方法，但客观地讲，该标准仍存在一些不足或不尽合理之处。为了进一步完善深度学习理论视域下"三度式"教学评价标准，需要展开更多的合作与交流，与更多的学者、研究者和高校教师合作，基于观察、评课等方式提高"三度式"教学评价标准的准确性和可靠性。另外，完善"三度式"教学标准是高校思政课发展的重要步骤之一，也是提高思政课教学质量和效果的重要保障之一。在当前高校深度学习领域，由于不同地区、不同学校可能存在不同的标准，这给高校深度学习的比较和分析带来了一定的困难，也影响了思政课教学的规范化和发展。因此，未来需要进一步完善教学标准，以便更好地进行比较和分析。

在后续研究中，可以进一步探讨如何将该评价标准应用于实际教学中，观察其效果并不断完善。同时，也可以研究如何将该评价标准与其他学科的评价标准相结合，以实现全面评价学生的发展水平。通过不断完善和推广应用，相信"三度式"教学评价标准将更加科学、规范，为提高思政课教学质量作出更大的贡献。

（3）在后续的研究中，需要进一步借鉴更多一手外文文献。由于国内外概念界定或翻译存在区别，因此需要进一步研读国外文献，借鉴和补充相应的国外研究成果，为"三度式"教学的发展提供更多支撑。通过不断学习和借鉴，相信"三度式"教学将会得到更广泛的应用和发展。

此外，当前高校深度学习的提出和发展时间有限，国外相关研究也正在发展中。因此，为了更好地了解深度学习的概念和发展趋势，需要进一步借鉴国外的研究成果，尤其是关于高校深度学习的实践经验和教学方法方面的研究。通过借鉴和吸收国外的研究成果，可以为高校"三度式"教学的发展提供更多的思路和指导，促进教学的创新和发展。

最后，借鉴国外的研究成果还可以为"三度式"教学的评价标准提供更多的参考和依据。通过比较国内外的研究成果，可以发现和改进评价标准中的不足和缺陷，使评价标准更加科学、规范和全面。同时，也可以借鉴国外高校教学的成功案例，为我国高校思政课教学提供更多的经验和启示。

（4）进一步融入新的科技与技术：随着科技的发展，未来可以探索新的教学技术和模式，例如元宇宙、数字化技术等，来提高高校思政课"三度式"教学的效果。元宇宙是一种虚拟现实技术，能够为学生提供身临其境的学习体验，增强学生的参与感和体验感，从而提高学生的学习效果和兴趣。在高校思政课"三度式"教学中，可以利用元宇宙技术，创建虚拟的现实场景，让学生亲身感受历史事件、社会现实等，增强学生对所学内容的理解和感受，提高教学效果和学生的兴趣。

数字化技术也是一种新型的教学技术，可以将教学内容数字化，实现信息化、智能化的教学。在高校思政课"三度式"教学中，可以利用数字化技术，开发在线课程、学习平台等，实现远程教学和在线辅导，让学生可以在任何时间和地点进行学习，提高教学效率和学生的自主性。同时，数字化技术还可以实现数据分析和学生评价，为教师提供更准确的教学反馈和指导，进一步提高教学效果和学生的素质。

（5）加强"三度式"教学与其他教学理论和模式的比较研究。与传统的讲授式教学、案例式教学等相比，"三度式"教学具有哪些优势和特点，如何在教学中实现最优效果，需要进行比较研究。

（6）推广"三度式"教学在高校思政课中的应用。在高校思政课中，推广"三度式"教学具有重要意义。通过"三度式"教学，可以改变传统的教学模式，提高学生参与课堂的积极性，增强学生的思考能力和实践能力，从而提高教学效果和学生的素质。在未来研究中，可以进一步推广"三度式"

教学在高校思政课中的应用，探索其在不同课程、不同主题、不同学生群体中的适用性和效果，不断提高教学效果和学生的素质。在未来的研究中，可以进一步探索"三度式"教学在高校思政课中的应用，在不同课程、不同主题、不同学生群体中进行适用性和效果研究，如人文社科、自然科学等领域进一步拓展其应用范围和效果。

参 考 文 献

一、著作类

[1] 习近平. 习近平谈治国理政 [M]. 北京：外文出版社，2014.

[2] 习近平. 习近平谈治国理政（第二卷）[M]. 北京：外文出版社，2017.

[3] 习近平. 习近平谈治国理政（第三卷）[M]. 北京：外文出版社，2020.

[4] 教育部思想政治工作司. 加强和改进大学生思想政治教育重要文献选编 [M]. 北京：知识产权出版社，2015

[5] 中共北京市委教育工作委员会，首都大学生思想政治教育研究中心，北京高校德育研究会. 北京高校德育 30 年 [M]. 北京：北京出版社，2011.

[6] 教育部思想政治工作司. 加强和改进大学生思想政治教育重要文献选编 [M]. 北京：中国人民大学出版社，2008.

[7] 教育部社会科学司. 普通高校思想政治理论课文献选编 [M]. 北京：中国人民大学出版社，2008.

[8] 艾四林，吴潜涛. 北京高校马克思主义理论学科与思想政治理论课建设发展报告 [M]. 北京：人民出版社，2020.

[9] 联合国教科文组织. 反思教育 [M]. 北京：教育科学出版社，2017.

[10] 安德森. 布卢姆教育目标分类学（修订版）[M]. 蒋小平，张琴美，罗晶晶，译. 北京：外语教学与研究出版社，1999.

[11] 陈若松，江轶，陈艳飞. 思想道德修养与法律基础专题式金课教学设计 [M]. 北京：中国书籍出版社，2020.

[12] 陈式华. 基于学科核心素养的中学思想政治教学 [M]. 广州：广东高等教

育出版社，2018.

[13] 陈静静. 学习共同体：走向深度学习 [M]. 上海：华东师范大学出版社，2020.

[14] 陈琦，刘儒德. 当代教育心理学 [M]. 北京：北京师范大学出版社，2007.

[15] 陈文海，熊建文，莫逊男. 高校课程思政优秀教学案例选编 [M]. 广州：广东高等教育出版社，2021.

[16] 陈艳，谢伟光. 微电影实践教学：高校思政课教学模式创新探析 [M]. 北京：社会科学文献出版社，2020.

[17] 陈金生. 高校思政课理论学习与实践指导 [M]. 大连：大连理工大学出版社，2014.

[18] 陈琳. 现代教育技术 [M]. 北京：高等教育出版社，2014.

[19] 陈大白. 北京高等教育文献资料选编 [M]. 北京：首都师范大学出版社，2008.

[20] 崔向平. 深度学习视域下 MOOC 学习活动设计的理论与实践 [M]. 北京：科学出版社，2020.

[21] 崔岚. 高校思政课程建设与大学生人文精神培养 [M]. 北京：北京工业大学出版社，2020.

[22] 杜尚荣，施贵菊，张锦. 中小学要素驱动式课堂变革：基于信息化视角的分析 [M]. 北京：中国社会科学出版社，2022.

[23] 陶行知. 中国教育改造 [M]. 北京：商务印书馆，2017.

[24] 檀传宝. 德育原理 [M]. 北京：北京师范大学出版社，2017.

[25] 丹尼尔·T 威林厄姆. 为什么学生不喜欢上学？：认知心理学家解开大脑学习的运作结构，如何更有效地学习与思考 [M]. 赵萌，译. 北京：中国青年出版社，2023.

[26] 迪伦·威廉. 融于教学的形成性评价 [M]. 王少非，译. 南京：江苏凤凰科学技术出版社，2021.

[27] 方展画. 罗杰斯"学生为中心"教学理论述评 [M]. 北京：科学出版社，1990.

[28] 冯刚，彭庆红，余双好，等. 新时代高校思想政治教育学原理 [M]. 北京：

人民出版社，2021.

[29] 冯刚.探索思想政治教育发展的内生动力 [M].北京：人民出版社，2017.

[30] 高莉.高校思政课建设的逻辑理路与实施路径研究 [M].北京：群言出版社，2022.

[31] 高文，徐斌艳，吴刚.建构主义教育研究 [M].北京：教育科学出版社，2008.

[32] 郭元祥.深度学习：促进学生素养发育的教学变革 [M].福州：福建教育出版社，2021.

[33] 郭元祥.深度学习研究（第 1 辑）[M].福州：福建教育出版社，2019.

[34] 郭彬.新时代高校思政课实践教学改革研究 [M].北京：中国民族文化出版社，2023.

[35] 顾钰民.高校思想政治理论课教学方法研究 [M].上海：复旦大学出版社，2012.

[36] 格兰特·威金斯，杰伊·麦克泰格.追求理解的教学设计 [M].闫寒冰，宋雪莲，赖平，译.上海：华东师范大学出版社，2016.

[37] 胡航.深度学习：理论、实践与研究方法 [M].重庆：西南师范大学出版社，2022.

[38] 赫伯特·马尔库塞.单向度的人：发达工业社会意识形态研究 [M].刘继，译.上海：上海译文出版社，2014.

[39] 姜瑞林.虚拟技术与高校思政课教学改革的深度融合研究 [M].长春：吉林大学出版社，2022.

[40] 金锋，李正元.高校思政课优质教学资源共享：以西部六省区为例 [M].北京：社会科学文献出版社，2022.

[41] 居继清.立德树人视阈下大学生核心价值观培育研究 [M].南昌：江西人民出版社，2016.

[42] 侯丹娟.高校课程思政建设研究 [M].北京：中国经济出版社，2023.

[43] 孔令启.活动型学科课程的实践与思考 [M].西安：陕西师范大学出版社，2019.

[44] 卡腾，等.融合教学实践 [M].杨希洁，译.上海：华东师范大学出版社，

2015.

[45] 凯斯·桑斯坦. 信息乌托邦 [M]. 毕竟悦，译. 北京：法律出版社，2008.

[46] 骆郁廷. 高校思想政治理论课程论 [M]. 武汉：武汉大学出版社，2006.

[47] 刘国平. 学科育人：深度学习的行动研究 [M]. 福州：福建教育出版社，2020.

[48] 刘月霞，郭华. 深度学习：走向核心素养 [M]. 北京：教育科学出版社，2018.

[49] 刘月霞、郭华. 深度学习：走向核心素养（理论普及读本）[M]. 北京：教育科学出版社，2018.

[50] 刘静. 以问题为导向的教学设计研究 [M]. 北京：现代出版社，2021.

[51] 刘丽丽. 新常态背景下高校思政课教学改革与探索 [M]. 哈尔滨：北方文艺出版社，2021.

[52] 刘耀京. 高校思政课激励机制研究 [M]. 北京：人民出版社，2022.

[53] 刘宝杰，杨世宏. 高校思想政治理论课实践教学 [M]. 北京：光明日报出版社，2021.

[54] 刘建军. 马克思主义基本原理与当代中国思想政治教育专题研究 [M]. 北京：中国人民大学出版社，2018.

[55] 李松林. 回归课堂原点的深度学习 [M]. 北京：科学出版社，2017.

[56] 李腊生. 高等教育基本规律视阈下的思政课教学改革与创新 [M]. 武汉：武汉大学出版社，2021.

[57] 李鸿雁，张雪. 高校思政课教学改革与创新研究 [M]. 延边：延边大学出版社，2022.

[58] 李双印. 高校思政课教学改革的思与行 [M]. 青岛：中国海洋大学出版社，2022.

[59] 李建华，王洪树. 四川大学思想政治理论课教学改革研究 [M]. 成都：四川大学出版社，2022.

[60] 李正风，丛杭青，王前. 工程伦理 [M]. 北京：清华大学出版，2016.

[61] 李红霞，邓文钱. 高校课程思政：共识、设计与实践 [M]. 北京：清华大学出版社，2021.

[62] 李建斌.高校思政课加强铸牢中华民族共同体意识教育案例精编[M].中北京：国财政经济出版社，2022.

[63] 李彦宏.智能革命[M].北京：中信出版社，2017.

[64] 李芳.高校思想政治理论课教学方法科学化研究[M].北京：中央编译出版社，2018.

[65] 梁青.四维联动学数学：一位小学教研员30年深度学习手记[M].青岛：中国海洋大学出版社，2022.

[66] 梁柱，龚书铎.警惕历史虚无主义思潮[M].北京：人民出版社，2006.

[67] 梁学平，姜达洋.新文科背景下财经类高校课程思政改革与一流专业建设路径的探索研究[M].天津：天津人民出版社，2023.

[68] 林崇德.21世纪学生发展核心素养研究[M].北京：北京师范大学出版社，2016.

[69] 林毅夫，供给侧结构性改革[M].北京：民主与建设出版社，2016.

[70] 罗恩·理查德，马克·丘奇.思维可视化教学[M].北京：中国青年出版社，2022.

[71] 罗伯特·J.马扎诺.高度参与的课堂：提高学生专注力的沉浸式教学[M].白洁，译.中国青年出版社，2019.

[72] 罗伯特·斯莱文.教育心理学：理论与实践[M].吕红梅，姚梅林，译.北京：人民邮电出版社，2016.

[73] 罗军强.高校思政课实践教学教程[M].长沙：中南大学出版社，2015.

[74] 勒玉乐.对话教学[M].成都：四川教育出版社，2006.

[75] 鲁斌，等.人工智能及应用[M].北京：清华大学出版社，2017.

[76] 骆郁廷.高校思想政治理论课程论[M].武汉：武汉大学出版社，2007.

[77] 冷舜安.学习 实践 认识[M].广州：世界图书出版广东有限公司，2011.

[78] 陆海霞，徐秦法."形势与政策"课专题式教学热点难点问题解析[M].南宁：广西人民出版社，2017.

[79] 莫妮卡·R马丁内斯.深度学习：批判性思维与自主性探究式学习[M].唐奇，译.北京：中国人民大学出版社，2019.

[80] 麦克·格尔森.如何设计深度学习的课堂[M].刘卓，齐雯，吕瑶，译.北

京：中国青年出版社，2022.

[81] 莱斯利·P 斯特弗，杰里·盖尔.教育中的建构主义 [M]. 高文，徐武艳，程可拉，等译.上海：华东师范大学出版社，2002.

[82] 马立诚.当代中国八种社会思潮 [M].北京：社会科学文献出版社，2012.

[83] 马海涛.研究生课程思政教学改革与实践 [M].北京：中国财政经济出版社，2023

[84] 马俊杰.大学生思想政治教育战略规划 [M].北京：中国传媒大学出版社，2010.

[85] 沈春雪.议题式教学简论 [M].西安：陕西师范大学出版总社，2018.

[86] 石教英.虚拟现实基础及实用算法 [M].北京：科学出版社，2002.

[87] 莎娜·皮普斯.深度学习：运用苏格拉底式提问法有效开展备课设计和课堂教学 [M].张春依，田晋芳，译.北京：中国青年出版社，2020.

[88] 石国华.高校思政课程改革与教师职业素养提升 [M].长春：吉林大学出版社，2023.

[89] 史晓燕.教师教学评价：主体·标准·模式·方法 [M].北京：北京师范大学出版社，2018.

[90] 史忠植，王文杰.人工智能 [M].北京：国家工业出版社，2007.

[91] 漳州城市职业学院课题组.谷文昌精神融入思政课教学案例精选 [M].厦门：厦门大学出版社，2020.

[92] 皮亚杰.结构主义 [M].倪连生，王琳，译.北京：商务印书馆，1984：84.

[93] 田俊国.让学习真正在课堂上发生：基于学习状态、高度参与、课堂生态的深度学习 [M].北京：中国青年出版社，2022.

[94] 藤学.教师的挑战 [M].上海：华东师范大学出版社，2012.

[95] 内拉·A 康纳斯.通过积极的师生关系提升学生成绩：给教师的行动清单 [M].郑露荣，译.北京：中国青年出版社，2022.

[96] 韦伯.怎样评价学生才有效：促进学习的多元化评价策略 [M].陶志琼，译.北京：中国轻工业出版社，2016.

[97] 韦伯.有效的学生评价 [M].王连诚，译.北京：中国轻工业出版社，2003.

[98] 王玉强.深度学习：构建优质高效课堂的方法 [M].上海：华东师范大学出

版社，2012.

[99] 王小英.幼儿深度学习的理论与实践探索研究[M].北京：清华大学出版社，2022.

[100] 王运武，于长虹.智慧校园：实现智慧教育的必由之路[M].北京：电子工业出版社，2016.

[101] 王作冰.人工智能时代的教育革命[M].北京：北京联合出版公司，2017.

[102] 王桂芝，马小芳.《毛泽东思想和中国特色社会主义理论体系概论》问题导入式专题教学研究[M].北京：九州出版社，2017.

[103] 吴康宁.课堂教学社会学[M].南京：南京师范大学出版社，1999.

[104] 吴疆.现代教育技术与综合学科课程整合方法与实践[M].北京：人民邮电出版社，2007.

[105] 徐德兵.深度学习的内在维度[M].上海：华东师范大学出版社，2022.

[106] 徐建军.大学生网络思想政治教育理论与方法[M].北京：人民出版社，2010.

[107] 徐园媛，戴倩.基于接受理论视阈的社会主义核心价值观教育研究[M].成都：电子科技大学出版社，2016.

[108] 徐园媛，戴倩."德心共育"—高校思想政治教育的新视角[M].成都：电子科技大学出版社，2016.

[109] 徐园媛.大学生思想政治教育心理接受机制构建[M].成都：西南交通大学出版社，2013.

[110] 徐园媛.研究生思想政治教育创新模式构建[M].成都：西南交通大学出版社，2014.

[111] 徐玉生.高校思想政治理论课"启拓教学"研究[M].北京：人民出版社，2019.

[112] 谢俊.虚拟自我论[M].北京：中国社会科学出版社，2011.

[113] 谢玉进.网络人机互动：网络实践的技术视野[M].北京：人民出版社，2013.

[114] 袁桂林.当代西方道德教育理论[M].福州：福建教育出版社，2005.

[115] 袁贵仁.价值观的理论与实践[M].北京：北京师范大学出版社，2013.

[116] 袁小明，胡炳生，周焕山.数学思想发展简史[M].北京：高等教育出版社，1992.

[117] 余文森.核心素养导向的课堂教学[M].上海：上海教育出版社，2017.

[118] 约翰·杜威.道德教育原理[M].王承绪，等译.杭州：浙江教育出版社，2003.

[119] 约翰·D布兰斯福特，等.人是如何学习的：大脑、心理、经验及学校[M].程可拉，等译.上海：华东师范大学出版社，2013.

[120] 尤尔根·哈贝马斯.交往行为理论（第一卷）[M].曹卫东，译.上海：上海人民出版社，2004.

[121] 游建军.思想政治理论课实践教学探索[M].成都：巴蜀书社，2011.

[122] 鄢显俊.高校思政课教育实验研究[M].北京：高等教育出版社，2016.

[123] 杨立英.网络思想政治教育论[M]北京：人民出版社，2003.

[124] 杨道宇.以事为本的课程理论[M].北京：中央编译出版社，2013.

[125] 杨现民，等.信息时代智慧教育研究[M].上海：上海交通大学出版社，2013.

[126] 姚宏宇，田溯宁.云计算：大数据时代的系统工程（修订版）[M].北京：电子工业出版社，2016.

[127] 叶瑞碧，知行合一的教学反思[M].厦门：厦门大学出版社，2019.

[128] 钟启泉.深度学习[M].上海：华东师范大学出版社，2021.

[129] 郑毓信.数学深度学习的理论与实践[M].南京：江苏凤凰教育出版社，2022.

[130] 郑永延.思想政治教育方法论（修订版）[M].北京：高等教育出版社，2010.

[131] 曾建超，俞志和.虚拟现实的技术及应用[M].北京：清华大学出版社，1996.

[132] 张艳青.新时代高校思政课教学改革的研究与实践[M].长春：吉林大学出版社，2023.

[133] 张明海.社会主义核心价值观融入高校思政理论课教学研究[M].北京：

人民出版社，2022.

[134] 张瑞. 情境适应性教学评价研究 [M]. 北京：科学出版社，2023.

[135] 张耀灿，陈万柏. 思想政治教育学原理 [M]. 北京：高等教育出版，1999.

[136] 张耀灿，郑永廷. 现代思想政治教育学 [M]. 北京：人民出版社，2006.

[137] 张玉宏. 品味大数据 [M]. 北京：北京大学出版社，2016.

[138] 张文峰，陈申宏. 思想政治理论课实训教程 [M]. 广州：暨南大学出版社，2011.

[139] 张东，傅鸿洲，沈笑莉，等. 形势与政策教学案例集 [M]. 杭州：浙江工商大学出版社，2020.

[140] 赵建喆，谭振华. 大数据背景下不确定性人工智能中的知识表达、知识获取及推理 [M]. 沈阳：东北大学出版社，2016.

[141] 赵波. 高校"双师思政课"协同育人模式创新与实践 [M]. 北京：中国国际广播出版社，2022.

[142] 赵国栋，易欢欢，徐远重. 元宇宙 [M]. 北京：中译出版社，2021.

[143] 赵付科.《中国近现代史纲要》热点难点专题教学研究 [M]. 济南：山东人民出版社，2017.

[144] 詹全友. 高校思政课公选课"三分课堂"建构与实践研究 [M]. 武汉：武汉大学出版社，2021.

[145] 周兵. 现代体育课程评价论纲 [M]. 北京：人民体育出版社，2008.

[146] 周玉，王文. 大数据及其可视化 [M]. 北京：中国铁道出版社，2016.

[147] 周中之. 现代思想政治教育理论与实践探微 [M]. 北京：人民出版社，2009.

[148] 周金堂. 革命传统教育概论 [M]. 北京：人民出版社，2020.

[149] 邹绍清. 当代思想政治教育方法论发展研究 [M]. 北京：人民出版社，2013.

[150] 钟启泉. 课程与教学概论 [M]. 上海：华东师范大学出版社，2003.

[151] National Research Council.Education for lifeand work：Developing transferable knowledge and skills in the 21st century[M].Washington，DC：

National Academies Press，2012.

[152] Nkambou R，Mizoguchi R，Bourdeau J. Advances in Intelligent Tutoring Systems[M]. Berlin：Springer Heidelberg，2010.

二、期刊类

[1] 安富海.翻转课堂：从"时序重构"走向"深度学习"[J].教育科学研究，2018（3）：71-75.

[2] 安富海.促进深度学习的课堂教学策略研究[J].课程·教材·教法，2014（12）：57.

[3] 安富海.人工智能时代的教学论研究：聚焦深度学习[J].西北师大学报（社会科学版），2020（5）：119-126.

[4] 安富海.项目化学习的实践困境及改进策略研究[J].上海师范大学学报（哲学社会科学版），2022，51(4)：119-125.

[5] 卜彩丽，冯晓晓，张宝辉.深度学习的概念、策略、效果及其启示[J].远程教育，2016（5）：75-82.

[6] 白夜昕.高校思想政治理论课专题化教学中常见问题与对策研究[J].思想理论教育导刊，2020（3）：106-109.

[7] 崔强，宋丹.供给侧改革视域下如何提升高校思想政治教育质量[J].中国高等教育，2020（3）：36-38.

[8] 楚金存.新媒体背景下高校思政课混合式教学模式研究[J].山西青年职业学院学报，2018（4）：106-109.

[9] 陈静，陈吉颖，郭凯.混合式学术英语写作课堂中的学习投入研究[J].外语界，2021（1）：41-43.

[10] 陈婧.论基于混合式教学的高校创新人才培养模式[J].中国人民大学教育学刊，2022（1）：87-98.

[11] 陈朝晖，王达诠，陈名弟，等.基于知识建构与交互学习的混合式教学模式研究与实践[J].中国大学教学，2018（8）：33-37.

[12] 陈丽明.对高校思想政治理论课实践教学的思考[J].思想理论教育导刊，

2010（2）：70-72.

[13] 陈阳，洪方恩.《与大数据同行：学习和教育的未来》提要 [J]. 中国多媒体与网络教学学报（电子版），2017（1）：70-72.

[14] 陈颖. 大数据发展历程综述 [J]. 当代经济，2015（8）：13-15.

[15] 丁柏铨. 别将意见领袖视为"异见领袖" [J]. 人民论坛，2013（12）：64-65.

[16] 冯春芳，成长春. 理解网络思想政治教育涵义的新视角 [J]. 江淮论坛，2004（6）：153-155.

[17] 冯刚. 创新网络思想政治教育的几点思考 [J]. 学校党建与思想教育，2014（5）：4-6.

[18] 冯刚. 新媒体技术的思想政治教育功能研究 [J]. 北京教育，2009（10）：50-54.

[19] 冯刚. 新形势下推动高校网络文化建设的思考与实践 [J]. 思想教育研究，2015（8）：1-3.

[20] 范莉. 如何实现"课堂科研化、科研课堂化"：关于高校外语教师开展行动研究的调查报告 [J]. 北京第二外国语学院学报，2019（4）：104-115.

[21] 冯晓英，孙雨薇，曹洁婷. 互联网+时代的混合式学习：学习理论与教法学基础 [J]. 中国远程教育，2019（2）：7-16.

[22] 冯小英，王瑞雪，吴怡君. 国内外混合式教学研究现状述评：基于混合式教学的分析框架 [J]. 远程教育，2018（3）：13-24.

[23] 冯川钧. 高校混合式教学存在的问题及对策分析 [J]. 中国成人教育，2017（21）：82-85.

[24] 冯川钧. 中国高等教育管理学的发展研究：评《高等教育管理学》[J]. 高教探索，2018（6）：135.

[25] 范红凤. 思想道德修养与法律基础信息化教学实效性研究 [J]. 黑龙江高教研究，2015（5）：168-170.

[26] 冯嘉慧. 深度学习的内涵与策略：访俄亥俄州立大学包雷教授 [J]. 全球教育展望，2017（9）：3-12.

[27] 冯晓英，王瑞雪，吴怡君. 国内外混合式教学研究现状述评：基于混合

式教学的分析框架[J].远程教育杂志,2018,36(3):13-24.

[28] 冯晓英,孙雨薇,曹洁婷.互联网+时代的混合式学习:学习理论与教法学基础[J].中国远程教育,2019(2):7-16.

[29] 郭华.深度学习及其意义[J].课程·教材·教法,2016,36(11):25.

[30] 高峰,陆玲.高职院校思政课线上线下混合式教学模式研究[J].淮南职业技术学院学报,2020(1):17-18.

[31] 高霄,李正栓,王密卿.疫情防控背景下高校在线外语教学形态调查研究[J].外语电化教学,2021(3):18-19.

[32] 高继国,张春和,吴仁明.高校思想政治理论课实践教学评价体系构建[J].中国青年政治学院学报,2014,33(5):88-89.

[33] 高东辉,于洪波.美国"深度学习"研究40年:回顾与镜鉴[J].外国教育研究,2019(1):14-26.

[34] 黄志芳,周瑞婕,赵呈领,等.面向深度学习的混合式学习模式设计及实证研究[J].中国电化教育,2019(11):120-128.

[35] 黄荣怀等.在线学习的七个事实:基于超大规模在线教育的启示[J].现代远程教育研究,2021(3):3-11.

[36] 郝丹梅,杨文选.习近平关于思想政治教育的方法论对高校思想政治教育的启示[J].学校党建与思想教育,2020(6):14-16.

[37] 何克抗.深度学习:网络时代学习方式的变革[J].教育研究,2018(5):111-115.

[38] 何克抗.从Blending Learning看教育技术理论的新发展(上)[J].中国电化教育,2004(3):1-6.

[39] 何克抗.如何实现信息技术与教育的"深度融合"[J].课程·教材·教法,2014(2):32.

[40] 郝冬梅,陈志嚣,杨洋.高职院校思政课线上线下混合式教学模式探究[J].辽宁高职学报,2017(11):35-37.

[41] 贾志国,曾辰.自主化深度学习:新时代教育教学的根本转向[J].中国教育学刊,2019(4):1-5.

[42] 姜琳琳,周盼盼.用习近平新时代中国特色社会主义思想铸魂育人的三

维向度[J].长春理工大学学报（社会科学版），2019（6）：1-4.

[43] 刘震，陈东.指向深度学习的混合式慕课教学模式探究[J].现代教育技术，2019（5）：85-91.

[44] 刘建璋.新时代铸魂育人的要素构成、现实表征与实践理路：基于习近平关于铸魂育人重要论述的探析[J].广西社会科学，2019（12）：14-19.

[45] 刘玲.新时代铸魂育人思想内涵探析[J].长江丛刊，2020（36）：16.

[46] 刘震，陈东.指向深度学习的混合式慕课教学模式探究[J].现代教育技术，2019（5）：85-91.

[47] 李寒梅，社会主义核心价值观教育内化：高校思政课教学的关键[J].思想理论教育导刊，2021（2）：137-140.

[48] 李懋君.以红色文化教育为抓手 提升高校思想政治理论课的实效性[J].遵义师范学院学报，2017，19（5）：123-125.

[49] 李松林，贺慧，张燕.深度学习究竟是什么样的学习[J].教育科学研究，2018（10）：54-58.

[50] 李逢庆.混合式教学的理论基础与教学设计[J].现代教育技术，2016（9）：18-24.

[51] 李逢庆，王新华，赵建民.混合式课程建设项目的顶层设计与实施策略[J].现代教育技术，2018，28（6）：32-38.

[52] 李逢庆.混合式教学的理论基础与教学设计[J].现代教育技术，2016，26（9）：18-24.

[53] 李超民，宋以红.信息化时代高校思想政治理论课混合式教学方法创新[J].华北电力大学学报（社会科学版），2019（5）：115-124.

[54] 李超民，谭拼.高中思政课教学应充分应用"学习强国"学习平台资源[J].中学政治教学参考，2023（35）：59-62.

[55] 李利，高燕红.促进深度学习的高校混合式教学设计研究[J].黑龙江高教研究，2021，39（5）：148-153.

[56] 李红权，张春宇.用习近平新时代中国特色社会主义思想铸魂育人的内在机理分析[J].思想理论教育，2019（7）：43-48.

[57] 李邢西.高校思想政治理论课实践教学考核评价机制构建研究[J].思想教

育研究，2017（1）：42.

[58] 李邢西，郭继武.本土历史资源融入《中国近现代史纲要》教学的价值和应用探析：以北京近现代历史资源为例[J].长江丛刊，2017（32）：220-221.

[59] 凌小萍，张荣军，严艳芬.高校思政课线上线下混合教学模式研究[J].学校党建与思想教育，2020（10）：46-49.

[60] 刘哲雨，郝晓鑫，曾菲，等.反思影响深度学习的实证研究：兼论人类深度学习对机器深度学习的启示[J].现代远程教育研究，2019（1）：87-95.

[61] 柳叶青.国外教育领域数据驱动决策研究述评[J].上海教育科研，2013（9）：14-18.

[62] 马川."00后"大学生心理健康水平的实证研究：基于近两万名2018级大一学生的数据分析[J].思想理论教育，2019（3）：95-99.

[63] 马云鹏.深度学习视域下的课堂变革[J].全球教育展望，2018，47（10）：52-63.

[64] 马婧.联通主义视域下高校混合式教学研究[J].河南大学学报（社会科学版），2019，59（6）：123-127.

[65] 齐艳霞，曲洪波，赵冰梅.新时代高校思政课专题教学理论研讨与实践路径探析："全国高校思政课专题教学理论与实践"研讨会综述[J].思想理论教育导刊，2020（6）：155-156.

[66] 秦美青.混合式教学模式下高等数学课程的设计与实施[J].大学教育，2019（10）：98-100.

[67] 彭飞霞，阳雯.混合学习如何加深学习深度[J].现代远距离教育，2017（2）：31-39.

[68] 佘双好.提升思想政治理论课教学质量的规律探讨[J].中国高校社会科学，2018（2）：27-35.

[69] 阮云志.高校思政课自建在线课程及混合式教学模式探索[J].山西高等学校社会科学学报，2018，30（1）：39-42.

[70] 商志晓.打牢铸魂育人的思想支撑[J].成才之路，2020（27）：1.

[71] 孙武安.增强思想政治理论课专题教学的实效性[J].中国高等教育,2018（21）：41-43.

[72] 孙武安.高校党委在办好思想政治理论课中的关键作用[J].中国高等教育,2019（20）：28-29.

[73] 孙静.信息化网络化条件下高职思政课混合式教学模式的构建[J].天津职业院校联合学报,2017（1）：73.

[74] 沈壮海,刘灿.论新时代思想政治教育的高质量发展[J].思想理论教育,2021（3）：4-10.

[75] 沈震.高校思想政治理论课直播互动教学研究[J].思想理论教育,2020(6)：59-64.

[76] 沈震.思想政治理论课全员深度互动教学的新思考[J].思想理论教育导刊,2018（12）：102-106.

[77] 沈壮海,王芸婷.用习近平新时代中国特色社会主义思想铸魂育人[J].思想理论教育,2020（6）：40-46.

[78] 苏海舟.新时代高校思想政治理论课案例教学体系的思考与构建[J].民族教育研究,2020,31（5）：27-33.

[79] 谭爽.指向深度学习的高校"混合式教学"模式建构[J].中国高等教育,2019（6）：26.

[80] 汤勃,孔建益,曾良才,等."互联网+"混合式教学研究[J].高教发展与评估,2018,34（3）：90-99.

[81] 钱旭升.论深度学习的发生机制[J].课程·教材·教法,2018,38（9）：68-74.

[82] 王喜满,黎亚茹.高校思想政治理论课"三三制"实践教学模式探索：以辽宁大学思政课改革为例[J].思想政治教育研究,2020（5）：89-93.

[83] 王宇,张发钦,覃雪梅,等.大学生自主学习方式与高校思政课实践教学模式适配性调查分析[J].学校党建与思想教育,2018（19）：68-70.

[84] 王宇,黄少洪,吴显华.社会主义核心价值观视域下英雄精神的传播策略[J].通化师范学院学报,2022,43（3）：47-54.

[85] 王胜清,冯雪松.基于慕课的混合式教学的设计与实践[J].现代教育技术,

2017（11）：71-77.

[86] 王佑镁，祝智庭. 从联结主义到联通主义：学习理论的新取向 [J]. 中国电化教育，2006（3）：5-9.

[87] 王佑镁，王旦，唐皓. 职业教育元宇宙的应用场景、现实困境与消解路径 [J]. 职教论坛，2023，39（11）：13-22.

[88] 吴井娴. 通过对话来学习：佐藤学的学习共同体述评 [J]. 上海教育科研，2016（1）：3.

[89] 吴争春，于天真，狄神武. 高校思政课混合式教学之"道""术""效"[J]. 思想政治教育研究，2020，36（3）：63-67.

[90] 伍红林. 论指向深度学习的深度学习变革 [J]. 课程与教学，2019（1）：55-60.

[91] 温雪. 深度学习研究综述：内涵、教学与评价 [J]. 全球教育展望，2017（11）：26.

[92] 习近平. 决胜全面建成小康社会 夺取新时代中国特色社会主义伟大胜利：在中国共产党第十九次全国代表大会上的报告 [J]. 党建，2017（11）：3-30.

[93] 徐建飞，王莹. 新时代高校思政课供给侧结构性改革：意涵、问题与路径 [J]. 广西社会科学，2021（2）：169-174.

[94] 谢惠媛. 混合教学：推进高校思想政治理论课创新的有效方式 [J]. 国家教育行政学院学报，2017（21）：38-42.

[95] 夏正江. 我们的教育评价能促进学生发展吗？（上）[J]. 教育发展研究，2011（10）：36.

[96] 解筱杉，朱祖林. 高校混合式教学质量影响因素分析 [J]. 中国远程教育，2012（10）：9-14.

[97] 闫莉玲. 协同理论视域下新思想铸魂育人路径探析 [J]. 教育现代化，2020（8）：36.

[98] 闫伟奇，喜调儿. 高校思想政治课铸魂育人的三重进路 [J]. 吉林省教育学院学报，2020，36（1）：40-44.

[99] 余明华，冯翔，祝智庭. 人工智能视域下机器学习的教育应用与创新探索 [J]. 远程教育杂志，2017（3）：11-21.

[100] 于歆杰. 论混合式教学的六大关系 [J]. 中国大学教学，2019（5）：14-18.

[101] 杨现民，骆娇娇，刘雅馨，等. 数据驱动教学：大数据时代教学范式的新走向 [J]. 电化教育研究，2017（12）：13-20.

[102] 杨现民，赵鑫硕，陈世超. "互联网+"时代数字教育资源的建设与发展 [J]. 中国电化教育，2017（10）：51-59.

[103] 杨现民，王娟，李新. 加强国家智慧教育平台数据治理：经验洞察与路径优化 [J]. 中国电化教育，2023（9）：69-75.

[104] 杨文霞，何朗，万源. 面向能力培养和计算思维训练的线性代数混合式教学改革与实践 [J]. 大学数学，2018（6）：45-51.

[105] 庄三红. 互动式教学在思想政治理论课中的热运用与冷思考 [J]. 思想理论教育导刊，2019（3）：85-88.

[106] 詹泽慧，梁婷，马子程. 基于虚拟助理的远程学习支持服务及技术难点 [J]. 现代远程教育研究，2014（6）：95-103.

[107] 赵延燕. 融媒体环境下高校英语混合式教学模式探索 [J]. 教育理论与实践，2019（24）：63-64.

[108] 赵鬼，姚海莹. 基于蓝墨云班课的混合式教学行为研究：以现代教育技术课程为例 [J]. 现代教育技术，2019（5）：46-52.

[109] 赵文杰，冯侨华，张玉萍. 基于构建性学习的"互联网+"混合式教学理论研究 [J]. 黑龙江教育（高教研究与评估），2019（4）：24-26.

[110] 郑静. 国内高校混合式教学现状调查与分析 [J]. 黑龙江高教研究，2018（12）：44-48.

[111] 郑葳，刘月霞. 深度学习：基于核心素养的教学改进 [J]. 教育研究，2018（11）：56-60.

[112] 张有奎，彭元清. 高校思想政治理论课专题教学的若干关系探析 [J]. 思想理论教育，2022（1）：77-82.

[113] 张衔，杜波. 供给侧结构性改革的理论逻辑和本质属性 [J]. 理论视野，2021，255（5）：42-48.

[114] 张苗苗. 论思想政治理论课案例教学的原则与限度 [J]. 思想理论教育导

刊，2021(3)：88-91.

[115] 张伟莉.供给侧结构性改革对新时代高校思想政治教育内涵式发展的借鉴和启示[J].中国高等教育，2019（6）：31-33.

[116] 张春兰，李子运.创客空间支持的深度学习设计[J].现代教育技术，2015，25（1）：25-31.

[117] 张广录.AI思维视角下的语文教学变革[J].中学语文教学，2017（7）：14-17.

[118] 张浩，吴秀娟，王静.深度学习的目标与评价体系构建[J].中国电化教育，2014（7）：51-55.

[119] 张剑平.机器人教育：现状、问题与推进策略[J].中国电化教育，2006（12）：65-68.

[120] 党西民.国家战略下的地方大数据规划比较研究[J].特区经济,2016(7)：25.

[121] 张晓娟，吕立杰.指向深度学习的课堂学习共同体建构[J].基础教育，2018，15（3）：35-41.

[122] 张良.深度学习"深"在哪里[J].课程·教材·教法，2019（7）：25.

[123] 张丽军，孙有平.我国体育教师教学能力评价：反思与建构[J].山东体育学院学报，2021，37（1）：67-73.

[124] 张丽军，孙有平.大数据驱动的体育精准教学模式研究[J].天津体育学院学报，2022，37（2）：174-180.

[125] 张艳国，凌日飞.论新时代高校思想政治教育铸魂育人的理论意蕴与实践路径：学习习近平关于高校思想政治教育的重要论述[J].社会主义研究，2019（4）：17-24.

[126] 赵畅.2020年度高校思想政治理论课教学研究成果聚焦[J].学校党建与思想教育，2021（17）：31-35.

[127] 周泽红，杨洋."1+4"教学模式在研究生思政课教学改革中的运用及完善：以上海交通大学思政课实践教学改革为例[J].现代教育科学，2018（1）：123-128.

[128] 周鉴.基于大学生精神需求的高校思政课供给侧改革研究[J].学校党建

与思想教育，2021（14）：59-61.

[129] 朱立明，冯用军，马云鹏. 论深度学习的教学逻辑 [J]. 教育科学，2019，35（3）：14-20.

[130] 朱立明，宋乃庆. STEAM 教育理念下深度学习测评指标体系构建研究 [J]. 四川师范大学学报（社会科学版），2022，49（4）：125-133.

[131] 朱文辉. 指向深度学习的反转课堂教学设计 [J]. 教育科学研究，2020(5)：13.

[132] 祝智庭，管珏琪. 教育变革中的技术力量 [J]. 中国电化教育，2014（1）：1-9.

[133] 祝智庭，彭红超. 深度学习：智慧教育的核心支柱 [J]. 中国教育学刊，2017（5）：36-45.

[134] 祝智庭. 对基础教育数字化转型行动要有新认知 [J]. 人民教育，2023(3)：1.

[135] 曾明星，李桂平，周清平. MOOC 与翻转课堂融合的深度学习场域建构 [J]. 现代远程教育研究，2016（1）：41-49.

[136] 曾明星，李桂平，周清平，等. 从 MOOC 到 SPOC：一种深度学习模式建构 [J]. 中国电化教育，2015（11）：28-34.

[137] 曾明星，黄伟."互联网 +"背景下创客教育与专业教育融合的路径探索 [J]. 现代远程教育研究，2017（3）：67-75.

[138] 曾明星，吴吉林，徐洪智，等. 深度学习演进机理及人工智能赋能 [J]. 中国电化教育，2021（2）：28-35.

[139] Chengzhen Yu.Analysis on the Ideological and Political Education Function of Major Commemorative Activities[J].Scientific and Social Research，2021（5）：163-168.

[140] Lena L，Thomas M.All for One or One for All：An Analysis of the Concepts of Patriotism and Others in Multicultural Korea Through Elementary Moral Education Textbooks[J].The Asia-Pacific Education Researcher，2014（12）：4-11.

[141] Lanbing T.Research on the Problem that Youth is the Main Target Audience

of Ideological and Political Education[J].Frontier of Higher Education, 2021（14）: 253-260.

[142] Bee P T, et al.Moral values and good citizens in a multi-ethnic society: A content analysis of moral education textbooks in Malaysia[J]. The Journal of Social Studies Research, 2018（5）: 119-134.

[143] Bamkin S.Reforms to strengthen moral education in Japan: a preliminary analysis of implementation in schools[J].Contemporary Japan, 2018（4）: 78-96.

[144] Flaherty J O, et al. McCormack.The teachers put effort into teaching us about life, and what's right and what's wrong: values and moral education in publicly-managed schools in Ireland[J].Journal of Beliefs & Values, 2017（4）: 45-56.

[145] Daniliuk A I, et al. The Spiritual and Moral Education of Russia's School Students[J]. Russian Education & Society, 2010（3）: 3-18.

[146] Ryleeva A S, et al.Features of education of patriotism in children of primary school age by means of folklore[J]. SHS Web of Conferences, 2021（5）: 4-19.

[147] Ernesto T, et al.Influence of teachers and schools on students' civic outcomes in Latin America[J]. The Journal of Educational Research, 2017（4）: 604-618.

[148] Emel ianova T G, Loginova E.The Value Orientations of College Students[J]. Russian Education & Society, 2001（6）: 203-212.

[149] Petrovica S, Anohina-Naumeca A, Ekenel H K.Emotion Recognition in Affective Tutoring Systems: Collection of Ground-truth Data[J]. Procedia Computer Science, 2017（104）: 437-444.

[150] Peng Y X, Zhu W W, Zhao Y, et al.Cross-media analysis and reasoning: advances and directions[J].Frontiers of Information Technology & Electronic Engineering, 2017（1）: 44-57.

[151] Petrovica S, Anohina-Naumeca A, Ekenel H K. Emotion Recognition In Affective Tutoring Systems: Collection of Ground-truth Data[J]. Procedia

Computer Science, 2017 (104): 437-444.

[152] Peng Y X, Zhu W W, Zhao Y, et al. Cross-media analysis and reasoning: advances and directions[J].Frontiers of Information Technology & Electronic Engineering, 2017 (1): 44-57.

[153] Barnes T, Boyer K, Sharon I, et al. Preface for the Special Issue on AI-Supported Education in Computer Science[J]. International Journal of Artificial Intelligence inEducation, 2017 (1): 1-4.

[154] Bayne S. Teacherbot: Interventions in automated teaching[J]. Teaching in Higher Education, 2015 (4): 455-467.

[155] Goksel-Canbek N, Mutlu M E. On the track of artificial intelligence: Learning with intelligent personal assistants[J].International Journal of Human Sciences, 2016 (1): 592.

[156] McArthur D, Lewis M, Bishary M. The Roles of Artificial Intelligence in 104 Education: Current Progress and Future Prospects[J]. Journal of Educational Technology, 2005 (4): 76.

[157] Pinkwart N. Another 25 years of AIED? Challenges and opportunities for intelligent educational technologies of the future[J]. International Journal of Artificial Intelligence in Education, 2016 (26): 771-783.

[158] Roll I, Wylie R. Evolution and revolution in artificial intelligence in education[J].International Journal of Artificial Intelligence in Education, 2016 (2): 582-599.

[159] Timms M J. Letting artificial intelligence in education out of the box: educational cobots and smart classrooms[J]. International Journal of Artificial Intelligence in Education, 2016 (2): 701-712.

[160] Woolf B P, Lane H C, Chaudhri V K, et al. AI Grand Challenges forEducation[J]. AI Magazine, 2013 (4): 66-84.

[161] Barnes T, Boyer K, Sharon I, et al. Preface for the Special Issue on AI-Supported Education in Computer Science[J]. International Journal of Artificial Intelligence in Education, 2017 (27): 1-4.

[162] Bayne S. Teacherbot：Interventions in automated teaching[J]. Teaching in Higher Education，2015（4）：455-467.

[163] Goksel-Canbek N，Mutlu M E. On the track of artificial intelligence：Learning with intelligent personal assistants[J].International Journal of Human Sciences，2016，13（1）：592.

[164] Roll I，Wylie R. Evolution and revolution in artificial intelligence in education[J].International Journal of Artificial Intelligence in Education，2016（2）：582-599.

[165] Timms M J. Letting artificial intelligence in education out of the box：educational cobots and smart classrooms[J]. International Journal of Artificial Intelligence in Education，2016（26）：701-712.

[166] Mohamed A B，et al .Internet of things in smart education environment：Supportive framework in the decision‐making process[J]. Concurrency and Computation：Practice and Experience，2019（1）：166.

[167] Blevins.Innovations in Civic Education：Developing Civic Agency Through Action Civics [J].Theory & Research in Social Education，2016（3）：344-384.

[168] Anthony M P，et al. Music as a Tool for 21st-Century Civic Education [J]. Action in Teacher Education，2010，32（4）：83-95.

三、学位论文类

[1] 白清玉 . 智慧教室中基于 APT 教学的小学生深度学习研究 [D]. 武汉：华中师范大学，2017.

[2] 卜彩丽 . 深度学习视域下翻转课堂教学理论与实践研究：以小学语文教学为例 [D]. 西安：陕西师范大学，2018.

[3] 戴诗欣 . 议题式教学法在高中思想政治课堂教学的运用研究 [D]. 南京：广西民族大学，2021.

[4] 程博 ."供给侧改革"视域下高校思政课教学质量提升策略研究 [D]. 上海：

华东政法大学，2020.

[5] 戴律．高中思想政治课问题式教学的 3C3R 问题设计研究 [D]. 贵阳：贵州师范大学，2017.

[6] 杜亚苛．中国特色供给侧结构性改革思想研究 [D]. 长春：长春理工大学，2019.

[7] 高潇雨．高校思想政治教育供给侧改革研究 [D]. 包头：内蒙古科技大学，2019.

[8] 黄在玲．一体化建设视域下大学与高中思政课教学衔接路径研究 [D]. 金华：浙江师范大学，2022.

[9] 彭红超．智慧课堂环境中的深度学习设计研究 [D]. 上海经：华东师范大学，2019.

[10] 刘洁．基于学科核心素养的思想政治课深度学习研究 [D]. 济南：山东师范大学，2019.

[11] 李晓虹．新媒体环境下大学生思想政治教育实效性研究 [D]. 大连：大连理工大学，2016.

[12] 夏雨清．影响高校思政课教学实效性的教师因素研究 [D]. 武汉：武汉理工大学，2021.

[13] 向慧蓉．思想政治理论课供给侧资源结构优化研究 [D]. 济南：山东大学，2020.

[14] 姚巍．新时代高校思想政治教育供给侧改革路径研究 [D]. 长沙：长沙理工大学，2019.

[15] 王春芬．高校思想政治工作体系视野下的劳动教育：问题与对策研究．[D]. 贵阳：贵州师范大学，2022.

[16] 魏婷．"微课"在高校思政课中的运用研究 [D]. 沈阳：辽宁大学，2021.

[17] 张秀梅．高校思政课教学方法的供给侧改革路径研究 [D]. 北京：北京外国语大学，2022.

[18] 庞艳鹏．高校思想政治理论课教学方法发展研究 [D]. 长春：东北师范大学，2016.

[19] 赵川．高校思政课教学亲和力提升研究 [D]. 济南：山东师范大学，2022.

[20] 张云.教育心理学在高校思政课教学中的运用研究[D].天津:河北工业大学,2015.

[21] 张羽佳.基于促进学生深度学习的初中文言散文教学研究[D].南京:南京师范大学,2016.

[22] 张丽琼.翻转式听说教学模式对中职学生听说能力的影响[D].福州:福建师范大学,2018.

[23] 张丽娜.翻转课堂在生物教学中有效应用的研究[D].哈尔滨:哈尔滨师范大学,2015.

[24] 朱江.高校辅导员立德树人任务及实现路径研究[D].沈阳:辽宁大学,2018.

[25] 祁永超.新时代高校思政课教学供给侧改革研究[D].昆明:云南师范大学,2022.

后　　记

在后记书写之际,这部关于思政课教学改革的著作《基于深度学习理论的"三度式"教学模式研究》终于告一段落。该著作是课题组在长期研究和探索高校思政课教学的过程中完成的。课题组成员在长期从事思政课教学的过程中,对如何提高学生的课堂参与度、抬头率和到课率进行了深入思考和实践。我们采用了多种教学方法和手段,鼓励学生积极参与课堂讨论和思考,以确保学生对课程内容的掌握和理解。同时,我们还尝试了许多新的教学方法和策略,而深度学习理论视域下的"三度式"教学正是在这一过程中逐步发展起来的。

在探索教学改革的路途中,团队成员投入了大量的时间和精力去阅读相关文献、思考研究角度,却常常感到困惑与迷茫,甚至有时会失去方向感。然而,尽管面临多重挑战,团队成员始终坚信,只要在教改道路上不断努力、勇于探索,最终必将找到富有价值的改革策略。

在数据收集和处理阶段,由于团队经验有限,我们在数据的来源和可靠性、数据的清洗和预处理等方面遇到了许多困难和挑战,耗费了大量的时间和精力去解决,甚至有时因为数据不完整或不准确而不得不重新收集和处理,这让我们感到十分疲惫和焦虑。然而,尽管面临诸多挑战,团队成员没有丝毫怨言,也没有人愿意放弃。值得庆幸的是,经过课题组成员的辛勤努力,我们取得了显著的成果。学生的抬头率、到课率和参与率都有了明显的提升。这不仅让学生们对课程内容产生了更浓厚的兴趣,还让他们更好地理解和掌握了这些知识。在撰写这本书的过程中,我们深入研究了高校思政课的教学理论和实践,结合深度学习理论,提出了"三度式"教学模型。这个模型强调了学生学习过程中的深度参与度和体验度，旨在通过引导学生深度参与课堂、加强实践体验和培养批判性思维，提高思政课的教学效果。

一路走来，我们得到了很多人的关心和支持，这些支持和帮助让我们更加坚定了自己的教学改革方向和目标，也让我们在学术研究中取得了更多的进展和成果。

首先，要向辛勤付出的团队成员表示感谢。他们无私奉献、不辞辛劳地投身于学术研究和教学实践中。在学术研究方面，团队成员共同探讨、分析和实践了各种研究方法和理论，不断探索和创新，取得了许多具有重要价值的成果。在教育教学方面，团队成员积极参与课堂组织管理和教学方法的改进，不断优化教学手段和模式，有效提高了整体教学质量和效果，为学生的成长和发展作出了重要的贡献。

其次，我们要对前辈教师提出的问题和意见表示由衷的感谢。这些问题和意见涵盖了思政课教学的各个方面，包括教学方法、教学内容、课堂管理等，让我们对思政课教学的本质和特点有了更加深入的思考与探索。同时，这些问题和意见也让我们更加明确教学中存在的问题和不足，为改进教学方法和策略提供了有益的参考和指导。他们具备丰富的教学经验和深厚的学术造诣，他们的指导让我们更加深入地理解思政课教学的本质和规律，更加熟练地掌握教学方法和技巧，为教学工作提供了更加有针对性的指导。

我还要感谢学生们的支持和配合。学生是思政课教学的主体，他们的参与和支持是我们完成教学任务的重要保障。在与学生的交流和互动中，我们能够更好地了解他们的学习需求和问题，调整教学策略，提高教学质量。"00"后的同学们会给我们带来新的思路和想法。他们往往具有独特的、创新的思维方式，能够从不同的角度看待问题，提出新的解决方案。这些新的思路和想法可以丰富我们的教学内容，提高我们的教学水平，实现教学相长。

最后，我们要感谢燕山大学出版社的大力支持和帮助。他们的专业知识和经验为本书的出版提供了非常重要的帮助和指导，让这本书能够以高质量的形式呈现在读者面前。同时，他们的耐心和细心也让我们在出版过程中感受到了温暖和支持。

本书的出版得到了许多人的帮助和支持。我们要感谢我们的导师、家人、学生和出版社编辑等人，他们的支持和帮助让我们能够顺利完成这本书的撰写和出版。同时，我们也希望这本书能够对广大高校思政课教师和学生有所帮助，为高校思政课教学的发展作出一定的贡献。

本书是 2023 年度河北省高等学校科学研究项目（编号 SQ2023191）"提升当代大学生习近平新时代中国特色社会主义思想认同的路径研究"的阶段性研究成果；是河北水利电力学院校级教学改革项目"在批判历史虚无主义中'毛泽东思想和中国特色社会主义理论体系概论'问题链研究"（2022JG11）和"深度学习理论视域下《习近平新时代中国特色社会主义思想概论》'三度式'教学研究"（2023JG03）的阶段性研究成果。